U0607318

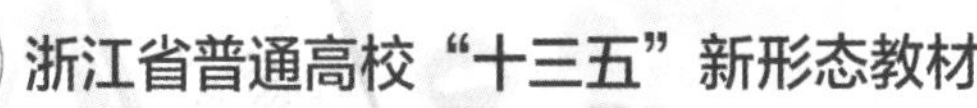

主　编◎邵佳佳　胡苗忠
副主编◎龙　露　赵英丽

KUAIJI DIANSUANHUA SHIXUN

会计电算化实训

重庆大学出版社

内容提要

本书按照企业电算会计岗位的真实工作过程及其工作任务，将课程内容整合为基础设置、总账系统、UFO报表系统、薪资管理系统、固定资产系统、应收款管理系统及应付款管理系统等7个项目，每个项目分解为若干个工作任务，每个工作任务都按照任务准备、任务要求、任务资料及任务指导进行设计，全面讲解用友U8 V10.1财务软件的使用方法和技巧，并将学习该软件应掌握的技能点分布在每个工作任务中，使学生在完成工作任务的过程中提高职业能力，实现毕业与上岗的无缝对接。

图书在版编目(CIP)数据

会计电算化实训/邵佳佳，胡苗忠主编. --重庆：重庆大学出版社，2024.10

高等职业教育财会类专业系列教材

ISBN 978-7-5689-3386-5

Ⅰ.①会… Ⅱ.①邵… ②胡… Ⅲ.①会计电算化—高等职业教育—教材 Ⅳ.①F232

中国版本图书馆CIP数据核字(2022)第165085号

高等职业教育财会类专业系列教材

会计电算化实训

主 编 邵佳佳 胡苗忠

副主编 龙 露 赵英丽

责任编辑:顾丽萍 版式设计:顾丽萍

责任校对:邹 忌 责任印制:张 策

*

重庆大学出版社出版发行

出版人:陈晓阳

社址:重庆市沙坪坝区大学城西路21号

邮编:401331

电话:(023) 88617190 88617185(中小学)

传真:(023) 88617186 88617166

网址:http://www.cqup.com.cn

邮箱:fxk@cqup.com.cn (营销中心)

全国新华书店经销

重庆三达广告印务装璜有限公司印刷

*

开本:787mm×1092mm 1/16 印张:14.75 字数:351千

2024年10月第1版 2024年10月第1次印刷

ISBN 978-7-5689-3386-5 定价:39.00元

本书如有印刷、装订等质量问题，本社负责调换

版权所有，请勿擅自翻印和用本书

制作各类出版物及配套用书，违者必究

前 言 PREFACE

随着社会的日益信息化，计算机和网络已经全面渗透到日常生活的每一个角落，用电脑进行财务管理在今天已经是每一位财务人员的必备技能。但是如何正确使用财务软件，如何在短时间内快速掌握各功能模块，如何利用其高效率地完成业务需求等，是每一位财务工作者所要面临的问题。

本书以《企业会计准则》和现行《企业会计制度》为依据，以用友财务软件 U8 V10.1 为蓝本，以培养会计电算化应用型人才为目标，以工作任务为中心组织课程内容。本书按照企业电算会计岗位的真实工作过程及其工作任务，将课程内容整合为基础设置、总账系统、UFO 报表系统、薪资管理系统、固定资产管理系统、应收款管理系统及应付款管理系统等 7 个项目，每个项目分解为若干个工作任务，每个工作任务按照任务准备、任务要求、任务资料及任务指导进行设计，将绍兴柯鲁纺织品有限公司（虚构的公司名）一个会计期间的经济业务整理编写成财务业务一体化综合实训案例供学生使用，全面讲解用友 U8 V10.1 财务软件的使用方法和技巧，并将学习该软件应掌握的技能点分布在每个工作任务中，使学生在工作任务的完成过程中提高职业能力，实现毕业与上岗的无缝对接。

本书岗位明确，内容翔实，图文并茂，任务导向性强，具有先进性、实用性、应用性、可操作性等特点。本书也是课题基金浙江省“十三五”第二批教改“基于产教融合下高职会计人才‘工匠精神’培育路径分析——以‘会计电算化’课程为例”（项目编号：jg20191051）的成果。

本书由邵佳佳和胡苗忠担任主编，由龙露和赵英丽担任副主编。

由于编者学识水平有限，书中不足之处在所难免，恳请广大读者批评指正。

编 者

2024 年 4 月

目　录 CONTENTS

项目一　基础设置

系统管理

任务一　系统管理

[任务准备]

已安装用友 ERP-U8 管理软件,将系统日期修改为“2020 年 1 月 1 日”。

[任务要求]

- 增加用户
- 建立账套(不进行系统启用的设置)
- 设置用户权限
- 账套备份

[任务资料]

1. 用户及其权限(表 1-1)

表 1-1　用户及其权限

编号	姓名	口令	所属部门	认证方式	角色	权限
001	陆可一	1	财务部	用户 + 口令(传统)	账套主管	账套主管的全部权限
002	李江红	2	财务部	用户 + 口令(传统)		除“恢复记账前状态”的总账权限,公告目录设置权限,期末权限
003	张明	3	财务部	用户 + 口令(传统)		总账系统中出纳签字、查询凭证及出纳的所有权限

2. 账套信息

账套号:231

单位名称:绍兴柯鲁纺织品有限公司

单位简称:柯鲁公司

单位地址:绍兴市凤林西路 2500 号

法人代表:王蕊

邮政编码:312000

税号:913306023553277235

启用会计期:2020 年 1 月

企业类型:工业

行业性质:2007 年新会计制度科目

账套主管:陆可一

基础信息:对存货、客户进行分类

分类编码方案:

科目编码级次:4222

客户分类编码级次:123

部门编码级次:122

存货分类编码级次:122

收发类别编码级次:12

结算方式编码级次:12

备份路径:C:\账套备份

账套:231 绍兴柯鲁纺织品有限公司

[任务指导]

一、以系统管理员身份登录系统管理

操作步骤:

(1)执行“开始”—“程序”—“用友 U8 V10.1”—“系统服务”—“系统管理”命令,进入用友 U8“系统管理”窗口。

(2)执行“系统”—“注册”命令,打开“登录”系统管理对话框。

(3)系统中预先设定了一个系统管理员 admin,第一次运行时,系统管理员密码为空,如图 1-1 所示。单击“登录”按钮,以系统管理员身份进入系统管理。

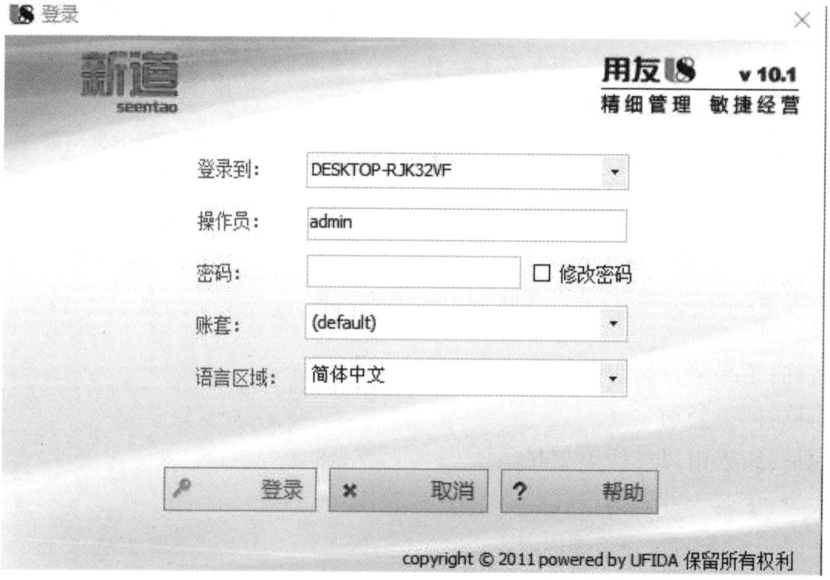

图 1-1 登录系统

二、增加用户

只有系统管理员(admin)才能进行增加用户的操作。

操作步骤:

(1)以系统管理员身份登录系统管理,执行“权限”—“用户”命令,打开“用户管理”。

(2)单击“增加”按钮,打开“增加用户”对话框,录入编号“001”、姓名“陆可一”、认证方式“用户+口令(传统)”、口令及确认口令“1”、所属部门“财务部”,在所属角色列表中选中“账套主管”前的复选框,如图1-2所示。

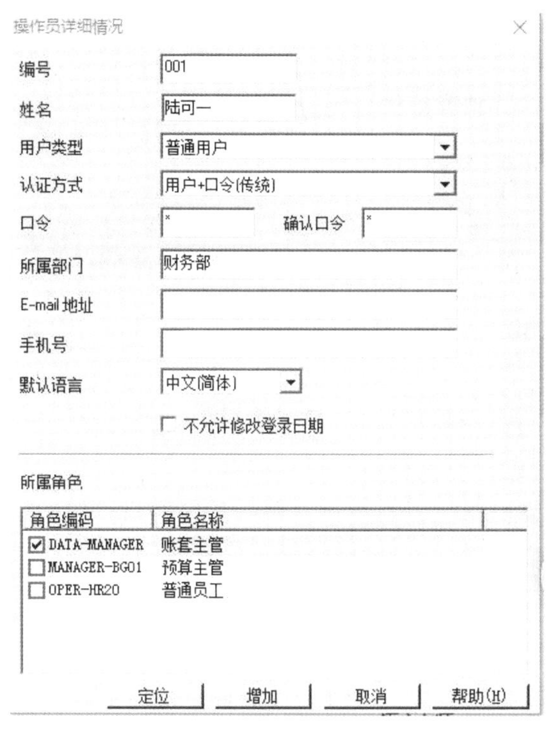

图1-2　增加用户

(3)单击“增加”按钮,依次设置其他操作员。设置完成后单击“取消”按钮退出。

> **提示:**
>
> - 在增加用户时可以直接指定用户所属角色。如:陆可一的角色为“账套主管”。由于系统中已经为预设的角色赋予了相应的权限,因此,如果在增加用户时就指定了相应的角色,则其就自动拥有了该角色的所有权限。如果该用户所拥有的权限与该角色的权限不完全相同,可以在“权限”—“权限”功能中进行修改。
> - 如果已设置用户为“账套主管”角色,则该用户也是系统内所有账套的账套主管。
> - 用户启用后将不允许删除。如果用户使用过系统又被调离单位,应在用户管理窗口中单击“修改”按钮,在“修改用户信息”对话框中单击“注销当前用户”按钮,最后单击“修改”按钮返回系统管理。此后该用户无权再进入系统。

三、建立账套

只有系统管理员可以建立企业账套。建账过程在建账向导引导下完成。

操作步骤：

(1)以系统管理员身份注册进入系统管理,执行"账套"—"建立"命令,打开"创建账套"对话框。

(2)选择"新建空白账套",单击"下一步"按钮,打开"账套信息"对话框。

(3)录入账套号"231",账套名称"绍兴柯鲁纺织品有限公司",启用会计期"2020 年 1 月",如图 1-3 所示。

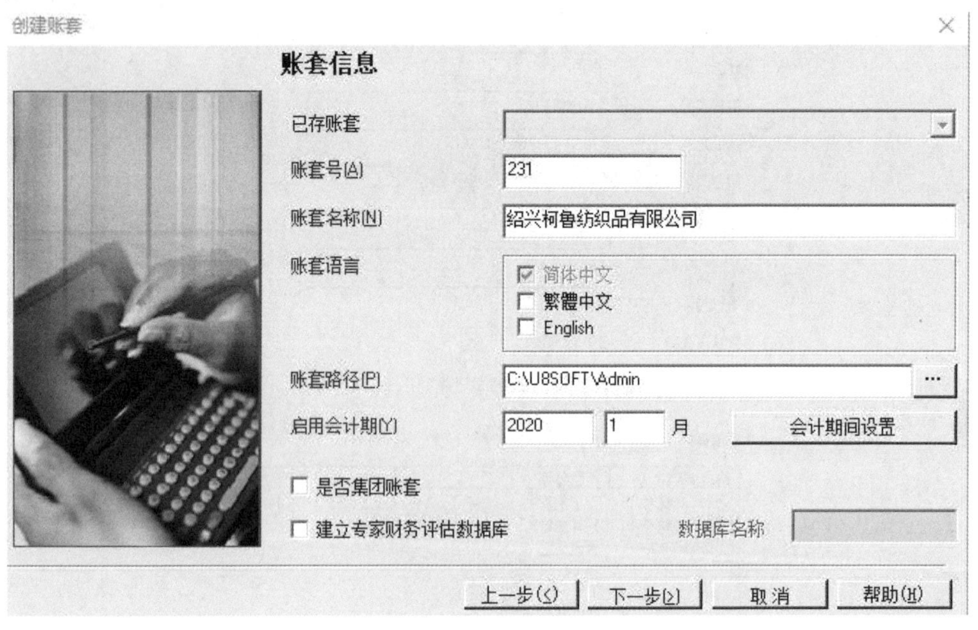

图 1-3　账套信息

提示：

- 账套号是账套的唯一标识,可以自行设置 3 位数字,但不允许与已存账套的账套号重复,账套号设置后将不允许修改。
- 账套名称是账套的另外一种标识方法,它将与账套号一起显示在系统正在运行的屏幕上。账套名称可以自行设置,并可以由账套主管在修改账套功能中进行修改。
- 系统默认的账套路径是用友 ERP-U8 的安装路径,可以进行修改。
- 建立账套时系统会将启用会计期自动默认为系统日期,应注意根据所给资料修改,否则将会影响企业的系统初始化及日常业务处理等内容的操作。

(4)单击"下一步"按钮,打开"单位信息"对话框,录入单位信息,如图 1-4 所示。

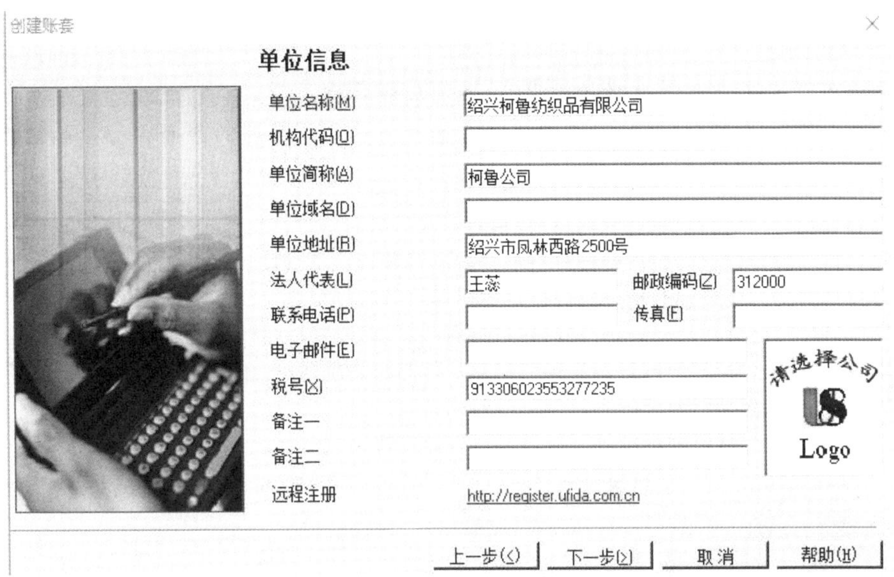

图 1-4　单位信息

> 提示：
> - 单位信息中只有“单位名称”是必须录入的，必须录入的信息以蓝色字体标识（以下同）。
> - 单位名称应录入企业的全称，以便打印发票时使用。

（5）单击“下一步”按钮，打开“核算类型”对话框。

（6）单击“账套主管”栏的下三角按钮，选择“[001]陆可一”，其他采用系统默认，如图 1-5 所示。

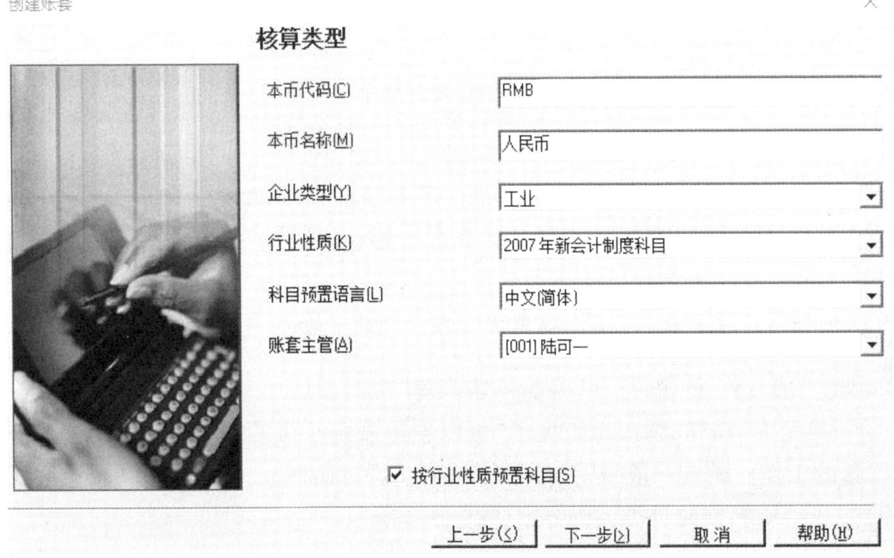

图 1-5　核算类型

提示：

- 行业性质将决定系统预置科目的内容，必须选择正确。
- 如果事先增加了用户，则可以在建账时选择该用户为该账套的账套主管。如果建账前未设置用户，建账过程中可以先选一个操作员作为该账套的主管，待账套建立完成后再到“权限”功能中进行账套主管的设置。
- 如果选择了按行业性质预置科目，则系统根据您所选择的行业类型自动装入国家规定的一级科目及部分二级科目。

(7)单击“下一步”按钮，打开“基础信息”对话框，分别选中“存货是否分类”及“客户是否分类”前的复选框，如图1-6所示。

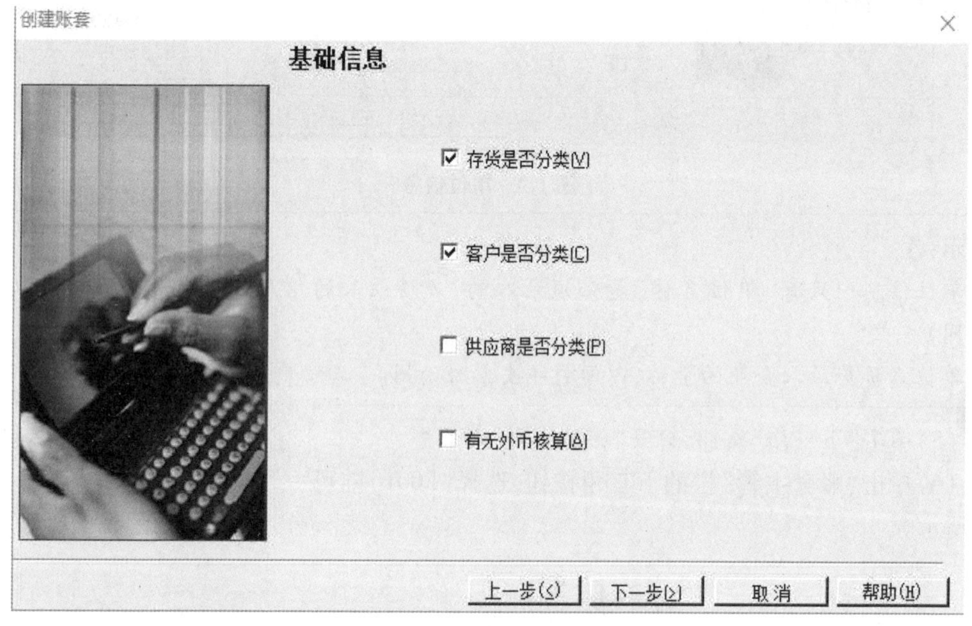

图1-6 基础信息

提示：

- 本企业要对存货、客户进行分类，不对供应商进行分类，且无外币核算。
- 是否对存货、客户及供应商进行分类将会影响其档案的设置，有无外币核算将会影响基础信息的设置及日常能否处理外币业务。
- 如果基础信息设置错误，可以由账套主管在修改账套功能中进行修改。

(8)单击“下一步”按钮，打开“开始创建账套”对话框。

(9)单击“完成”按钮，弹出系统提示“可以创建账套了么？”单击“是”按钮，系统自动进行创建账套的工作。稍候一段时间，打开“编码方案”对话框。

(10)按所给资料修改分类编码方案，如图1-7所示。

编码方案

项目	最大级数	最大长度	单级最大长度	第1级	第2级	第3级	第4级	第5级	第6级	第7级	第8级	第9级
科目编码级次	13	40	9		2	2	2					
客户分类编码级次	5	12	9	1	2	3						
供应商分类编码级次	5	12	9	2	3	4						
存货分类编码级次	8	12	9	1	2	2						
部门编码级次	9	12	9	1	2	2						
地区分类编码级次	5	12	9	2	3	4						
费用项目分类	5	12	9	1	2							
结算方式编码级次	2	3	3	1	2							
货位编码级次	8	20	9	2	3	4						
收发类别编码级次	3	5	5	1	2							
项目设备	8	30	9	2	2							
责任中心分类档案	5	30	9	2	2							
项目要素分类档案	6	30	9	2	2							
客户权限组级次	5	12	9	2	3	4						

确定(O) 取消(C) 帮助(F)

图 1-7 编码方案

提示:

- 编码方案的设置,将会直接影响基础信息设置中相应内容的编码级次及每级编码的位长。
- 删除编码级次时,必须从最后一级向前依次删除。

(11)单击“确定”按钮,再单击“取消”按钮,打开“数据精度”对话框,如图 1-8 所示。

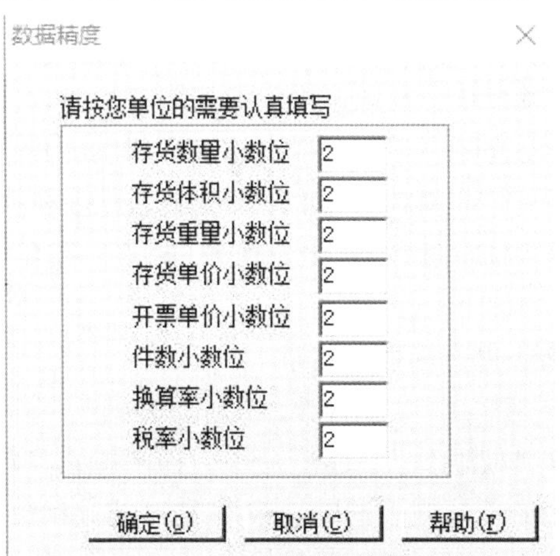

图 1-8 数据精度

(12)默认系统预置的数据精度的设置,单击“确定”按钮,稍等片刻,系统弹出信息提示框,如图 1-9 所示。

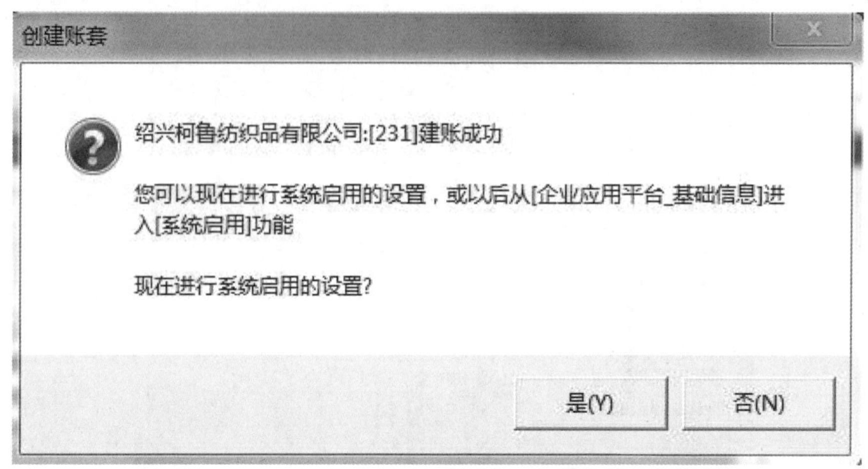

图 1-9 创建账套

提示:

- 如果选择“是”按钮,则可以直接进行“系统启用”的设置;也可以单击“否”先介绍建账过程,之后再在企业应用平台的基础信息中进行系统启用设置。

(13)单击“否”按钮,结束建账过程。系统弹出“请进入企业应用平台进行业务操作”提示,单击“确定”按钮返回,单击“退出”按钮完成建账过程。

四、设置用户权限

设置用户权限的工作应由系统管理员(admin)或该账套的主管在系统管理的权限功能中完成,在权限功能中既可以对角色赋权,也可以对用户赋权。如果在设置账套时已经正确地选择了该账套的主管,则此时可以查看;否则,可以在权限功能中设置账套主管。如果在设置用户时已经指定了该用户的所属角色,并且该角色已经被赋权,则该用户已经拥有了与所选角色相同的权限;如果经查看后发现该用户的权限并不与该角色完全相同,则可以在权限功能中进行修改;如果在设置用户时并未指定该用户所属的角色,或虽已指定该用户所属的角色,但该角色并未进行权限设置,则该用户的权限应直接在权限功能中进行设置,或者应先设置角色的权限再设置用户并指定该用户所属的角色,则角色的权限就自动传递给用户了。

1. 查看陆可一是否是 231 账套的账套主管

操作步骤:

(1)在系统管理中,执行“权限”—“权限”命令,打开“操作员权限”对话框。

(2)在“账套主管”右边的下拉列表框中选中“[231]绍兴柯鲁纺织品有限公司”账套。

(3)在左侧的操作员列表中,选中“001”号操作员“陆可一”,如图 1-10 所示。

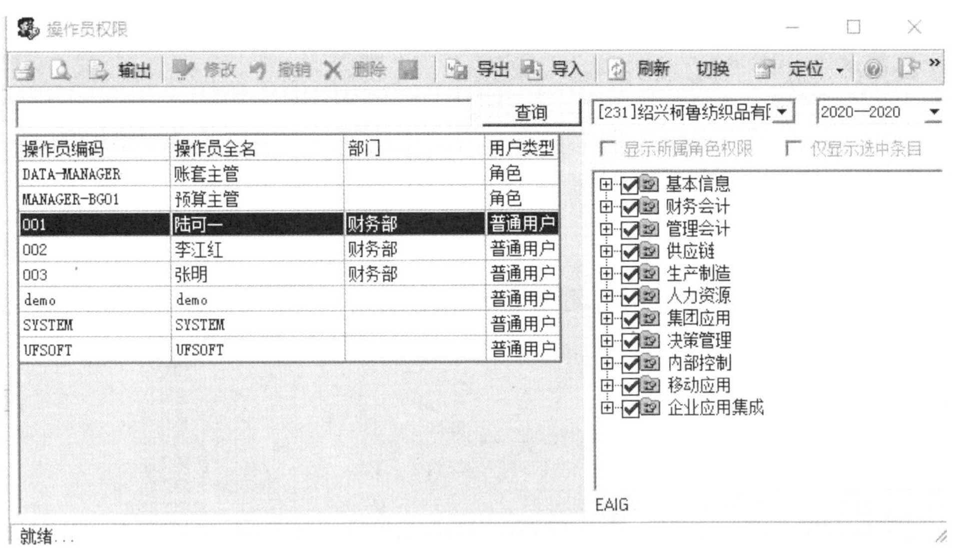

图 1-10　操作员权限

提示：

- 只有系统管理员(admin)才有权设置或取消账套主管，而账套主管只能对所辖账套进行操作员的权限设置。
- 设置权限时应注意分别选中“账套”及相应的“用户”。
- 如果此时查看到231账套主管前的复选框为未选中状态，则可以单击该复选框将其选中，设置该用户为231账套的账套主管。
- 账套主管拥有该账套的所有权限，因此无须为账套主管另外赋权。
- 一个账套可以有多个账套主管。

2. 为李江红赋权

操作步骤：

(1)在“操作员权限”窗口中，选中“002”号操作员“李江红”。

(2)单击“修改”按钮。

(3)在右侧窗口中，单击展开“基本信息”，选中“公共目录设置”前的复选框。

(4)在右侧窗口中，单击展开“财务会计”—“总账”前的复选框。单击展开“凭证”，取消“恢复记账前状态”的选中状态，如图1-11所示。

(5)单击“保存”按钮返回。

3. 为张明赋权

操作步骤：

(1)在操作员权限窗口中，选中“003”号操作员“张明”，从右侧窗口中可以看出，张明此时没有任何权限。

(2)单击“修改”按钮。

(3)单击展开“总账”—“凭证”前的复选框，选中“出纳签字”和“查询凭证”复选框。

(4)单击选中“出纳”前的复选框,如图 1-12 所示。

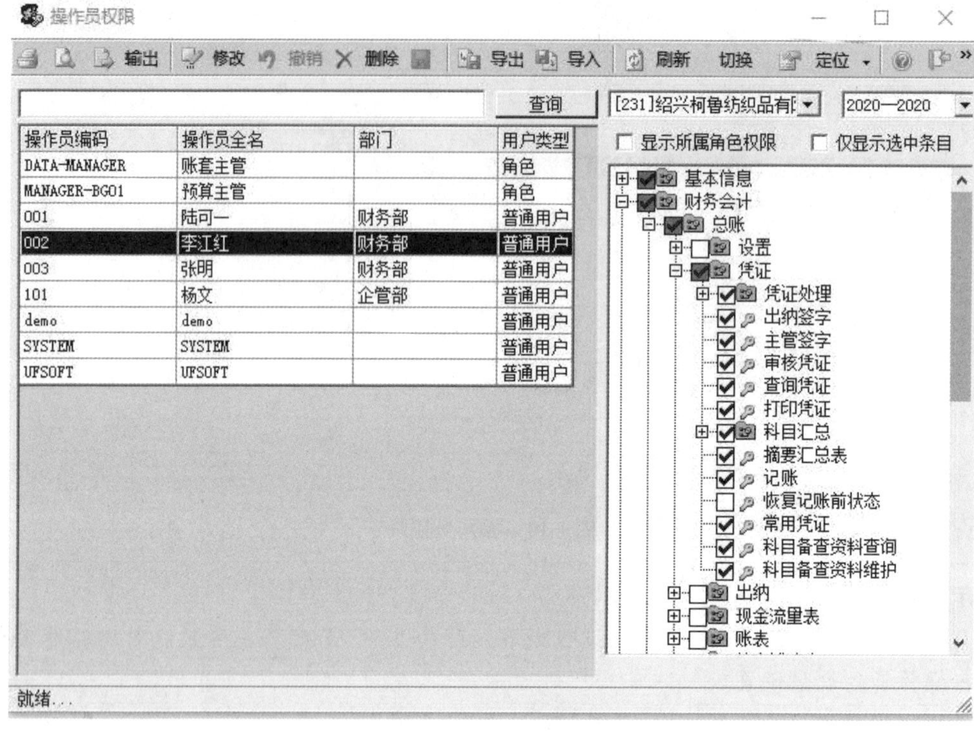

图 1-11　操作员权限

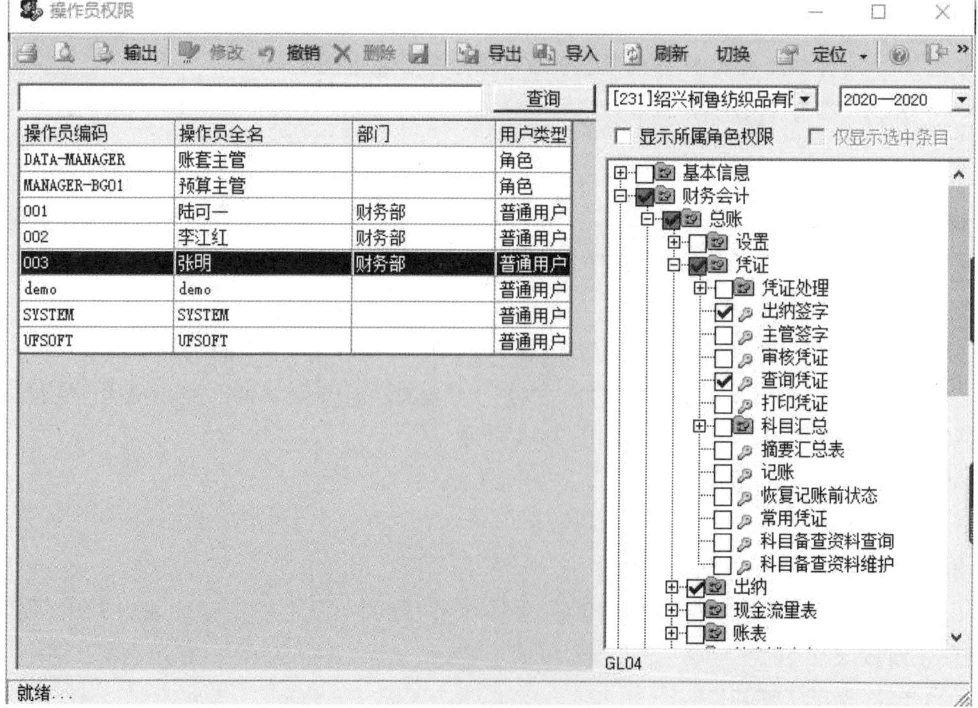

图 1-12　操作员权限

(5)单击“保存”按钮返回。

> **提示:**
> - 如果已经设置了出纳角色且为该角色赋予了相应权限,那么只需要给张明指定出纳角色即可拥有相应权限。

五、修改账套

修改账套的工作应由账套主管在系统管理中的“账套”—“修改”功能中完成。

操作步骤:

(1)执行“系统”—“注册”命令,打开“登录”系统管理对话框。

> **提示:**
> - 如果此时已由其他操作员注册了系统管理,则应先通过“系统”—“注销”命令注销当前操作员后,再由账套主管重新注册。

(2)录入操作员“001”(或陆可一),密码“1”,单击“账套”栏的下三角按钮,选择“[231](default)绍兴柯鲁纺织品有限公司”,如图 1-13 所示。

图 1-13 修改账套

(3)单击“登录”按钮,以账套主管身份登录系统管理。

(4)执行“账套”—“修改”命令,打开“修改账套”对话框。

(5)单击“下一步”按钮,打开“单位信息”对话框。

(6)单击“下一步”按钮,打开“核算类型”对话框。

(7)单击“下一步”按钮,打开“基础信息”对话框。

(8)单击选中“有无外币核算”前的复选框。

(9)单击“完成”按钮,系统弹出提示“确认修改账套了么?”

(10)单击“是”按钮,并在“编码方案”和“数据精度”窗口中分别单击“取消”和“确定”按钮后确定修改成功。

六、账套备份

账套备份的工作应由系统管理员在系统管理中的“账套”—“输出”功能中完成。

操作步骤:

(1)在 D:\盘中新建“231 账套备份”文件夹,再在“231 账套备份”文件夹中新建“(1-1)系统管理”文件夹。

(2)由系统管理员注册系统管理,执行“账套”—“输出”命令,打开“账套输出”对话框。

(3)单击“账套号”栏的下三角按钮,选择“[231]绍兴柯鲁纺织品有限公司”,在输出文件位置选择“D:\231 账套备份\(1-1)系统管理\”,如图 1-14 所示。

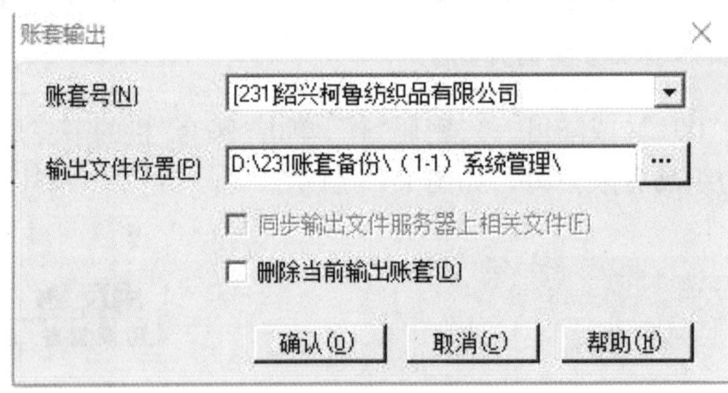

图 1-14 账套备份

(4)单击“确认”按钮,系统进行账套数据输出,完成后,弹出“输出成功”信息提示框,单击“确定”按钮返回。

提示:

- 利用账套输出功能还可以进行“删除账套”的操作,方法是在账套输出对话框中选中“删除当前输出账套”复选框,单击“确认”按钮,系统在删除账套前同样要进行账套输出,当输出完成后系统提示“真要删除该账套吗?”单击“是”按钮则可以删除该账套。
- 只有系统管理员(admin)有权进行账套删除。
- 正在使用的账套可以进行账套输出而不允许进行账套删除。
- 备份账套时应先建立一个备份账套的文件夹,以便将备份数据存放在目标文件夹中。

任务二 企业应用平台基础设置

企业应用平台基础设置

[任务准备]

引入“D:\231 账套备份\(1-1)系统管理”的备份数据,将系统日期修改为“2020 年 1 月 1 日”。

[任务要求]

- 启用总账系统(启用日期为 2020 年 1 月 1 日)
- 设置部门档案
- 设置职员档案
- 设置客户分类
- 设置供应商档案
- 设置操作员李江红对张明及陆可一所填制凭证的查询、删改、审核、弃审以及关闭的权限
- 利用单据设计功能将“应收单”表头中的“币种”项目和“汇率”项目删除
- 账套备份

[任务资料]

1. 部门档案(表 1-2)

表 1-2 部门档案表

部门编码	部门名称
1	人事部
2	财务部
3	供应部
4	销售部
401	销售 1 科
402	销售 2 科
5	生产部

2. 人员类别(表 1-3)

表 1-3 人员类别

人员类别编码	人员类别名称
1011	企业管理人员
1012	经营人员
1013	车间管理人员
1014	生产人员

3. 人员档案(表 1-4)

表 1-4　人员档案

人员编码	人员名称	性别	人员类别	行政部门	是否业务员
001	陆可一	男	企业管理人员	财务部	
002	李江红	男	企业管理人员	财务部	
003	张明	男	企业管理人员	财务部	
004	张红	女	经营人员	供应部	是
005	李伟	男	经营人员	供应部	是
006	刘三	女	经营人员	销售一科	是
007	张天天	男	经营人员	销售二科	是
008	刘强	男	车间管理人员	生产部	
009	郑天	男	生产人员	生产部	

4. 客户分类(表 1-5)

表 1-5　客户分类

类别编码	类别名称
1	宁波地区
2	杭州地区
3	嘉兴地区
4	台州地区
5	温州地区

5. 客户档案(表 1-6)

表 1-6　客户档案

客户编码	客户名称	客户简称	所属类别	税号	分管部门	分管业务员
01	杭州苏明服饰公司	苏明公司	2	240120104320012	销售一科	刘三
02	温州天宇服饰公司	天宇公司	5	330533249543899	销售二科	张天天
03	台州张记服饰公司	张记公司	4	544003232432247	销售二科	张天天

6. 供应商档案(表 1-7)

表 1-7 供应商档案

供应商编码	供应商名称	供应商简称	所属分类	税号	分管部门	分管业务员
01	杭州明达印染厂	明达	00	234535845278434	供应部	张红
02	宁波彩虹棉纺厂	彩虹	00	450155882395738	供应部	李伟
03	嘉兴立人棉纺公司	立人	00	20218594387622	供应部	李伟

[任务指导]

一、启用总账系统

启用系统有两种方法:一种是系统管理员在建立账套时直接启用;另一种是账套主管在企业应用平台的基本信息中进行系统启用。231 账套并没有在账套建立后直接启用任何系统,现在在企业应用平台中分别启用总账、应付及应收系统。

操作步骤:

(1)执行“开始”—“程序”—“用友 U8 V10.1”—“企业应用平台”命令,打开“登录”对话框。

(2)录入操作员“001”(或陆可一),密码“1”,单击“账套”栏的下三角按钮,选择“[231](default)绍兴柯鲁纺织品有限公司”,如图 1-15 所示。

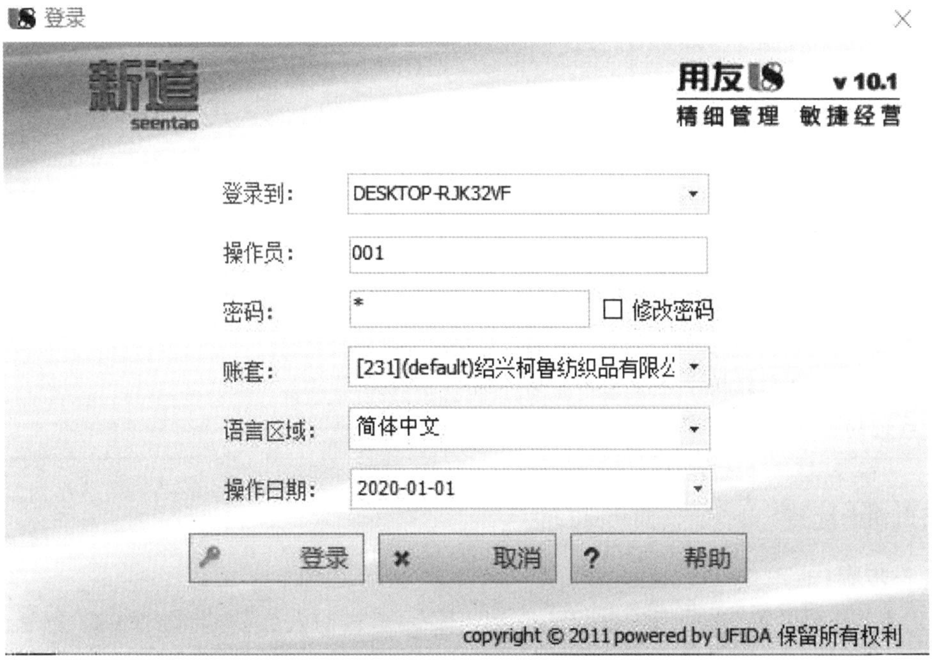

图 1-15 启用账套系统

（3）单击“登录”按钮，进入“企业应用平台”窗口。

（4）在“基础设置”选项卡中，执行“基本信息”—“系统启用”命令，打开“系统启用”对话框。

（5）选中“GL 总账”前的复选框，弹出“日历”对话框。

（6）选择“日历”对话框中的“2020 年 1 月 1 日”，如图 1-16 所示。

图 1-16　日历

（7）单击“确定”按钮，系统弹出“确实要启用当前系统吗?”信息提示框，单击“是”按钮，完成总账系统的启用。

（8）以此类推，分别启用“应收款管理”和“应付款管理”系统。

> **提示：**
> - 只有账套主管才有权在企业应用平台中进行系统启用。
> - 各系统的启用时间必须大于或等于账套的启用时间。

二、设置部门档案

操作步骤：

（1）在“基础设置”选项卡中，执行“基础档案”—“机构人员”—“部门档案”命令，进入“部门档案”窗口。

（2）单击“增加”按钮，录入部门编码“1”、部门名称“人事部”，如图 1-17 所示。

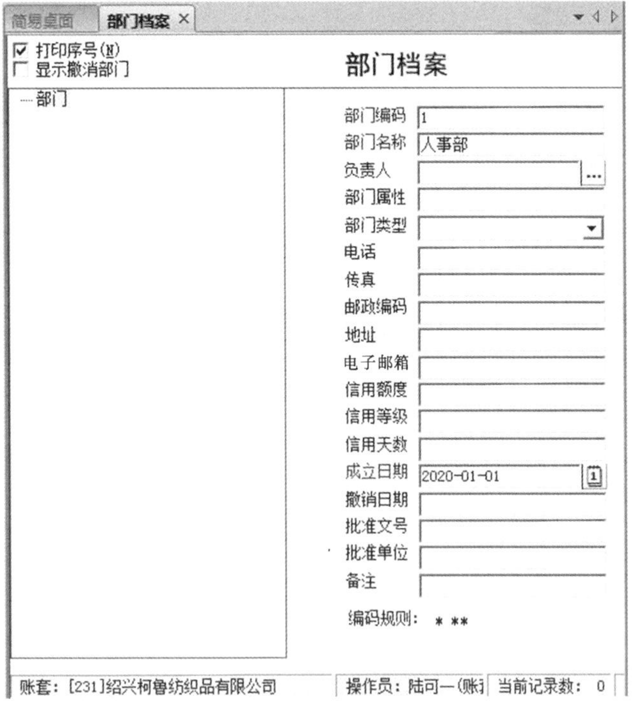

图 1-17　部门档案

(3)单击“保存”按钮。以此方法依次录入其他的部门档案。

> **提示：**
> - 部门编码必须符合在分类编码方案中定义的编码规则。
> - 由于此时还未设置“人员档案”，因此部门中的“负责人”暂时不能设置，如果需要设置，必须在完成“人员档案”设置后，再回到“部门档案”中以修改的方式补充设置。

三、设置人员类别

操作步骤：

(1)在“基础设置”选项卡中，执行“基础档案”—“机构人员”—“人员类别”命令，进入“人员类别”窗口。

(2)单击“增加”按钮，按任务资料在“正式工”下增加人员类别。

> **提示：**
> - 人员类别与工资费用的分配、分摊有关，工资费用的分配及分摊是薪资管理系统的一项重要功能。人员类别设置是为工资分摊生成与凭证设置相应的入账科目做准备，可以按不同的入账科目需要设置不同的人员类别。
> - 人员类别是人员档案中的必选项目，需要在人员档案建立之前设置，人员类别名称可以修改，但已使用的人员类别名称不能删除。

四、设置人员档案

操作步骤:

(1)在“基础设置”选项卡中,执行“基础档案”—“机构人员”—“人员档案”命令,进入“人员列表”窗口。

(2)单击左侧窗口中“部门分类”下的“人事部”。

(3)单击“增加”按钮,按任务资料输入人员信息,如图 1-18 所示。

图 1-18　人员档案

(4)单击“保存”按钮。

(5)同理依次输入其他人员档案。

提示:

- 此处的人员档案应该包括企业所有员工。
- 人员编码必须唯一,行政部门只能是末级部门。
- 如果该员工需要在其他档案或其他单据的“业务员”项目中被参照,需要选中“是否业务员”选项。

五、设置客户分类

操作步骤:

(1)在“基础设置”选项卡中,执行“基础档案”—“客商信息”—“客户分类”,进入“客户分类”窗口。

(2)单击“增加”按钮,按任务资料输入客户分类信息,如图 1-19 所示。

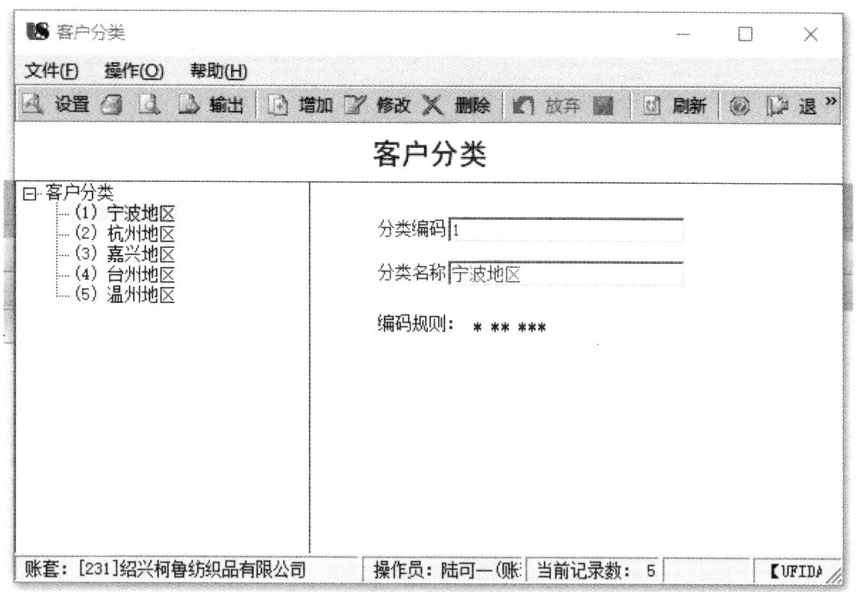

图 1-19　客户分类

(3)单击“保存”按钮。

(4)同理依次录入其他的客户分类。

> **提示:**
> - 客户是否需要分类应在建立账套时确定。
> - 客户分类编码必须符合编码规则。

六、设置客户档案

操作步骤:

(1)在“基础设置”选项卡中,执行“基础档案”—“客商信息”—“客户档案”命令,打开“客户档案”窗口。窗口分为左右两部分,左窗口显示已经设置的客户分类,单击鼠标选中某一客户分类,右窗口中显示该分类下所有的客户列表。

(2)单击“增加”按钮,打开“增加客户档案”窗口。窗口中共包括 4 个选项卡,即“基本”“联系”“信用”和“其他”,用于对客户不同的属性分别归类记录。

(3)按任务资料输入“客户编码”“客户名称”“客户简称”“所属分类”“币种”“税号”等相关信息,如图 1-20 所示。

(4)单击“保存”按钮。

(5)以此方法依次录入其他的客户档案。

增加客户档案 ×

客户编码 01　　　　客户名称 杭州苏明服饰公司

基本 | 联系 | 信用 | 其他

客户编码	01	客户名称	杭州苏明服饰公司
客户简称	纺棉公司	助记码	
所属地区		所属分类	02 - 杭州地区
客户总公司		所属行业	
对应供应商		客户级别	
币种	人民币	法人	
☑ 国内		税号	240120104320012
☐ 国外		☐ 服务	

图 1-20　增加客户档案

提示：

- 之所以设置“分管部门”和“分管业务员”，是为了在“应收款管理”“应付款管理”系统填制发票等原始单据时能自动根据客户显示部门及业务员信息。

七、设置供应商档案

操作步骤：

（1）在“基础设置”选项卡中，执行“基础档案”—“客商信息”—“供应商档案”命令，打开“供应商档案”窗口，窗口分为左右两部分，左窗口显示供应商无分类，右窗口显示所有的供应商列表。

（2）单击“增加”按钮，打开“增加供应商档案”窗口，按任务资料输入供应商信息。

（3）同理，依次录入其他的供应商档案。

提示：

- 在录入供应商档案时，供应商编码及供应商简称必须录入。
- 由于该账套中并未对供应商进行分类，因此所属分类为无分类。
- 供应商是否分类应在建立账套时确定，此时不能修改，如若修改只能在未建立供应商档案的情况下，在系统管理中以修改账套的方式修改。
- 供应商编码必须唯一。

八、单据设计

操作步骤：

（1）在“基础设置”选项卡中，执行“单据设置”—“单据格式设置”命令，进入“单据格式设置”窗口。

（2）在左侧窗口中执行“应收款管理”—“应收单”—“显示”—“应收单显示模板”命令，

进入"应收单"格式设置窗口,如图 1-21 所示。

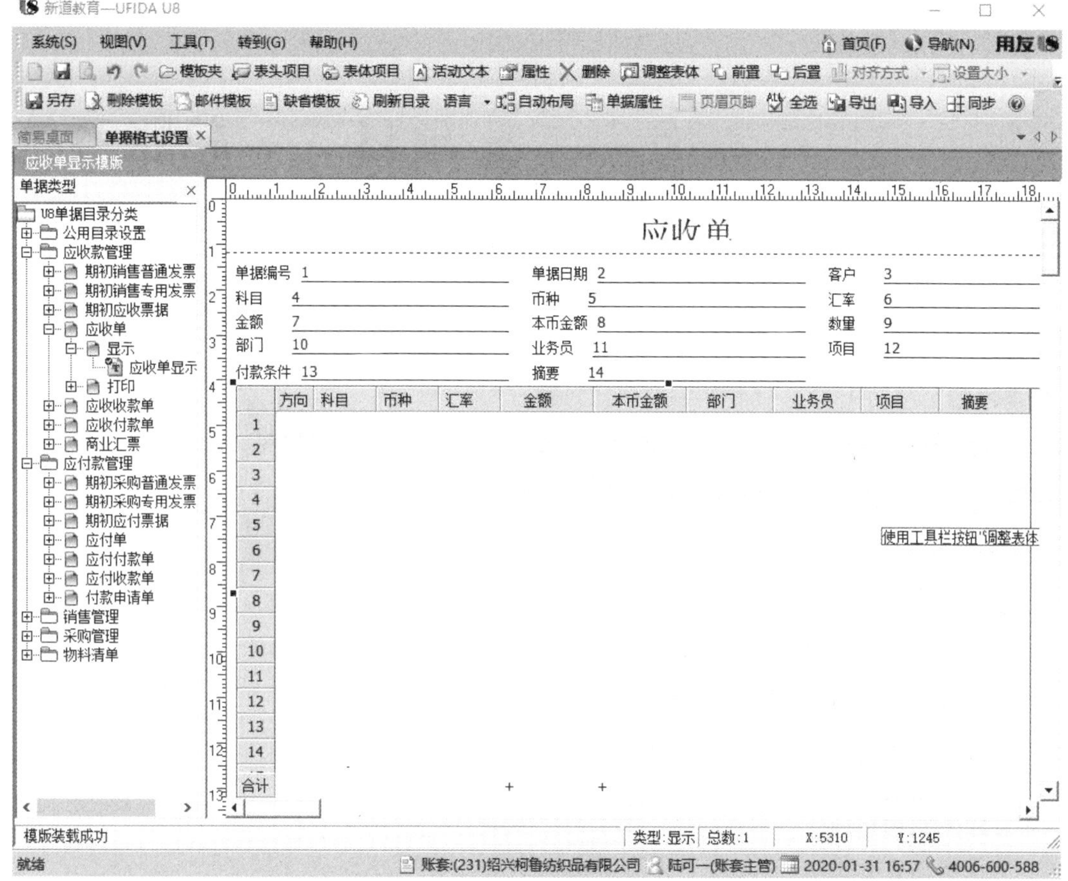

图 1-21 单据格式设置

(3)单击表头项目按钮,打开"表头"对话框,去掉"22 币种"和"23 汇率"选中标记。

(4)单击"确定"按钮,系统弹出"模板已修改,是否保存?"信息提示框,单击"是"返回。

提示:

- 单据设计只能在"企业应用平台"中进行。
- 只有在启用了"应付款管理""应收款管理"系统或其他业务系统时,在"企业应用平台"的单据目录分类中才会列出与启用系统相对应的单据分类及内容。
- 单据设计功能可以分别进行不同模块中不同单据的显示格式和打印格式的设置。
- 可以分别就单据的显示格式和打印格式设置单据属性设计、表头项目设计、表体项目设计、单据项目属性设计、单据标题属性设计。

九、账套备份

在"D:\231 账套备份"文件夹中新建"(2-1)基础设置"文件夹,将账套输出至"(2-1)基础设置"文件夹中。

项目二　总账系统

总账系统初始化

任务一　总账系统初始化

[任务准备]

引入“项目一任务二　企业应用平台基础设置”的账套备份数据，将系统日期修改为“2020 年 1 月 1 日”，以账套主管的身份注册进入企业应用平台。

[任务要求]

- 设置系统参数
- 设置会计科目:指定会计科目
- 设置会计科目:增加会计科目
- 设置会计科目:修改会计科目
- 设置项目目录
- 设置凭证类别
- 输入期初额
- 设置结算方式
- 账套备份

[任务资料]

1. 231 账套总账系统的参数

(1)可以使用应收受控科目，可以使用应付受控科目。

(2)不允许修改、作废他人填制的凭证，凭证审核控制到操作员。

2. 会计科目(表 2-1)

(1)指定“1001 库存现金”为现金总账科目、“1002 银行存款”为银行总账科目。

(2)增加会计科目。

表 2-1　会计科目

科目编码	科目名称	辅助账类型
100201	工行存款	日记账、银行账
122101	应收职工	借款个人往来
160501	专用材料	项目核算
160502	专用设备	项目核算

续表

科目编码	科目名称	辅助账类型
160503	预付大型设备款	项目核算
160504	为生产准备的工具及器具	项目核算
190101	待处理流动资产损溢	
190102	待处理固定资产损溢	
221101	应付工资	
221102	应付福利费	
222101 22210101 22210105	应交增值税 进项税额 销项税额	
222102	未交增值税	
500101	直接材料	
500102	直接人工	
660201	办公费	部门核算
660202	差旅费	部门核算
660203	工资	部门核算
660204	折旧费	部门核算
660205	福利费	部门核算
660206	其他	

(3)修改会计科目。

“1121 应收票据”“1122 应收账款”“2203 预收账款”科目辅助账类型为“客户往来”。

“2201 应付票据”“2202 应付账款”“1123 预付账款”科目辅助账类型为“供应商往来”。

“1605 工程物资”科目及所属明细科目辅助账类型为“项目核算”。

3. 项目目录

项目大类为“自建工程”,核算科目为“工程物资”及明细科目,项目内容为 1 号工程和 2 号工程,其中 1 号工程包括“自建厂房”和“设备安装”两项工程。

4. 凭证类别(表 2-2)

表 2-2 凭证类别

类别名称	限制类型	限制科目
收款凭证	借方必有	1001,1002
付款凭证	贷方必有	1001,1002
转账凭证	凭证必无	1001,1002

5. 期初余额(表 2-3)

表 2-3 期初余额情况表

科目名称	期初余额/元	备注
库存现金	5 532.8	
银行存款/工行存款	751 480	
其他货币资金	50 000	
应收票据	210 600	2019-11-12,杭州苏明服饰公司购买乙产品,价税合计 210 600 元,附票据一张,发票号为 35989
应收账款	351 000	2019-11-12,温州天宇服饰公司购买甲产品,价税合计 351 000 元,货款未付,发票号为 99987
应收职工借款	4 400	供应部张红出差借差旅费 4 400 元
预付账款	20 000	2019-11-23,预付宁波彩虹棉纺厂货款 20 000 元
坏账准备	702(贷)	
原材料	1 025 312	
库存商品	152 500	
固定资产	4 333 000	
累计折旧	1 390 179	
短期借款	100 000	
应付票据	40 950	2019-11-23,向嘉兴立人棉纺公司购棉纱 40 950 元
应付账款	275 740	2019-11-15,向宁波彩虹棉纺厂购棉纱 275 740 元
应交税费/应交增值税/进项税额	(借)64 765.2	
应交税费/应交增值税/销项税额	190 000	
其他应付款	28 748	
长期借款	500 000	
实收资本	3 888 900	
资本公积	358 609.21	
盈余公积	87 245.89	
利润分配	107 515.9	

6. 结算方式(表 2-4)

表 2-4 结算方式

结算方式编码	结算方式名称
1	现金
2	现金支票
3	转账支票
4	信汇
5	电汇
6	银行汇票

7. 本单位开户银行

本单位开户银行:建行绍兴支行袍江办事处;银行账号:005-43256789。

[任务指导]

一、设置系统参数

操作步骤:

(1)在企业应用平台“业务工作”选项卡中,执行“财务会计”—“总账”命令,打开总账系统。

(2)在总账系统中,执行“设置”—“选项”命令,打开“选项”对话框,单击“编辑”按钮。

(3)在“凭证”选项卡中选中“可以使用应收受控科目”复选框和“可以使用应付受控科目”复选框。

(4)在“权限”选项卡中选中“凭证审核控制到操作员”复选框,取消选中“允许修改、作废他人填制的凭证”复选框,如图 2-1 所示。

(5)单击“确定”按钮保存并返回。

提示:

- 总账系统的参数设置将决定总账系统的输入控制、处理方式、数据流向、输出格式等,设定后一般不能随意改变。

二、指定会计科目

操作步骤:

(1)在企业应用平台的“基础设置”选项卡中,执行“基础档案”—“财务”—“会计科目”命令,进入“会计科目”窗口。

(2)执行“编辑”—“指定科目”命令,打开“指定科目”对话框。

(3)单击“ > ”按钮将“1001 库存现金”从“待选科目”窗口选入“已选科目”窗口。

(4)单击选择“银行科目”选项,单击“ > ”按钮将“1002 银行存款”从“待选科目”窗口选

入“已选科目”窗口，如图2-2所示。

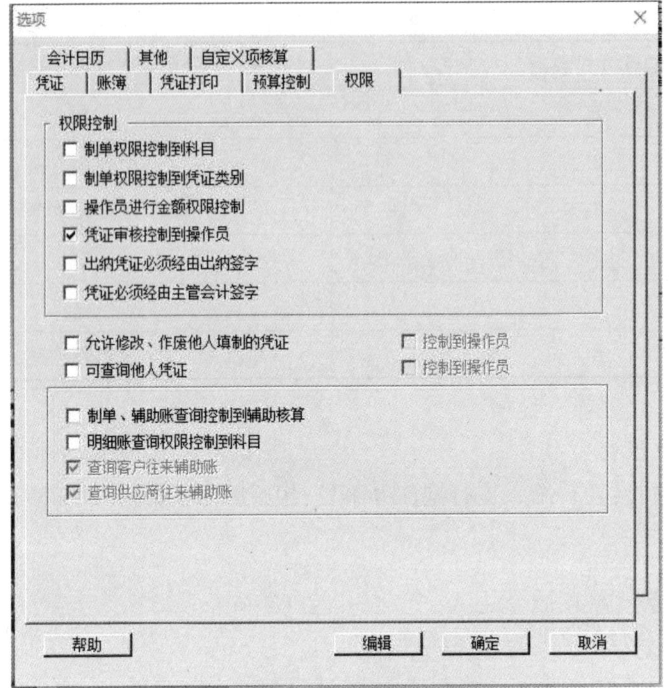

图2-1 选项

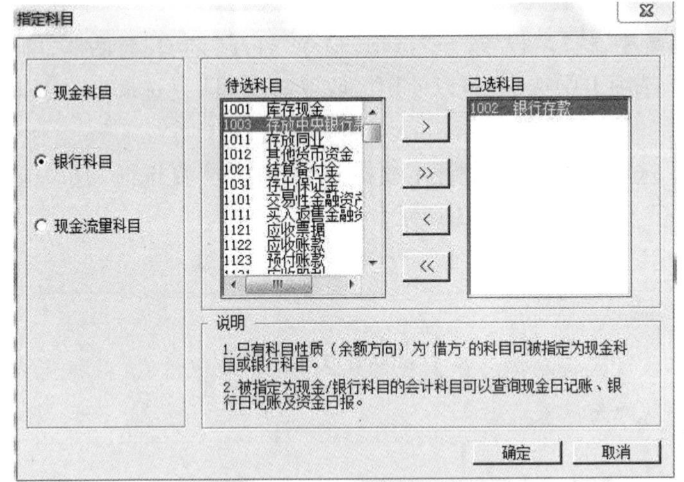

图2-2 指定科目

（5）单击“确定”按钮。

提示：

- 被指定的“现金总账科目”及“银行总账科目”必须是一级会计科目。
- 只有指定现金及银行总账科目才能进行出纳签字的操作。
- 只有指定现金及银行总账科目才能查询现金日记账和银行存款日记账。

三、增加会计科目

操作步骤：

（1）在“会计科目”窗口中，单击“增加”按钮，打开“新增会计科目”对话框。

（2）录入科目编码“100201”、科目名称“工行存款”，如图2-3所示。

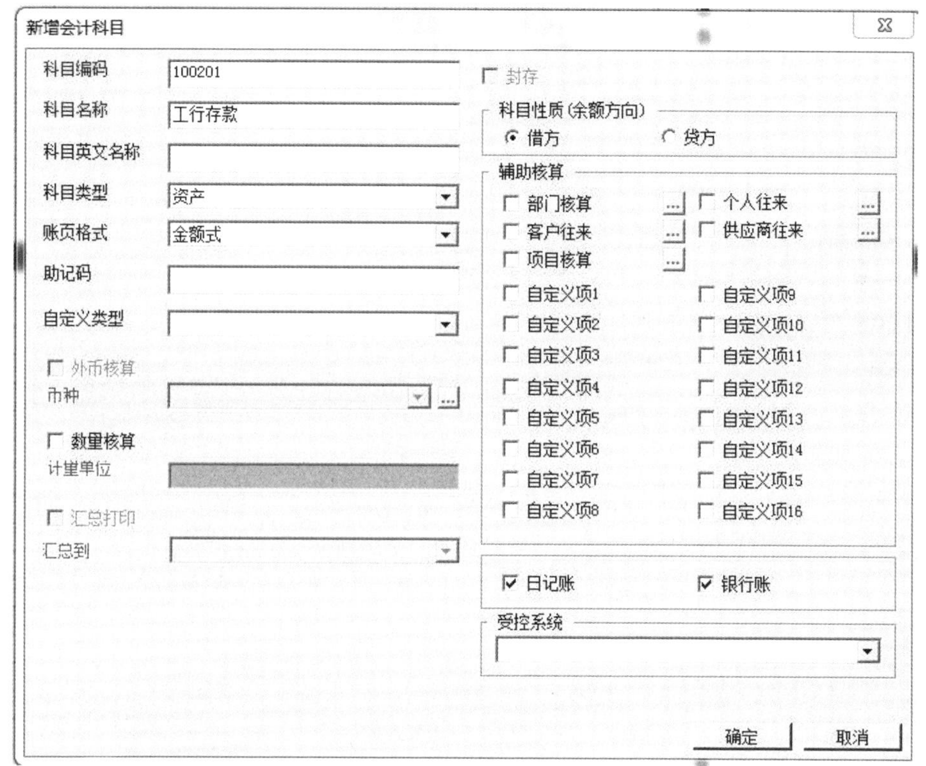

图2-3　新增会计科目

（3）单击“确定”按钮。

（4）同理，依次增加其他的会计科目。

> **提示：**
>
> - 由于预置科目“1002”已经被设置为“日记账”及“银行账”，因此新增科目“100201”自动被识别为“日记账”及“银行账”。
> - 会计科目编码应符合编码规则。
> - 如果科目已经使用，则不能被修改或删除。
> - 设置会计科目时应注意会计科目的“账页格式”，一般情况下应为“金额式”，也有可能是“数量金额式”等，如果是数量金额式还应继续设置计量单位，否则仍不能同时进行数量金额的核算。
> - 如果新增科目与原有某一科目相同或类似则可采用复制的方法。

四、修改会计科目

操作步骤：

(1)在“会计科目”窗口中，双击“1122 应收账款”，或在选中“1122 应收账款”后单击“修改”按钮，打开“会计科目_修改”对话框。

(2)单击“修改”按钮，选中“客户往来”前的复选框，受控系统为“应收系统”，如图 2-4 所示。

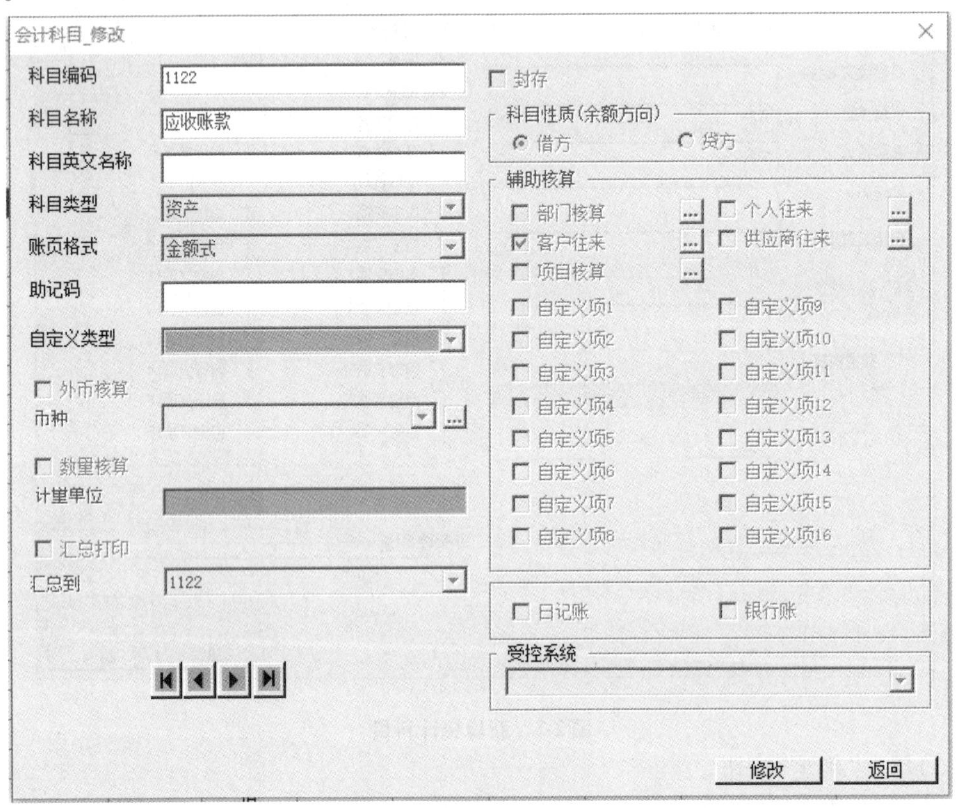

图 2-4　修改会计科目

(3)单击“确定”按钮。

(4)同理，修改其他科目。

提示：

- “无受控系统”即该账套不使用“应收”及“应付”系统，“应收”及“应付”业务均以辅助账的形式在总账系统中进行核算。
- 在会计科目使用前一定要先检查系统预置的会计科目是否能够满足需要。如果不能满足需要，则以增加或修改的方式增加新的会计科目及修改已经存在的会计科目；如果系统预置的会计科目中有一些是并不需要的，可以删除。
- 凡是设置有辅助核算内容的会计科目，在填制凭证时都需填制具体的辅助核算内容。

五、设置项目目录

1. 新增项目大类

操作步骤：

(1)在企业应用平台“基础设置”选项卡中，执行“基础档案”—“财务”—“项目目录”命令，打开“项目档案”对话框。

(2)单击“增加”按钮，打开“项目大类定义_增加”对话框。

(3)录入新项目大类名称“自建工程”，如图2-5所示。

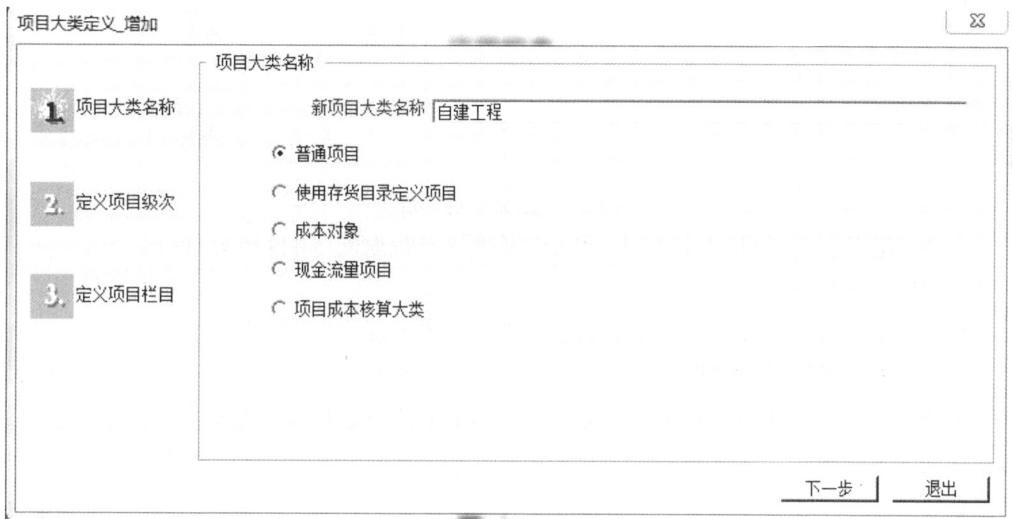

图2-5 新增项目大类

(4)单击“下一步”按钮，打开“定义项目级次”对话框，如图2-6所示。

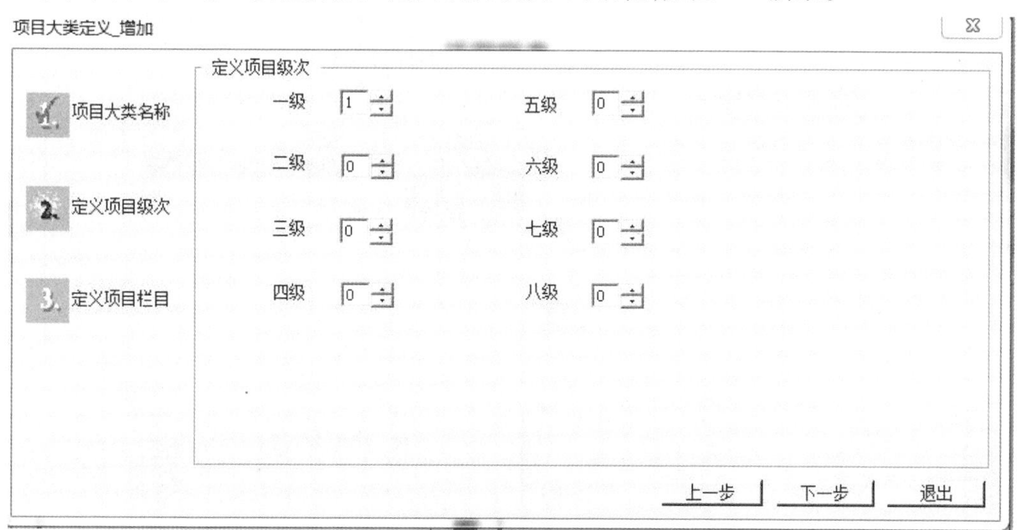

图2-6 定义项目级次

(5)默认系统设置，单击“下一步”按钮，打开“定义项目栏目”对话框，如图2-7所示。

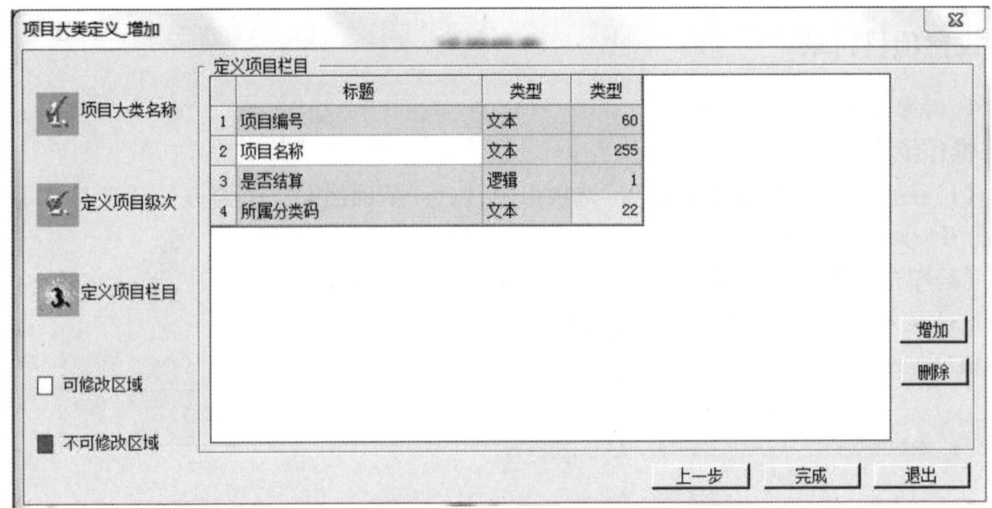

图 2-7　定义项目栏目

(6)在“定义项目栏目”对话框中,单击“完成”按钮,返回“项目档案”窗口。

2. 指定项目核算科目

(1)单击“项目大类”栏的下三角按钮,选择“自建工程”项目大类。

(2)单击“核算科目”选项卡。

(3)单击“ >> ”按钮,将自建工程及其下级科目从“待选科目”列表中选入“已选科目”列表,如图 2-8 所示。

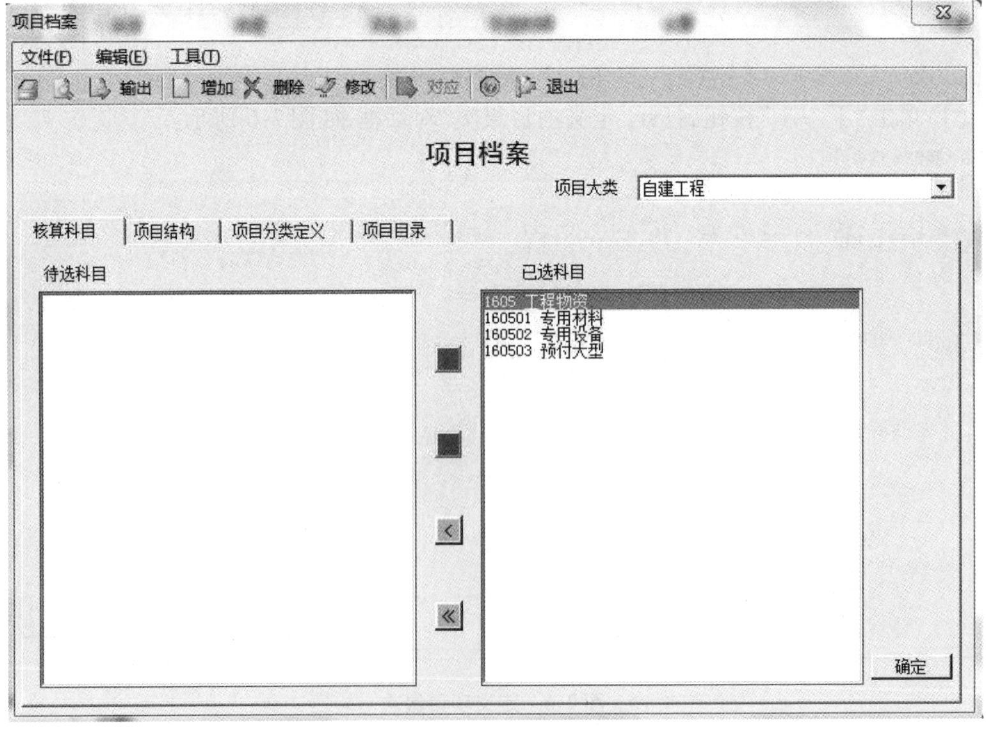

图 2-8　项目档案

3. 进行项目分类定义

(1)单击“项目分类定义”选项卡。

(2)录入分类编码“1”、分类名称“1 号工程”,单击“确定”按钮。同理,增加“2 号工程”,并单击“确定”按钮,如图 2-9 所示。

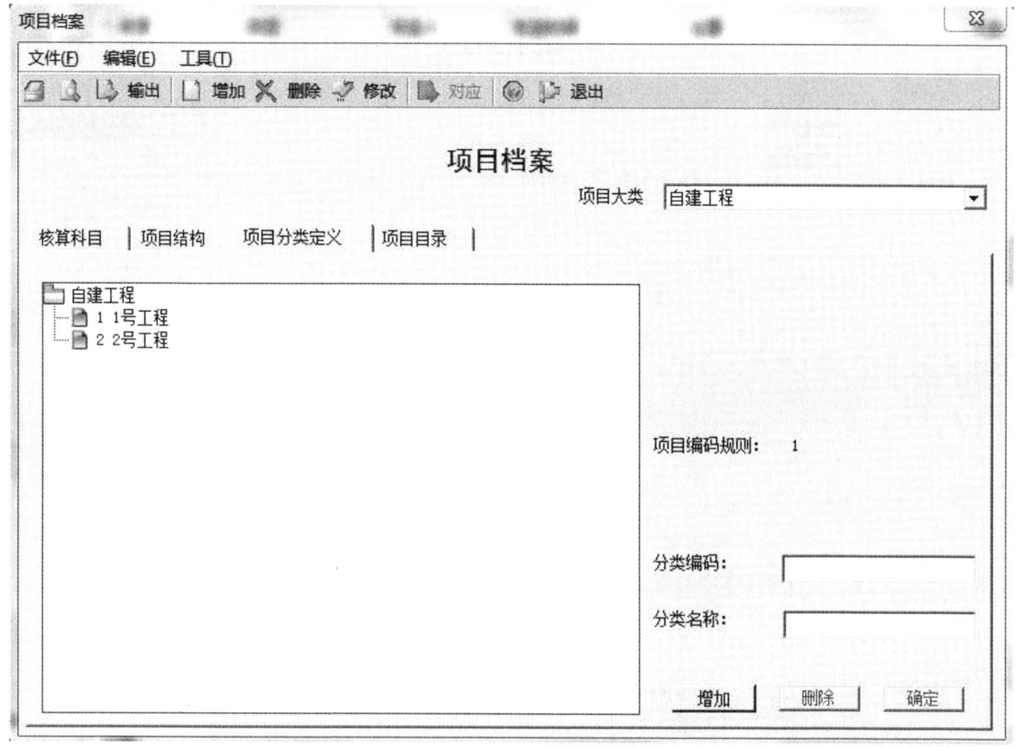

图 2-9 项目分类定义

4. 项目目录维护

(1)选中“项目目录”选项卡,单击“维护”,进入“项目目录维护”窗口。

(2)单击“增加”按钮,录入项目编号“1”、项目名称“自建厂房”,单击“所属分类”栏参照按钮。同理,增加“设备安装”工程,如图 2-10 所示。

(3)单击“退出”按钮退出。

提示:

- 一个项目大类可以指定多个科目,一个科目只能属于一个项目大类。
- 在每年年初应将已结算或不用的项目删除。
- 标识结算后的项目将不能再使用。

六、设置凭证类别

操作步骤:

(1)在企业应用平台的“基础设置”选项卡中,执行“基础档案”—“财务”—“凭证类别”

命令，打开“凭证类别预置”对话框。

（2）选中“收款凭证 付款凭证 转账凭证”前的单选按钮，如图 2-11 所示。

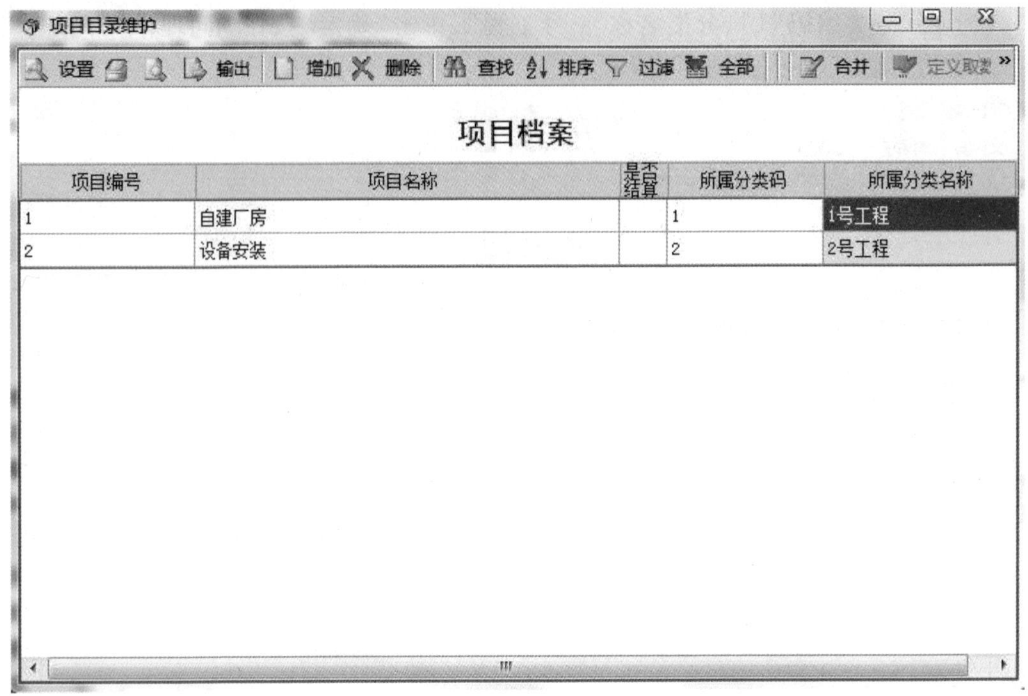

图 2-10　项目目录维护

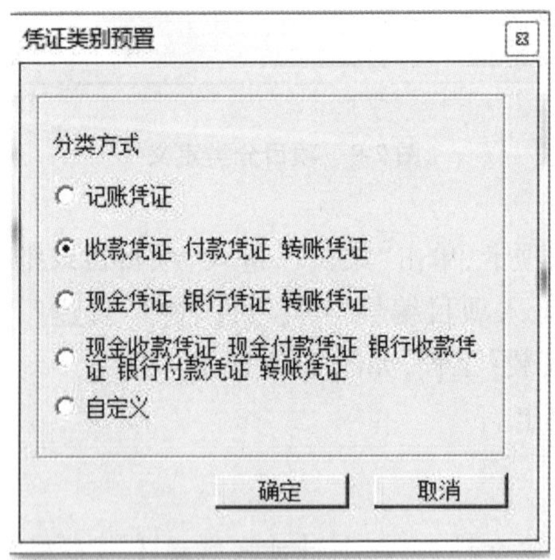

图 2-11　凭证类别设置

（3）单击“确定”按钮，打开“凭证类别”对话框。

（4）单击“修改”按钮，双击“收款凭证”所在行的“限制类型”出现下三角按钮，从下拉列表中选择“借方必有”，在“限制科目”栏录入“1001，1002”，或单击限制科目栏参照按钮，分别选择“1001”及“1002”。同理，完成对付款凭证和转账凭证的限制设置，如图 2-12 所示。

（5）单击“退出”按钮退出。

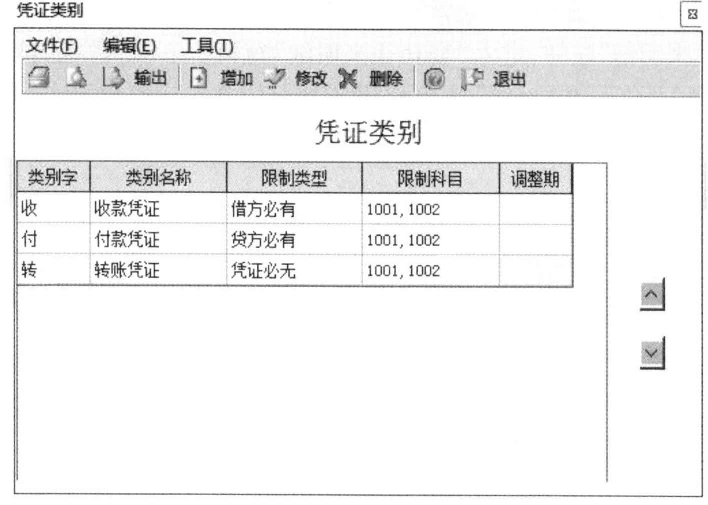

类别字	类别名称	限制类型	限制科目	调整期
收	收款凭证	借方必有	1001,1002	
付	付款凭证	贷方必有	1001,1002	
转	转账凭证	凭证必无	1001,1002	

图 2-12　凭证类别

提示:

- 已使用的凭证类别不能删除,也不能修改类别名称。
- 如果收款凭证的限制类型为借方必有"1001""1002",则在填制凭证时系统要求收款凭证的借方一级科目至少有一个是"1001"或"1002",否则,系统会判定该张凭证不属于收款凭证类别,不允许保存,付款凭证及转账凭证也应满足相应的要求。
- 如果直接录入科目编码,则编码间的标点符号应为英文状态下的标点符号,否则系统会提示科目编码有错误。

七、输入期初余额

操作步骤:

(1)在总账系统中,选择"设置"—"期初余额"选项,进入"期初余额录入"窗口。

(2)白色的单元为末级科目,可以直接输入期初余额。如:库存现金 8 000、银行存款——工行存款 222 000、原材料 75 332、库存商品 50 000、固定资产 1 212 000、累计折旧 155 124、短期借款 120 000、应交税费——应交增值税——进项税额 3 832(借)、应交税费——应交增值税——销项税额 20 000、长期借款 200 000、实收资本 1 000 000。

提示:

- 进项税额为借方余额,但期初余额录入界面中进项税额的余额方向必须与上级科目"应交税费"保持一致,因此需要录入"－3 832"表示借方余额。
- 灰色的单元为非末级科目,不允许录入期初余额,待下级科目余额录入完成后自动汇总生成。

(3)黄色的单元代表对该科目设置了辅助核算,不允许直接录入余额,需要在该单元格中双击进入辅助账期初设置,在辅助账中输入期初数据,完成后自动返回总账期初余额表。

如双击“应收职工借款”所在行“期初余额”栏，进入“个人往来期初”窗口。

（4）单击“往来明细”按钮，进入“期初往来明细”窗口。单击“增行”按钮，单击“个人”栏参照按钮，选择“张红”；在“摘要”栏录入“出差借款”，在“金额”栏录入“4 400”，如图 2-13 所示。

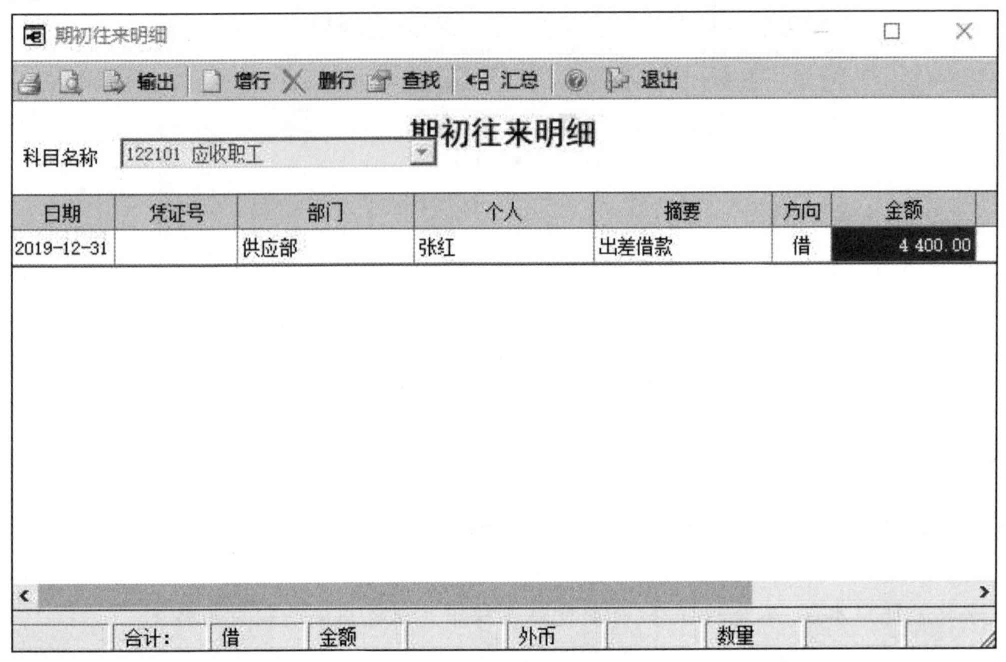

图 2-13　期初往来明细

（5）单击“汇总”按钮，提示“完成了往来明细到辅助期初表的汇总！”单击“确定”按钮后，再单击“退出”按钮。

（6）同理，录入其他带辅助核算的科目余额。

（7）单击“试算”按钮，系统进行试算平衡，试算结果如图 2-14 所示。

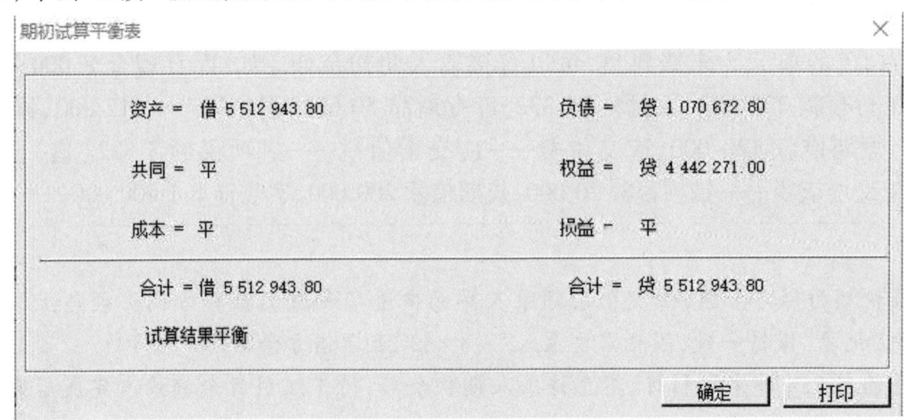

图 2-14　期初试算平衡表

（8）单击“确定”按钮。

提示：

- 只需输入末级科目的余额，非末级科目的余额由系统自动计算生成。
- 如果要修改余额的方向，可以在未录入余额的情况下，单击“方向”按钮改变余额的方向。
- 总账科目与其下级科目的方向必须一致。如果所录明细余额的方向与总账余额方向相反，则用“-”号表示。
- 如果录入余额的科目有辅助核算的内容，则在录入余额时必须录入辅助核算的明细内容，而修改时也应修改明细内容。
- 如果某一科目有数量（外币）核算的要求，则录入余额时还应输入该余额的数量（外币）。
- 如果年中某月开始记账，需输入启用月份的月初余额及年初到该月的借贷方累计发生额（年初余额由系统根据月初余额及借贷方累计发生额自动计算生成）。
- 系统只能对月初余额的平衡关系进行试算，而不能对年初余额进行试算。
- 如果期初余额不平衡，可以填制凭证但是不允许记账。
- 凭证记账后，期初余额变为只读状态，不能再修改。

八、设置结算方式

操作步骤：

（1）在企业应用平台的“基础设置”选项卡中，执行“基础档案”—“收付结算”—“结算方式”命令，进入“结算方式”窗口。

（2）单击“增加”按钮，录入结算方式编码“1”，录入结算方式名称“现金结算”，单击“保存”按钮。以此方法继续录入其他的结算方式，如图2-15所示。

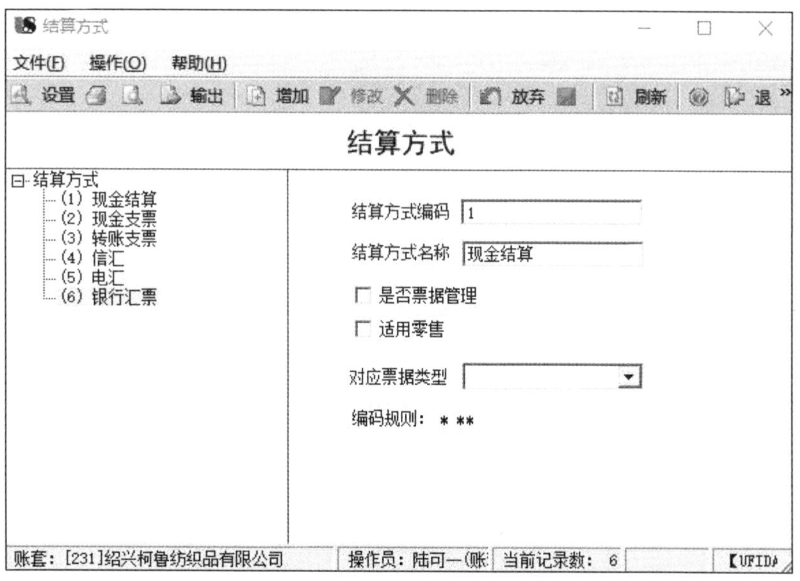

图2-15 设置结算方式

(3)单击“退出”按钮退出。

> **提示：**
> - 在总账系统中，结算方式将会在使用“银行账”类科目填制凭证时使用，并可作为银行对账的一个参数。

九、设置开户银行

操作步骤：

(1)在企业应用平台中，打开“基础设置”选项卡，执行“基础档案”—“收付结算”—“本单位开户银行”命令，进入“本单位开户银行”窗口。

(2)单击“增加”按钮，打开“增加本单位开户银行”对话框。

(3)在“增加本单位开户银行”对话框的“编码”栏录入“01”，在“银行账号”栏录入“005－43256789”，在“币种”栏选择“人民币”，在“开户银行”栏录入“交通银行绍兴袍江支行”，在“所属银行编码”栏中选择“00003—交通银行”，如图2-16所示。

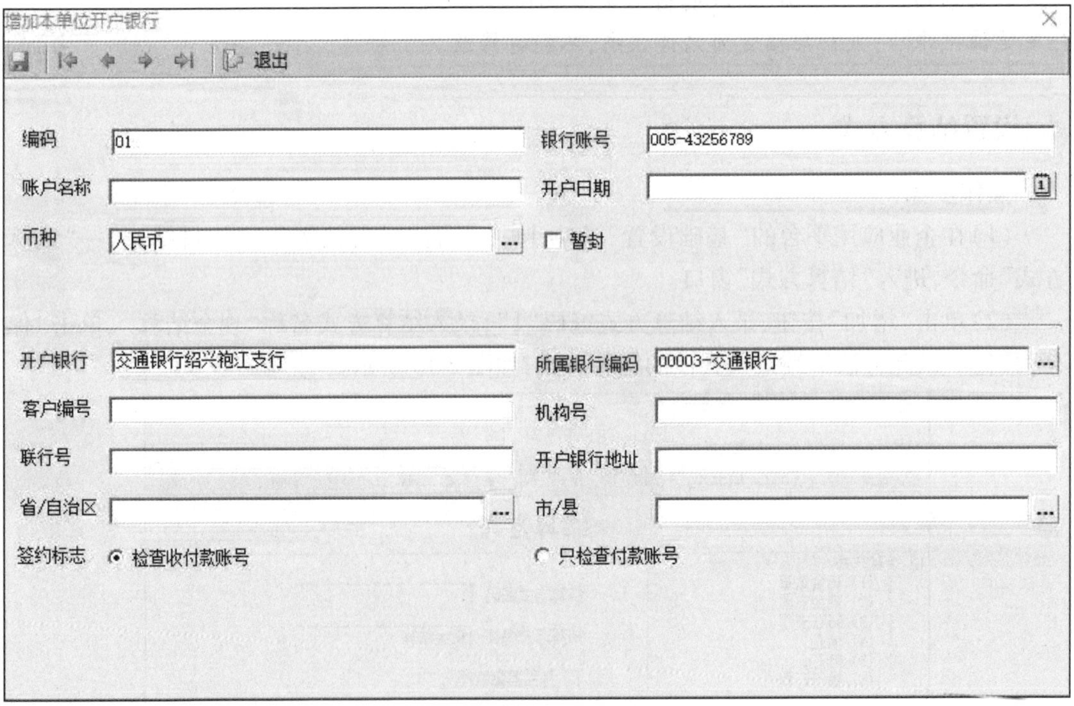

增加本单位开户银行

退出

编码 01　银行账号 005-43256789

账户名称　开户日期

币种 人民币　暂封

开户银行 交通银行绍兴袍江支行　所属银行编码 00003-交通银行

客户编号　机构号

联行号　开户银行地址

省/自治区　市/县

签约标志 ⊙ 检查收付款账号　○ 只检查付款账号

图2-16　设置开户银行

(4)单击“保存”按钮，再单击“退出”按钮退出。

> **提示：**
> - 银行账号必须为12位。

十、账套备份

操作步骤：

在“D：\231 账套备份”文件夹中新建“（3-1）总账初始化”文件夹；将账套输出至“（3-1）总账初始化”文件夹中。

任务二　总账系统日常业务处理

总账系统日常业务处理

［任务准备］

引入“项目二任务一　总账系统初始化”账套备份数据，将系统日期修改为“2020 年 1 月 31 日”。

［任务要求］

- 设置常用摘要
- 以“002 李江红”的身份填制第 1 ~4 笔业务的记账凭证
- 审核凭证
- 出纳签字
- 修改第 2 号付款凭证的金额为 500 元
- 删除第 1 号收款凭证并整理断号
- 设置常用凭证
- 记账
- 查询已记账的第 1 号转账凭证
- 冲销已记账的第 1 号付款凭证
- 查询“6602 管理费用”三栏式总账，并联查明细账及第 2 号付款凭证
- 查询余额表并联查专项资料
- 查询“6602 管理费用”明细账
- 定义并查询“应交增值税”多栏账
- 查询客户往来明细账
- 查询部门总账
- 账套备份

［任务资料］

1. 常用摘要（表 2-5）

表 2-5　常用摘要

摘要编码	摘要内容
1	购买包装物
2	报销办公费
3	计提折旧费

2. 2020 年 1 月发生的经济业务

(1)1 月 8 日,以库存现金支付银行手续费 600 元。

借:财务费用　　600

　　贷:库存现金　　600

(2)1 月 8 日,以建行存款 500 元支付财务部办公费。

借:管理费用——办公费(财务部)　　500

　　贷:银行存款——建行存款(转账支票 3356)　　500

(3)1 月 12 日,销售给杭州苏明服饰公司库存商品一批,货税款 113 000 元(货款 100 000 元,税款13 000 元)尚未收到。

借:应收账款(杭州苏明服饰)　　113 000

　　贷:主营业务收入　　100 000

　　　　应交税费——增值税——销项税额　　13 000

(4)1 月 22 日,收到张红偿还借款 2 000 元。

借:库存现金　　2 000

　　贷:其他应收款——应收职工借款(张红)　　2 000

3. 常用凭证

摘要:从工行提现金;凭证类别:付款凭证;科目编码:1001 和 100201。

[任务指导]

一、设置常用摘要

操作步骤:

(1)在企业应用平台"基础设置"选项卡中,执行"基础档案"—"其他"—"常用摘要"命令,打开"常用摘要"对话框。

(2)单击"增加"按钮,按任务资料录入常用摘要,如图 2-17 所示。

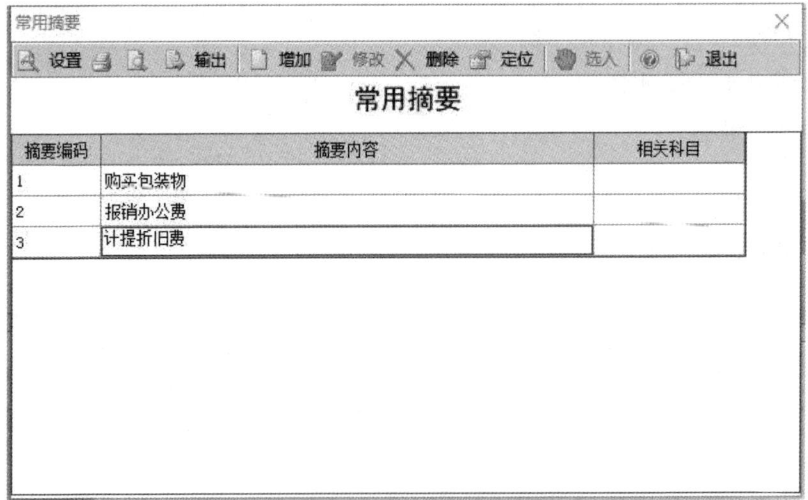

图 2-17　设置常用摘要

> **提示:**
> - 设置常用摘要后可以在填制凭证时调用。
> - 常用摘要中的"相关科目"是指使用该摘要时通常使用的相关科目。如果设置相关科目,则在调用该常用摘要时系统会将相关科目一并列出,并可以进行修改。

二、填制第1笔业务的记账凭证

操作步骤:

(1)在企业应用平台中,单击"重注册",以"002"号操作员身份进入企业应用平台。

(2)在"业务工作"选项卡中,执行"总账"—"凭证"—"填制凭证"命令,进入"填制凭证"窗口。

(3)单击"增加"按钮或者按F5键。

(4)单击凭证类别的参照按钮,选择"付款凭证"。

(5)修改凭证日期为"2020.01.08"。

(6)直接录入摘要。

(7)按回车键,或用鼠标单击"科目名称"栏,单击科目名称栏的参照按钮(或按F7键),选择"资产"类科目"6603财务费用",或者直接在科目名称栏输入"6603"。

(8)按回车键,或用鼠标单击"借方金额"栏,录入借方金额"600"。

(9)按回车键(复制上一行的摘要),再按回车键,或用鼠标单击"科目名称"栏(第二行),单击科目名称栏的参照按钮(或按F2键),选择"资产"类科目"1001库存现金"或者直接在科目名称栏输入"1001"。

(10)按回车键,或用鼠标单击"贷方金额"栏,录入贷方金额"600",或直接按"="键,如图2-18所示。

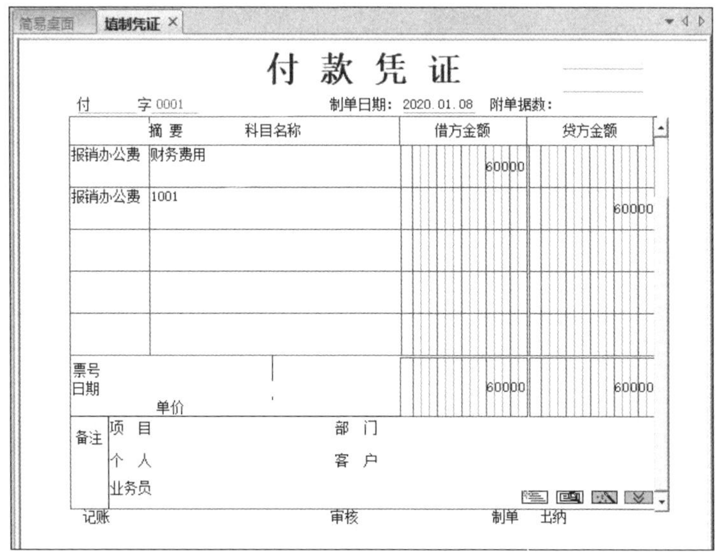

图2-18　付款凭证

(11)单击“保存”按钮,系统弹出“凭证已成功保存!”信息提示框,单击“确定”按钮返回。

提示:

- 检查当前操作员,如果当前操作员不是“李江红”,则应以重注册的方式更换操作员为“李江红”。
- 凭证填制完成后,可以单击“保存”按钮保存凭证,也可以单击“增加”按钮保存并增加下一张凭证。凭证填制完成后,在未审核前可以直接修改。
- 如果凭证的金额录错了方向,可以直接按空格键改变金额方向。
- 凭证日期应满足总账选项中的设置,如果默认系统的选项,则不允许凭证日期逆序。

三、填制第2笔业务的记账凭证

操作步骤:

(1)在“填制凭证”窗口中,单击“增加”按钮或者按F5键。

(2)参照以上操作录入表头各项信息。

(3)调用常用摘要“2”,用鼠标单击“科目名称”栏,单击“科目名称”栏的参照按钮(或按F2键),选择“损益”类科目“660201 管理费用/办公费”,或者直接在“科目名称”栏输入“660201”。

(4)按回车键,出现辅助项“部门”对话框,单击“部门”栏参照按钮,选择“财务部”,或直接录入财务部的编码“2”,如图2-19所示,录入借方金额500。

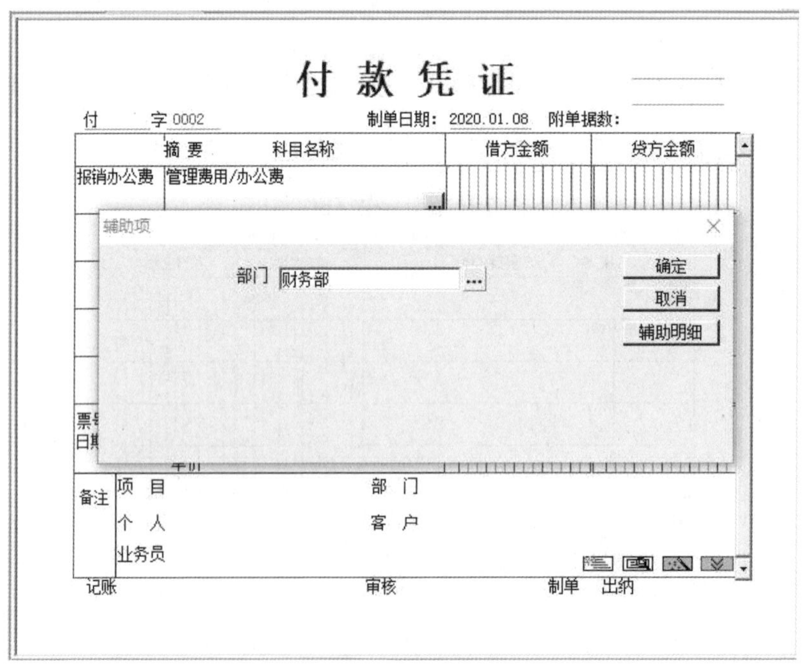

图2-19 付款凭证

(5)按回车键(复制上一行的摘要),再按回车键,或单击“科目名称”栏(第二行),单击“科目名称”栏的参照按钮(或按 F2 键),选择“资产”类科目“100201 工行存款”,或者直接在“科目名称”栏输入“100201”。按回车键,打开“辅助项”对话框,单击“结算方式”参照按钮,选择“转账支票”,或输入结算方式编码“3”,输入支票号“3356”,如图 2-20 所示。

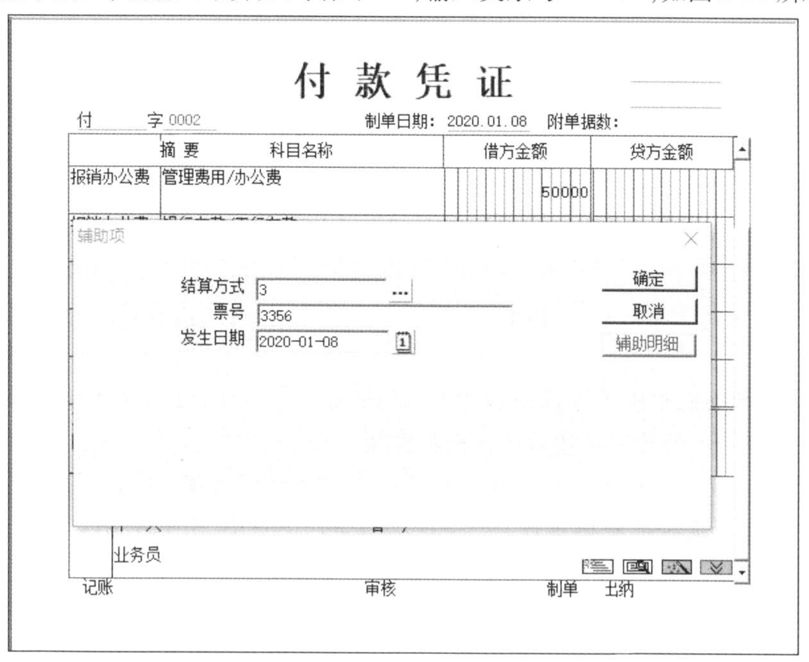

图 2-20　付款凭证

(6)单击“确定”按钮,录入贷方金额“500”,或直接按“ = ”键。

(7)单击“保存”按钮保存凭证。

(8)以此方法,分别录入第三笔业务的转账凭证和第四笔业务的收款凭证的内容。

提示:

- 在填制凭证时如果使用含有辅助核算内容的会计科目,则应选择相应的辅助核算内容,否则将不能查询到辅助核算的相关资料。
- “ = ”键意为取借贷方差额到当前光标位置。每张凭证上只能使用一次。
- 如果在设置凭证类别时已经设置了不同种类凭证的限制类型及限制科目,那么在填制凭证时,若凭证类别选择错误,则在进入新的状态时系统会提示凭证不能满足的条件,且凭证不能保存。

四、审核凭证

操作步骤:

(1)重新注册,更换操作员为“001 陆可一”。

(2)执行“凭证”—“审核凭证”命令,打开“凭证审核”对话框。

(3)单击“确定”按钮,进入“凭证审核列表”窗口。

(4)双击打开待审核的第1号“收款凭证”。

(5)单击“审核”按钮(第1号收款凭证审核完成后,系统自动翻页到第2张待审核的凭证),再单击“审核”按钮,直到将已经填制的4张凭证全部审核签字。

(6)单击“退出”按钮退出。

提示:

- 系统要求制单人和审核人不能是同一个人,因此在审核凭证前一定要首先检查一下,当前操作员是否就是制单人,如果是,则应更换操作员。
- 凭证审核的操作权限应首先在“系统管理”的权限中进行赋权,其次还要注意在总账系统的选项中是否设置了“凭证审核控制到操作员”的选项,如果设置了该选项,则应继续设置审核的明细权限,即“数据权限”中的“用户”权限。只有在“数据权限”中设置了某用户有权审核其他某一用户所填制凭证的权限,该用户才真正拥有了审核凭证的权限。
- 在凭证审核的功能中除了可以分别对单张凭证进行审核外,还可以执行“成批审核”的功能,对符合条件的待审核凭证进行成批审核。
- 在审核凭证的功能中还可以对有错误的凭证进行“标错”处理,还可以“取消”审核。
- 已审核的凭证将不能直接修改,只能在取消审核后才能在填制凭证的功能中进行修改。

五、出纳签字

操作步骤:

(1)重新注册,更换操作员为“张明”。

(2)执行“凭证”—“出纳签字”命令,打开“出纳签字”对话框。

(3)单击“确定”按钮,进入“出纳签字列表”窗口。

(4)双击打开待签字的第1号“收款凭证”。

(5)单击“签字”按钮,接着单击“下张”按钮,再单击“签字”按钮,直到将已经填制的所有收付凭证进行出纳签字。

(6)单击“退出”按钮退出。

提示:

- 出纳签字的操作既可以在“凭证审核”后进行,也可以在“凭证审核”前进行。
- 进行出纳签字的操作员应已在系统管理中赋予了出纳的权限。
- 要进行出纳签字的操作应满足以下3个条件:首先,在总账系统的“选项”中已经设置了“出纳凭证必须经由出纳签字”;其次已经在会计科目中进行了“指定科目”的操作;最后,凭证中所使用的会计科目是已经在总账系统中设置为“日记账”辅助核算内容的会计科目。
- 如果发现已经进行了出纳签字的凭证有错误,则应在取消出纳签字功能中进行修改。

六、修改第2号付款凭证

操作步骤：

(1)由操作员“003 张明”执行“出纳签字”命令，打开“出纳签字”对话框。

(2)单击“凭证类别”栏的下三角按钮，选择付款凭证。

(3)单击“月份”选项，在“凭证号”栏输入“2”，如图2-21所示。

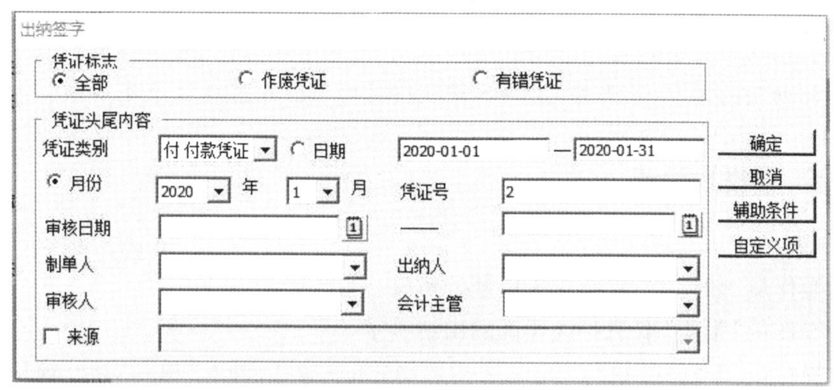

图2-21 出纳签字

(4)单击“确定”按钮，进入“出纳签字列表”窗口。

(5)双击进入第2号付款凭证窗口。

(6)单击“取消”按钮，取消出纳签字，再单击“退出”按钮。

(7)重新注册，更换操作员为“001 陆可一”。

(8)执行“凭证”—“凭证审核”命令，打开“凭证审核”对话框。

(9)同以上操作，找到并进入第2号付款凭证窗口。

(10)单击“取消”审核按钮，取消审核签字，然后单击“退出”按钮。

(11)重新注册，更换操作员为“002 李江红”。

(12)执行“凭证”—“填制凭证”命令，进入“填制凭证”窗口。

(13)单击“上张”“下张”按钮，找到第2张付款凭证。

(14)在第2张付款凭证中，将借贷方金额分别修改为“800”，单击“保存”按钮。

(15)再更换操作员，由“001 陆可一”对第2号付款凭证进行审核，由“003 张明”对第2号付款凭证进行出纳签字。

> **提示：**
>
> - 未审核的凭证可以直接修改，但是，凭证类别不能修改。
> - 已进行出纳签字而未审核的凭证如果发现有错误，可以由原出纳签字的操作员在“出纳签字”功能中取消出纳签字后，再由原制单人在填制凭证功能中修改凭证。
> - 如果在总账系统的选项中选中“允许修改、作废他人填制的凭证”，则在填制凭证功能中可以由非原制单人修改或作废他人填制的凭证，被修改凭证的制单人将被修改为现在修改凭证的人。

- 如果在总账系统的选项中没有选中“允许修改、作废他人填制的凭证”，则只能由原制单人在填制凭证的功能中修改或作废凭证。
- 已审核的凭证如果发现有错误，应由原审核人在“审核凭证”功能中取消审核签字后，再由原制单人在填制凭证功能中修改凭证。
- 被修改的凭证应在保存后退出。
- 凭证的辅助项内容如果有错误，可以在单击含有错误辅助项的会计科目后，将鼠标移到错误的辅助项所在位置，当出现“笔头状光标”时双击此处，弹出辅助项录入窗口，直接修改辅助项的内容，或者按 Ctrl + S 键调出辅助项录入窗口后修改。

七、删除第 1 号收款凭证

操作步骤：

(1)由操作员“陆可一”取消对该凭证的审核。

(2)由操作员“张明”取消对该凭证的出纳签字。

(3)由操作员“李江红”执行“凭证”—“填制凭证”命令，进入“填制凭证”窗口。

(4)单击“上张”“下张”找到第 1 张收款凭证。

(5)执行“作废/恢复”命令，将该张凭证打上“作废”标志，如图 2-22 所示。

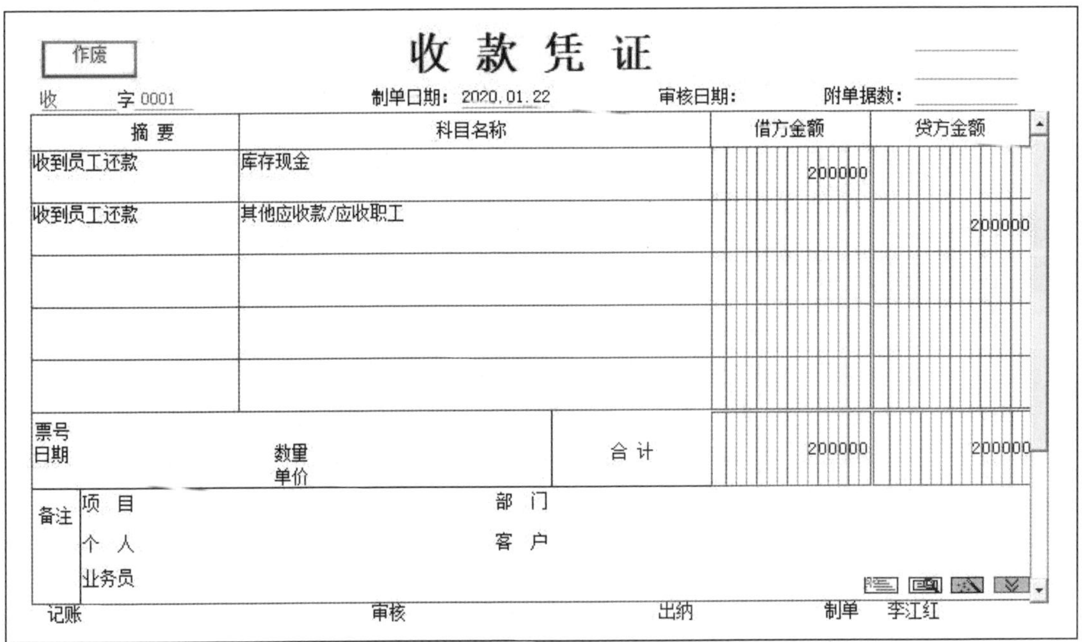

作废

收款凭证

收 字 0001 制单日期：2020.01.22 审核日期： 附单据数：

摘要	科目名称	借方金额	贷方金额
收到员工还款	库存现金	200000	
收到员工还款	其他应收款/应收职工		200000
票号 日期	数量 单价	合计 200000	200000

备注 项目 部门
个人 客户
业务员

记账 审核 出纳 制单 李江红

图 2-22　作废凭证

(6)执行“整理凭证”命令，选择凭证时间“2020.01”，单击“确定”按钮，打开“作废凭证表”对话框。

(7)双击“作废凭证表”对话框中的“删除？”栏，如图 2-23 所示。

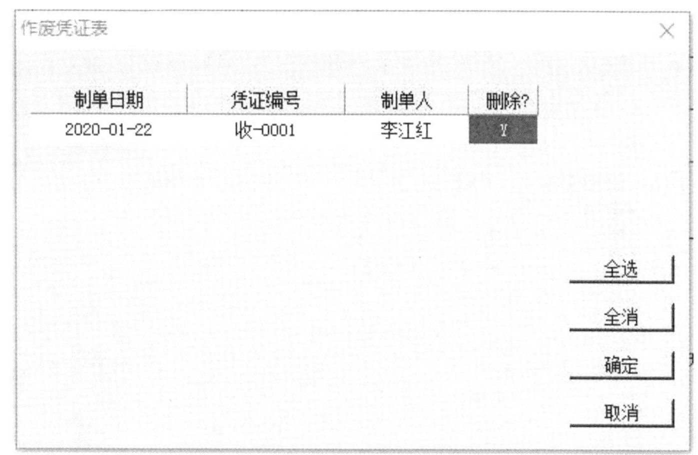

图 2-23　删除凭证

（8）单击“确定”按钮，系统弹出“是否还需整理凭证断号”信息提示框，并提供 3 种断号整理方式：“按凭证号重排”“按凭证日期重排”“按审核日期重排”。

（9）选择“按凭证号重排”，单击“是”按钮，系统完成对凭证号的重新整理。

提示：

- 未审核的凭证可以直接删除，已审核或已进行出纳签字的凭证不能直接删除，须在取消审核及取消出纳签字后再删除。
- 若要删除凭证，必须先进行“作废”操作，然后再进行整理。如果在总账系统的选项中选中“自动填补凭证断号”及“系统编号”，那么在对作废凭证进行整理时，若选择不整理断号，则再填制凭证时可以由系统自动填补断号。否则，将会出现凭证断号。
- 对于作废凭证，可以单击“作废/恢复”按钮，取消“作废”标志。
- 作废凭证不能修改、不能审核，但应参与记账。
- 只能对未记账凭证进行凭证整理。
- 账簿查询时查不到作废凭证的数据。

八、设置常用凭证

操作步骤：

（1）执行“凭证”—“常用凭证”命令，打开“常用凭证”对话框。

（2）单击“增加”按钮。

（3）录入编码“1”，录入说明“从工行提现金”，单击“凭证类别”栏的下三角按钮，选择“付款凭证”。

（4）单击“详细”按钮，进入“常用凭证—付款凭证”窗口。

（5）单击“增分”按钮，在“科目名称”栏录入“1001”；再单击“增分”按钮，在第 2 行“科目名称”栏录入“100201”；选择结算方式“2　现金支票”，如图 2-24 所示。

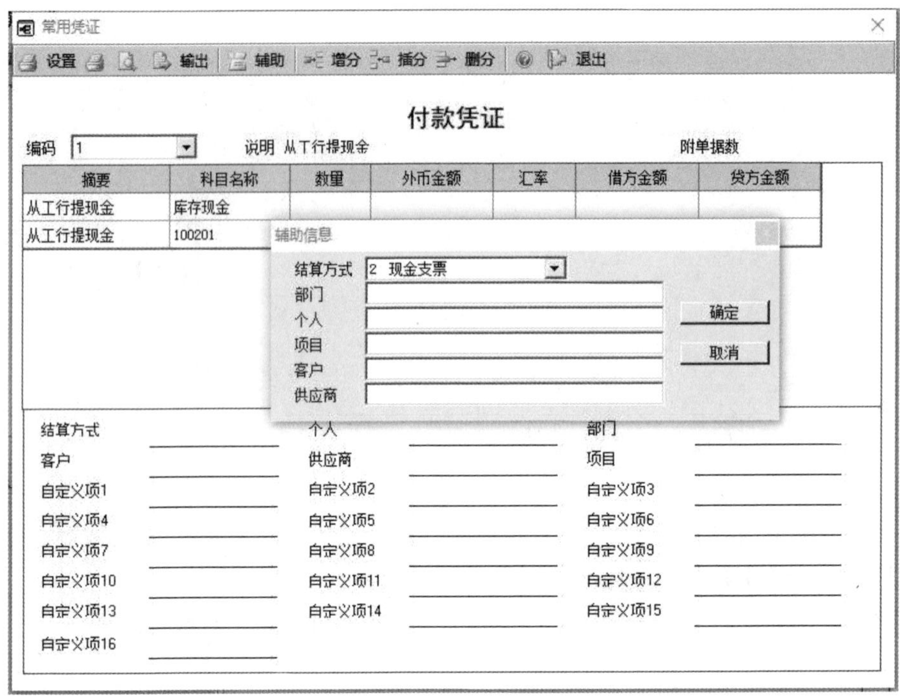

图 2-24　设置常用凭证

提示:

- 在填制凭证时可以执行“常用凭证”—“调用常用凭证”命令,调用事先定义的常用凭证,或在填制凭证功能中单击“F4”调用常用凭证。
- 调用常用凭证可以修改。

九、记账

操作步骤:

(1)由操作员“001 陆可一”执行“凭证”—“记账”命令,打开“记账”对话框。选择“2020.01 月份凭证”,“记账范围”为“全选”。

(2)单击“记账”按钮,打开“期初试算平衡表”窗口。

(3)单击“确定”按钮,系统自动进行记账,记账完成后,系统弹出“记账完毕!”

(4)单击“确定”按钮。

提示:

- 如果期初余额试算不平衡则不允许记账,如果有未审核的凭证则不允许记账,上月未结账本月不能记账。
- 如果不输入记账范围,系统默认为所有凭证。
- 记账后不能整理断号。
- 已记账的凭证不能在“填制凭证”功能中查询。

十、查询已记账的凭证

操作步骤：

（1）执行“凭证”—“查询凭证”命令，打开“凭证查询”对话框。

（2）选择“已记账凭证”，选择凭证类别为“转账凭证”，在“凭证号”栏录入“1”。

（3）单击“确定”按钮，进入“查询凭证列表”窗口。

（4）双击打开第1号转账凭证进行查看。

（5）单击“退出”按钮退出。

> **提示：**
>
> - 在“查询凭证”功能中既可以查询已记账凭证，也可以查询未记账凭证。而在填制凭证功能中只能查询到未记账凭证。
> - 通过设置查询条件还可以查询“作废凭证”、“有错凭证”、某制单人填制的凭证、其他子系统传递过来的凭证，以及一定日期区间、一定凭证号区间的记账凭证。已记账凭证除了可以在查询凭证功能中查询，还可以在查询账簿资料时，以联查的方式查询。
> - 在“凭证查询”对话框中，单击“辅助条件”按钮，可以设定更多的查询条件。

十一、冲销记账凭证

操作步骤：

（1）以“002 李江红”的身份执行“凭证”—“填制凭证”命令，进入“填制凭证”窗口。

（2）执行“冲销凭证”命令，打开“冲销凭证”对话框。

（3）单击“凭证类别”栏的下三角按钮，选择“付 付款凭证”，在“凭证号”栏录入“1”，如图2-25所示。

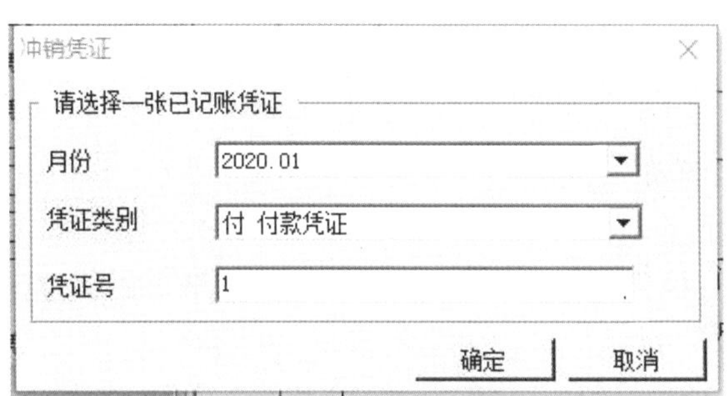

图2-25 冲销记账凭证

（4）单击“确定”按钮，弹出如图2-26所示的付款凭证。

（5）单击“退出”按钮退出。

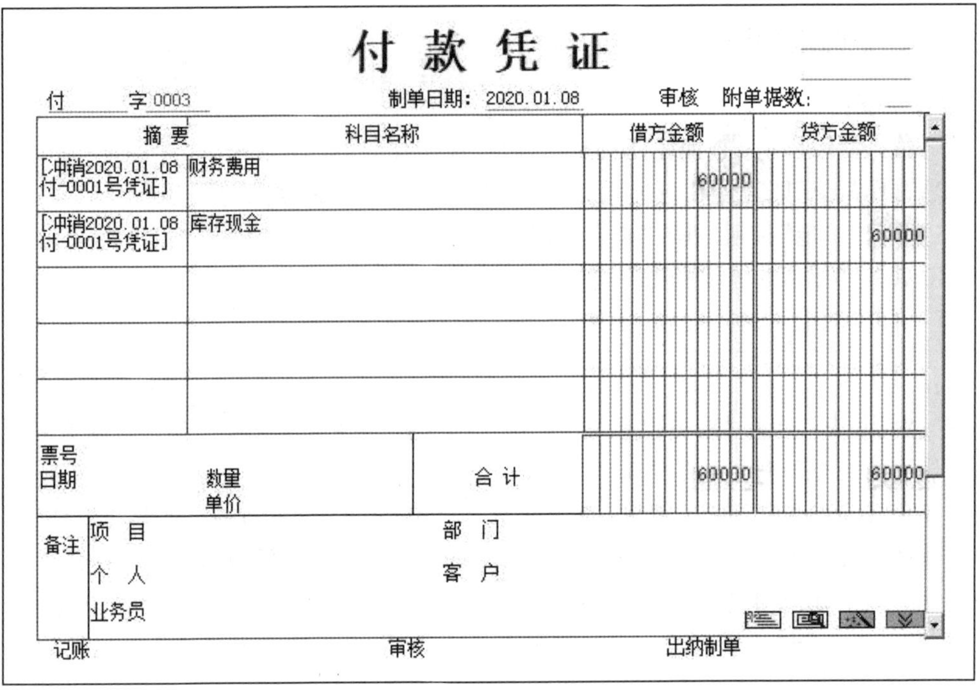

付款凭证

付 字 0003 制单日期：2020.01.08 审核 附单据数：

摘要	科目名称	借方金额	贷方金额
[冲销2020.01.08付-0001号凭证]	财务费用	60000	
[冲销2020.01.08付-0001号凭证]	库存现金		60000
票号 日期 数量 单价	合计	60000	60000

备注 项目 部门
个人 客户
业务员

记账 审核 出纳制单

图 2-26 付款凭证

提示：

- 冲销凭证是针对已记账凭证由系统自动生成的一张红字冲销凭证。
- 冲销凭证相当于填制了一张凭证，不需保存，只要进入新的状态就由系统将冲销凭证自动保存。
- 已冲销凭证仍需审核，出纳签字后记账。

十二、账簿查询

1. 查询“6602 管理费用”总账

操作步骤：

(1)在总账系统中，执行“账表”—“科目账”—“总账”命令，打开“总账查询条件”对话框。

(2)直接录入或选择科目编码“6602”，单击“确定”按钮，进入“管理费用总账”窗口，如图 2-27 所示。

(3)单击选中“当前合计”，单击“明细”按钮进入“管理费用明细账”窗口，如图 2-28 所示。

(4)单击选中“000”所在行，单击“凭证”按钮，打开第 2 号付款凭证。

(5)单击“退出”按钮退出。

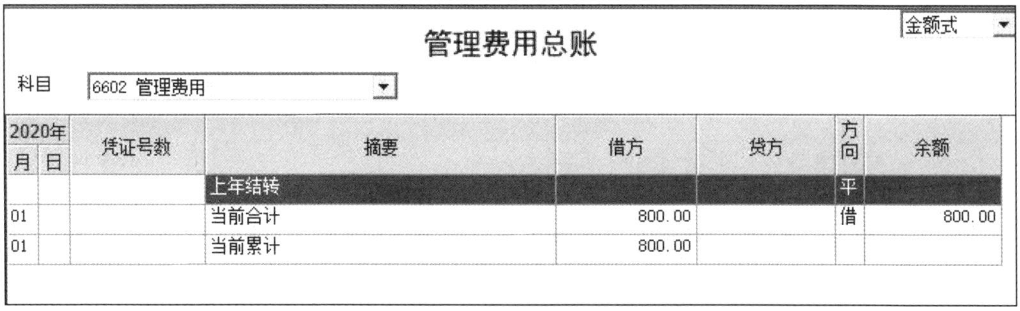

金额式

管理费用总账

科目 6602 管理费用

2020年 月	日	凭证号数	摘要	借方	贷方	方向	余额
			上年结转			平	
01			当前合计	800.00		借	800.00
01			当前累计	800.00			

图 2-27　管理费用总账

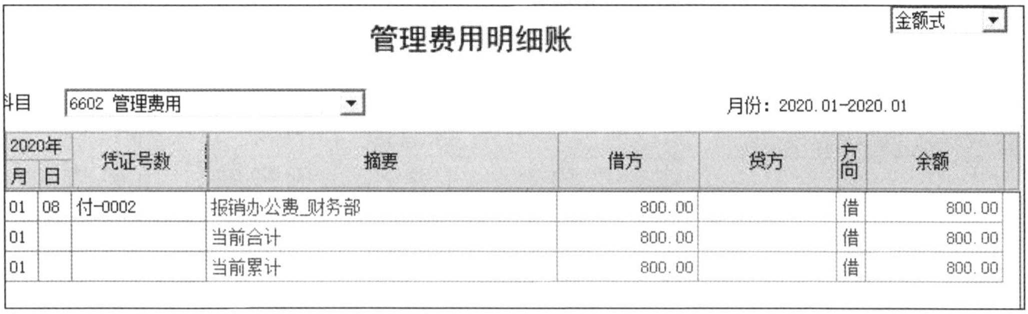

金额式

管理费用明细账

科目 6602 管理费用　　月份：2020.01-2020.01

2020年 月	日	凭证号数	摘要	借方	贷方	方向	余额
01	08	付-0002	报销办公费_财务部	800.00		借	800.00
01			当前合计	800.00		借	800.00
01			当前累计	800.00		借	800.00

图 2-28　管理费用明细账

提示：

- 在总账查询功能中，可以查询到三栏式总账的年初余额、各月发生额合计和月末余额，而且可以查询到二至五级明细科目的年初余额、各月发生额合计和月末余额，还可以查询到明细账中每项明细资料对应的记账凭证。
- 在查询总账时可以在总账条件查询中，通过录入科目范围查询一定科目范围内的总账。
- 在总账查询功能中可以查询“包含未记账凭证”的总账。
- 在明细账窗口，单击“摘要”按钮可以设置“摘要选项”。
- 在明细账窗口，单击“过滤”按钮可以录入“明细账过滤条件”。

2. 查询余额表

操作步骤：

（1）在总账中，执行“账表”—“科目账”—“余额表”命令，打开“发生额及余额”对话框。

（2）单击“确定”按钮，进入“发生额及余额表”窗口，如图 2-29 所示。

（3）将光标定位在“1122 应收账款”，单击“专项”按钮，打开余额表中的专项资料，如图 2-30 所示。

（4）单击“退出”按钮退出。

金额式

发生额及余额表

月份：2020.01-2020.01

科目编码	科目名称	期初余额		本期发生		期末余额
		借方	贷方	借方	贷方	借方
1001	库存现金	5 532.80			600.00	
1002	银行存款	751 480.00			800.00	75
1012	其他货币资金	50 000.00				5
1121	应收票据	210 600.00				21
1122	应收账款	351 000.00		113 000.00		46
1123	预付账款	20 000.00				2
1221	其他应收款	4 400.00				
1231	坏账准备		702.00			
1403	原材料	1 025 312.00				1 02
1405	库存商品	152 500.00				15
1601	固定资产	4 333 000.00				4 33
1602	累计折旧		1 390 179.00			
资产小计		6 903 824.80	1 390 881.00	113 000.00	1 400.00	7 0
2001	短期借款		100 000.00			
2201	应付票据		40 950.00			
2202	应付账款		275 740.00			
2221	应交税费		125 234.80		13 000.00	
2241	其他应付款		28 748.00			
2501	长期借款		500 000.00			
负债小计			1 070 672.80		13 000.00	
4001	实收资本		3 888 900.00			
4002	资本公积		358 609.21			
4101	盈余公积		87 245.89			
4104	利润分配		107 515.90			
权益小计			4 442 271.00			
6001	主营业务收入				100 000.00	
6602	管理费用			800.00		
6603	财务费用			600.00		
损益小计				1 400.00	100 000.00	

图 2-29　查询余额表

金额式

科目余额表

科目 1122 应收账款　　　　月份：2020.01-2020.01

科目		客户		方向	期初余额	借方
编码	名称	编号	名称		本币	本币
1122	应收账款	01	纺棉公司	平		113 000.00
1122	应收账款	02	天宇公司	借	351 000.00	
合计：				借	351 000.00	113 000.00

图 2-30　查询科目余额表

提示：

- 在余额表查询功能中，可以查询各级科目的本月期初余额、本期发生额及期末余额。
- 在发生额及余额表中，单击“累计”按钮，可以查询到累计借贷方发生额。
- 在发生额及余额表中，单击“专项”按钮，可以查询到带有辅助核算内容的辅助资料。
- 可以查询某个余额查询范围内的余额情况。
- 可以查询包含未记账凭证在内的最新发生额及余额。

3. 查询“6602 管理费用”明细账

操作步骤：

（1）执行“账表”—“科目账”—“明细账”命令，打开“明细账查询条件”对话框。

（2）直接录入或选择科目编码“6602”，单击“确定”按钮。

（3）单击“退出”按钮退出。

提示：

- 在明细账查询功能中，可以查询一定科目范围内的明细账。
- 可以查询月份综合明细账。
- 可以查询到包含未记账凭证在内的明细账。
- 可以按“对方科目展开”方式查询明细账。
- 在明细账中可以联查到总账及相应的记账凭证。
- 如果在总账系统的“选项”中，选择了“明细账查询权限控制到科目”，则必须在“基础设置”的“数据权限”中设置相应的数据权限。如果某操作员不具备查询某科目明细账的权限，则在明细账查询功能中就看不到无权查询的科目明细账的内容。

4. 定义并查询“应交增值税”多栏账

操作步骤：

（1）在总账系统中，执行“账表”—“科目账”—“多栏账”命令，进入“多栏账”窗口。

（2）单击“增加”按钮，打开“多栏账定义”对话框。

（3）单击“核算科目”栏的下三角按钮，选择“2221 应交税费”，单击“自动编制”按钮，出现栏目定义的内容，如图 2-31 所示。

（4）单击“确定”按钮，完成应交税费多栏账的设置。

（5）单击“查询”按钮，打开“多栏账查询”对话框，单击“确定”按钮，形成新的多栏账。

提示：

- 在总账系统中，普通多栏账由系统将要分析科目的下级科目自动生成“多栏账”。
- 多栏账的栏目内容可以自定义，可以对栏目的分析方向、分析内容、输出内容进行定义，同时可以定义多栏账格式。
- 自定义多栏账可以根据实际管理需要将不同的科目及不同级次的科目形成新的多栏账，以满足多科目的综合管理。

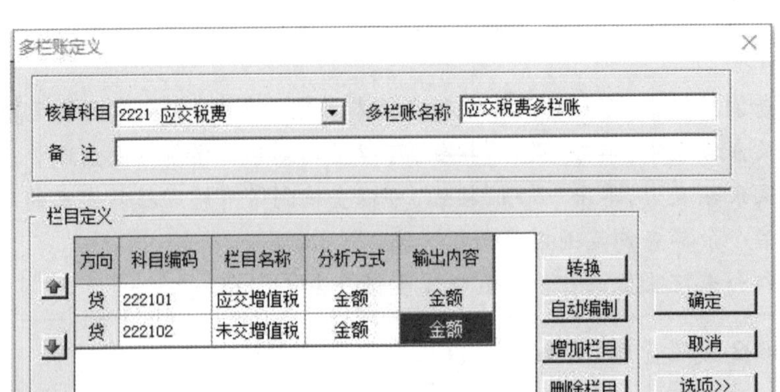

图 2-31 多栏账定义

5. 查询客户往来明细账中的客户科目明细账

操作步骤：

(1)在总账系统中，执行“账表”—“客户往来辅助账”—“客户往来明细账”—“客户科目明细账”命令，打开“客户科目明细账”查询条件对话框。

(2)单击“确定”按钮，打开“客户科目明细账”，如图 2-32 所示。

科目明细账

科目：　　月份：2020.01 - 2020.01

年	月	日	凭证号	科目		客户		摘要	借方	贷方	方向	余额
				编码	名称	编码	名称		本币	本币		本币
				1121	应收票据	01	纺棉公司	期初余额			借	210 600.00
2020	1	12	转-0001	1122	应收账款	01	纺棉公司	实现销售收入_2020.01.12_刘三	113 000.00		借	113 000.00
				1122	应收账款	01	纺棉公司	小计	113 000.00		借	113 000.00
				1122	应收账款	02	天宇公司	期初余额			借	351 000.00
								合计：	113 000.00		借	674 600.00

图 2-32 客户科目明细账

(3)单击“退出”按钮退出。

(4)可以进行客户往来余额、客户往来催款单、客户往来账龄分析等查询。

提示：

- 在“客户科目明细账”功能中，可以查询所有辅助核算内容为“客户往来”的科目明细账。
- 可以查询各个客户、各个月份的客户科目明细账。
- 可以查询包含未记账凭证的客户科目明细账。
- 在科目明细账中，可以联查总账及凭证的内容，还可以进行摘要内容的设置。客户往来辅助账的查询方式较多，可以根据不同需要在不同的查询功能中查找到有用的数据。

6. 查询部门科目总账

操作步骤：

(1)在总账系统中，执行"账表"—"部门辅助账"—"部门科目总账"命令，打开"部门科目总账条件"对话框。

(2)单击"确定"按钮，打开部门总账。

(3)单击"退出"按钮退出。

> **提示：**
> - 在部门科目总账查询功能中，可以按科目、按部门、按科目和部门查询部门科目总账。
> - 可以查询不同月份范围的部门科目总账。
> - 可以查询包含未记账凭证内容的部门科目总账。
> - 在部门科目总账中，可以单击"累计"按钮查询包含累计借贷方发生额的部门总账，单击"明细"按钮查询部门明细账的资料。

十三、账套备份

在"D:\300 账套备份"文件夹中新建"(3-2)总账日常业务处理"文件夹，将账套输出至"(3-2)总账日常业务处理"文件夹中。

任务三　出纳管理

出纳管理

[任务准备]

引入"项目二任务二　总账系统日常业务处理"账套备份数据，将系统日期修改为"2020 年 1 月 31 日"，以出纳张明的身份注册进入总账系统。

[任务要求]

- 查询日记账
- 查询资金日报表
- 支票登记簿
- 银行对账
- 账套备份

[任务资料]

1. 转账支票

1 月 22 日，生产部刘强用现金支票(No. 2200)支付修理费，限额 1 000 元。

2. 银行对账期初数据

企业日记账余额为 225 000 元，银行对账单期初余额为 222 000 元，有企业已收而银行未收的未达账(2020 年 12 月 20 日)3 000 元。

3. 2020 年 1 月银行对账单(表 2-6)

表 2-6 银行对账单

单位:元

日期	结算方式	票号	借方金额	贷方金额	余额
2020.01.08	转账支票	4456		1 000	221 000
2020.01.22	转账支票	5534	700		221 700

[任务指导]

一、查询现金日记账

操作步骤:

(1)执行“出纳”—“现金日记账”命令,打开“现金日记账查询条件”对话框。

(2)单击“确定”按钮,进入“现金日记账”窗口,如图 2-33 所示。

金额式

现金日记账

科目 1001 库存现金 月份: 2020.01-2020.01

2020年 月	日	凭证号数	摘要	对方科目	借方	贷方	方向	余额
			上年结转				借	5 532.80
01	08	付-0001	报销办公费	6603		600.00	借	4 932.80
01	08		本日合计			600.00	借	4 932.80
01			当前合计			600.00	借	4 932.80
01			当前累计			600.00	借	4 932.80
			结转下年				借	4 932.80

图 2-33 现金日记账

(3)单击“退出”按钮退出。

提示:

- 只有在“会计科目”功能中使用“指定科目”功能指定“现金总账科目”及“银行总账科目”,才能查询“现金日记账”及“银行存款日记账”。
- 既可以按日查询,也可以按月查询现金及银行存款日记账。
- 查询日记账时还可以查询包含未记账凭证的日记账。
- 在已打开的日记账窗口中还可以通过单击“过滤”按钮,输入过滤条件快速查询日记账的具体内容。
- 在已打开的日记账窗口中还可以通过单击“凭证”按钮,查询该条记录所对应的记账凭证。

二、查询1月8日的资金日报表

操作步骤：

(1)执行“出纳”—“资金日报”命令，打开“资金日报表查询条件”对话框。

(2)选择日期“2020.01.08”，单击“确定”按钮，进入“资金日报表”窗口，如图2-34所示。

资金日报表

日期：2020.01.08

科目编码	科目名称	币种	今日共借	今日共贷	方向	今日余额	借方笔数	贷方笔数
1001	库存现金			600.00	借	4 932.80		
1002	银行存款			800.00	借	750 680.00		
合计				1 400.00	借	755 612.80		

图2-34　资金日报表

(3)单击“退出”按钮退出。

提示：

- 使用“资金日报”功能可以查询现金、银行存款科目某日的发生额及余额情况。查询资金日报表时可以查询包含未记账凭证的资金日报表。
- 如果在“资金日报表查询条件”窗口中选中“有余额无发生额也显示”，则即使现金或银行科目在查询日没有发生业务，只有余额也显示。

三、登记支票登记簿

操作步骤：

(1)执行“出纳”—“支票登记簿”命令，打开“银行科目选择”对话框。

(2)单击“确定”按钮，打开“支票登记簿”窗口。

(3)单击“增加”按钮，录入或选择领用日期“2020.01.02”，领用部门“销售一科”，领用人“张红”，支票号“9988”，预计金额“500”及用途“办公费”，如图2-35所示。

支票登记簿

科目：工行存款(100201)　　支票张数：0(其中：已报0 未报0

领用日期	领用部门	领用人	支票号	预计金额	用途	收款人
2020.01.02	销售一科	张红	9988	500.00	办公费	

图2-35　支票登记簿

(4)单击“保存”按钮并退出。

提示:

- 只有在总账系统的初始设置选项中已选择“支票控制”,并在结算方式设置中已设置“票据结算”标志,在“会计科目”中已指定银行账的科目,才能使用支票登记簿。
- 针对不同的银行账户分别登记支票登记簿。当支票登记簿中的报销日期为空时,表示该支票未报销,否则系统认为该支票已报销。
- 当支票支出后,在填制凭证时输入该支票的结算方式和结算号,则系统会自动在支票登记簿中将该支票写上报销日期,该支票即为已报销。
- 单击“批删”按钮,输入需要删除已报销支票的起止日期,即可删除此期间的已报销支票。
- 单击“过滤”按钮后,即可对支票按领用人或者部门进行各种统计。

四、录入银行对账期初数据

操作步骤:

(1)执行“出纳”—“银行对账”—“银行对账期初录入”命令,进入“银行科目选择”窗口。

(2)选择“100201 工行存款”,单击“确定”按钮,进入“银行对账期初”窗口。

(3)在单位日记账的“调整前余额”栏录入“225 000”,在银行对账单的“调整前余额”栏录入“222 000”,如图 2-36 所示。

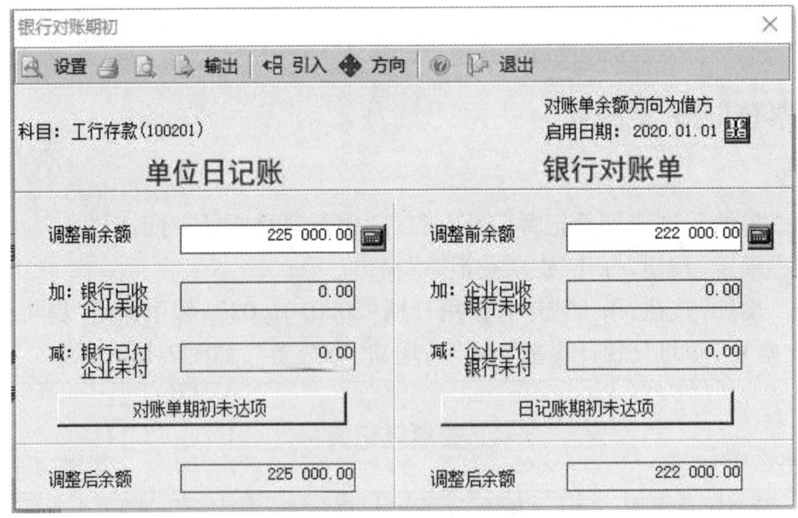

图 2-36　银行对账期初

(4)单击“日记账期初未达项”按钮,打开“企业方期初”窗口。

(5)单击“增加”按钮,录入或选择凭证日期“2019. 12. 20”,在“借方金额”栏录入“3 000”,如图 2-37 所示。

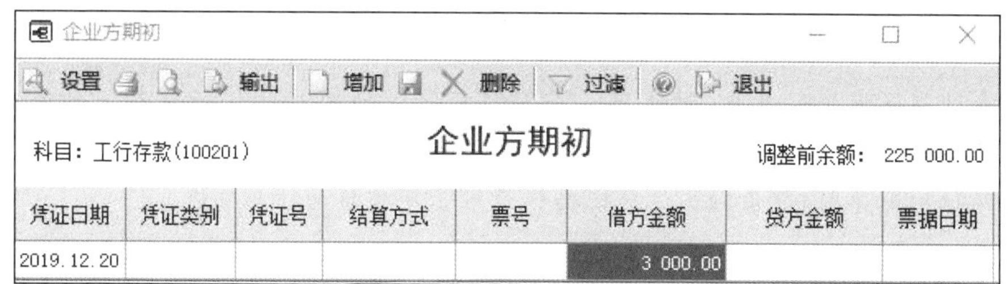

图 2-37　企业方期初

（6）单击“保存”按钮，再单击“退出”按钮，返回“银行对账期初”窗口。

（7）单击“退出”按钮退出。

提示：

- 在第一次使用银行对账功能时，应录入单位日记账及银行对账单的期初数据，也包括期初余额及期初未达账项。
- 系统默认银行对账单余额方向为借方，即银行对账单中借方发生额为银行存款增加，贷方发生额为银行存款减少。通过“方向”按钮可以调整银行对账单的余额方向，如果把余额方向调整为贷方，则银行对账单中借方发生额为银行存款的减少，而贷方发生额为银行存款的增加。
- 系统会根据调整前余额及期初未达项自动计算出银行对账单与单位日记账的调整后余额。

五、录入银行对账单

操作步骤：

（1）执行“出纳”—“银行对账”—“银行对账单”命令，打开“银行科目选择”对话框。

（2）单击“确定”按钮，进入“银行对账单”窗口。

（3）单击“增加”按钮。

（4）录入或选择日期“2020.01.08”，选择结算方式“3”，录入票号“4456”，录入贷方金额“1 000”，回车，再录入或选择日期“2020.01.22”，选择结算方式“3”，录入票号“5634”，录入借方金额“700”，如图 2-38 所示。

科目：工行存款(100201)　　银行对账单　　对账单账面余额:221 000.00

日期	结算方式	票号	借方金额	贷方金额	余额
2020.01.08	3	4456		1 000.00	221 000.00
2020.01.22	3	5634	700.00		

图 2-38　银行对账单

（5）单击“保存”按钮，再单击“退出”按钮退出。

提示：

- 如果企业在多家银行开户，对账单应与其对应账号所对应的银行存款下的末级科目一致。
- 录入银行对账单时，其余额由系统根据银行对账期初自动计算生成。

六、银行对账

操作步骤：

(1)执行“出纳”—“银行对账”—“银行对账”命令，打开“银行科目选择”对话框。

(2)单击“确定”按钮，进入“银行对账”窗口，如图 2-39 所示。

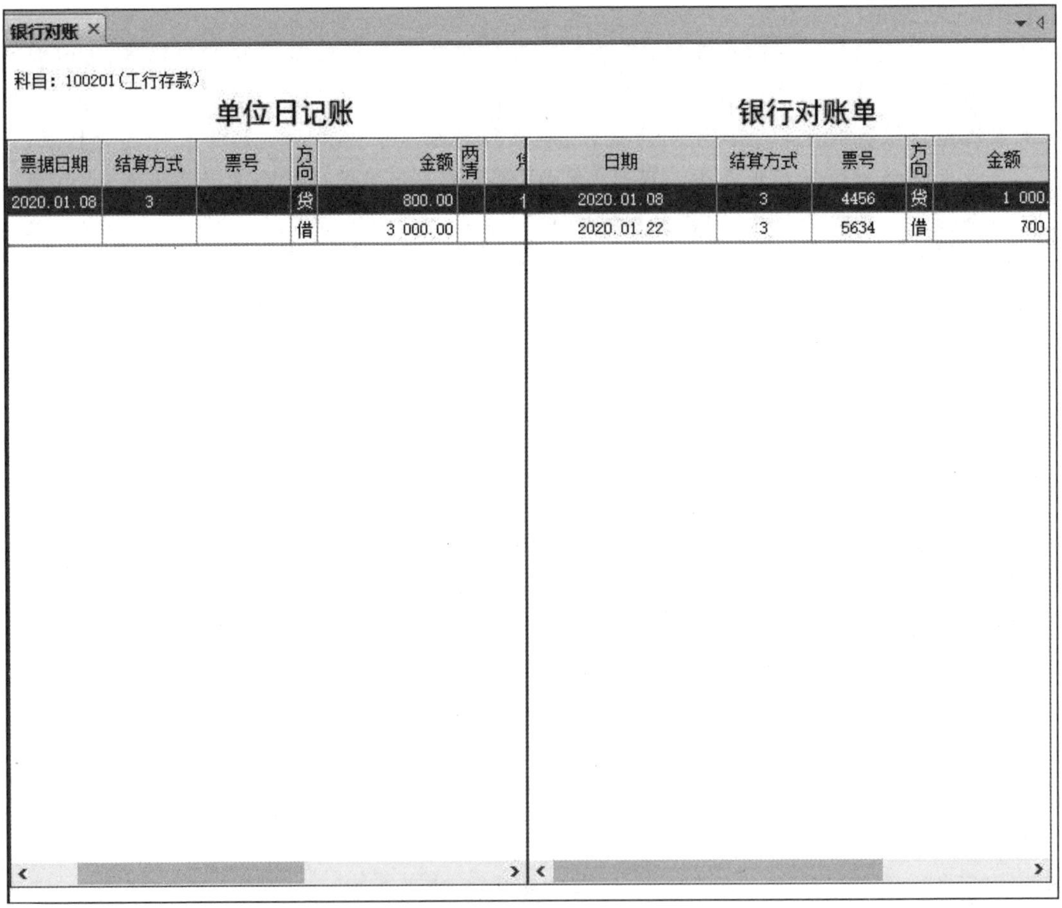

银行对账 ×

科目：100201(工行存款)

单位日记账

票据日期	结算方式	票号	方向	金额	两清	凭
2020.01.08	3		贷	800.00		1
			借	3 000.00		

银行对账单

日期	结算方式	票号	方向	金额
2020.01.08	3	4456	贷	1 000.
2020.01.22	3	5634	借	700.

图 2-39　银行对账

(3)单击“对账”按钮，打开“自动对账”对话框，如图 2-40 所示。

(4)在“自动对账条件选择”窗口中，单击“确定”按钮。

(5)单击“对账”按钮，出现对账结果，如图 2-41 所示。

(6)单击“退出”按钮退出。

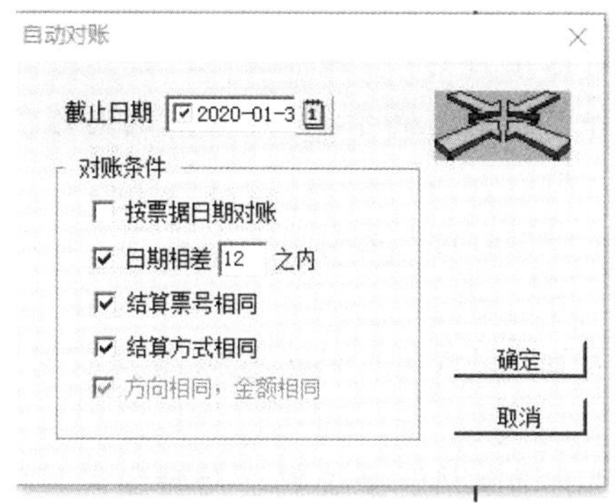

图 2-40 自动对账

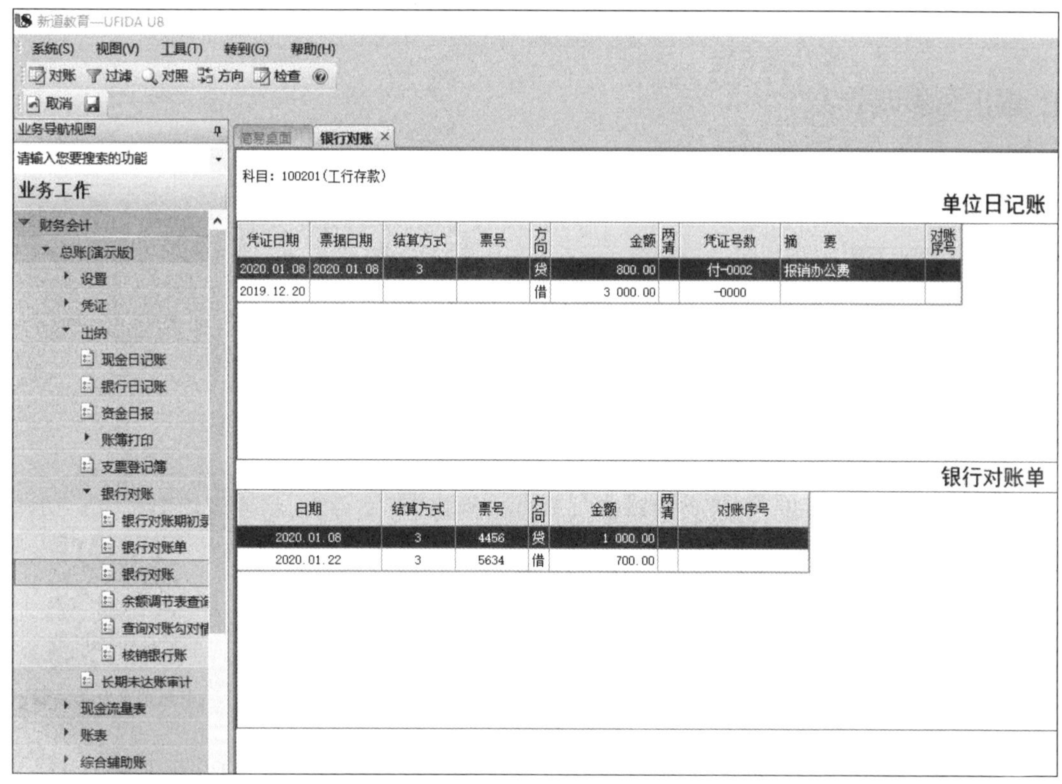

图 2-41 银行对账

提示：

- 如果在银行对账期初中默认银行对账单方向为借方，则对账条件为方向相同、金额相同的日记账与对账单进行勾对。如果在银行对账期初中将银行对账单的余额方向修改成了贷方，则对账条件为方向相反、金额相同的日记账与对账单进行勾对。
- 银行对账包括自动对账和手工对账两种形式。自动对账是系统根据对账依据自动进行核对、勾销，自动对账两清的标志为“○”。手工对账是对自动对账的一种补充，手工对账两清的标志为“Y”。

- 系统默认的自动对账的对账条件为“日期相差 12 天”“结算方式相同”“结算票号相同”，单击每一项对账条件前的复选框可以取消相应的对账条件，即在对账时不考虑相应的对账条件。
- 在自动对账后如果发现一些应勾对而未勾对上的账项，可以分别双击“两清”栏，直接进行手工调整。
- 如果在对账单中有两笔以上的记录同日记账对应，则所有对应的对账单都应标上两清标记。
- 如果想取消对账可以采用自动取消和手工取消两种方式。单击“取消”按钮可以自动取消所有的两清标记；如果手工取消，则可以双击要取消对账标志业务的“两清”栏，取消两清标志。

七、输出余额调节表

操作步骤：

(1)执行“出纳”—“银行对账”—“余额调节表”命令，进入“银行存款余额调节表”窗口。

(2)单击“查看”按钮，进入“银行存款余额调节表”窗口。

(3)单击“详细”按钮，进入“余额调节表(详细)”窗口。

(4)单击“退出”按钮退出。

八、账套备份

在“D:\300 账套备份”文件夹中新建“(3-3)出纳管理”文件夹，将账套输出至“(3-3)出纳管理”文件夹中。

总账期末业务处理

任务四　总账期末业务处理

[任务准备]

引入“项目二任务三　出纳管理”账套备份数据，将系统日期修改为“2020 年 1 月 31 日”。

[任务要求]

- 定义转账分录
- 生成机制凭证
- 对账
- 结账
- 账套备份

[任务资料]

1. 自定义结转

按照短期借款的 0.1% 计提短期借款利息。

2. 对应结账

将“应交税费——应交增值税——销项税额”转入“应交税费——未交增值税”。

3. 期间损益转结

将本月“期间损益”转入“本年利润”。

［任务指导］

一、设置自定义结转凭证后

操作步骤：

（1）以“李江红”的身份注册进入总账系统，执行“期末”—“转账定义”—“自定义转账”命令，打开“自定义转账设置”窗口。

（2）单击“增加”按钮，打开“转账目录”设置对话框。

（3）输入转账序号“0001”，转账说明“计提短期借款利息”，选择凭证类别“转账凭证”。单击“确定”按钮，返回“自定义转账设置”窗口。

（4）单击“增行”按钮，选择科目编码“6603”、方向“借”；双击“金额公式”栏，选择参照按钮，打开“公式向导”对话框。

（5）选择“期末余额”函数，单击“下一步”按钮，继续公式定义。选择科目“2001”，其他采取系统默认，单击“完成”按钮，金额公式带回自定义转账设置界面。将光标移至末尾，输入“ *0.001”，回车确认。单击“增行”按钮，确定分录的贷方信息。选择科目编码“2231”、方向“贷”，输入金额公式“JG( )”，如图 2-42 所示。

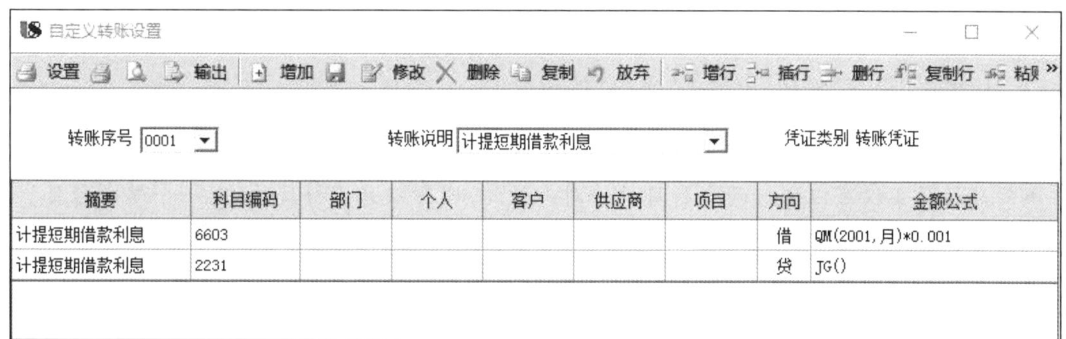

图 2-42　自定义转账设置

（6）单击“保存”按钮。

二、设置对应结转转账凭证

操作步骤：

（1）执行“期末”—“转账定义”—“对应结转”命令，打开“对应结转设置”窗口。

（2）录入编号“0002”，单击“凭证类别”栏的下三角按钮，选择“转 转账凭证”，输入摘要“结转销项税额”，在“转出科目”编码栏输入“22210105”或单击参照按钮选择“22210105 应交税费——应交增值税——销项税额”。

（3）单击“增行”按钮，在“转入科目编码”栏输入“222102”，或单击参照按钮选择

“222102 应交税费——未交增值税”，结转系数为“1”，如图 2-43 所示。

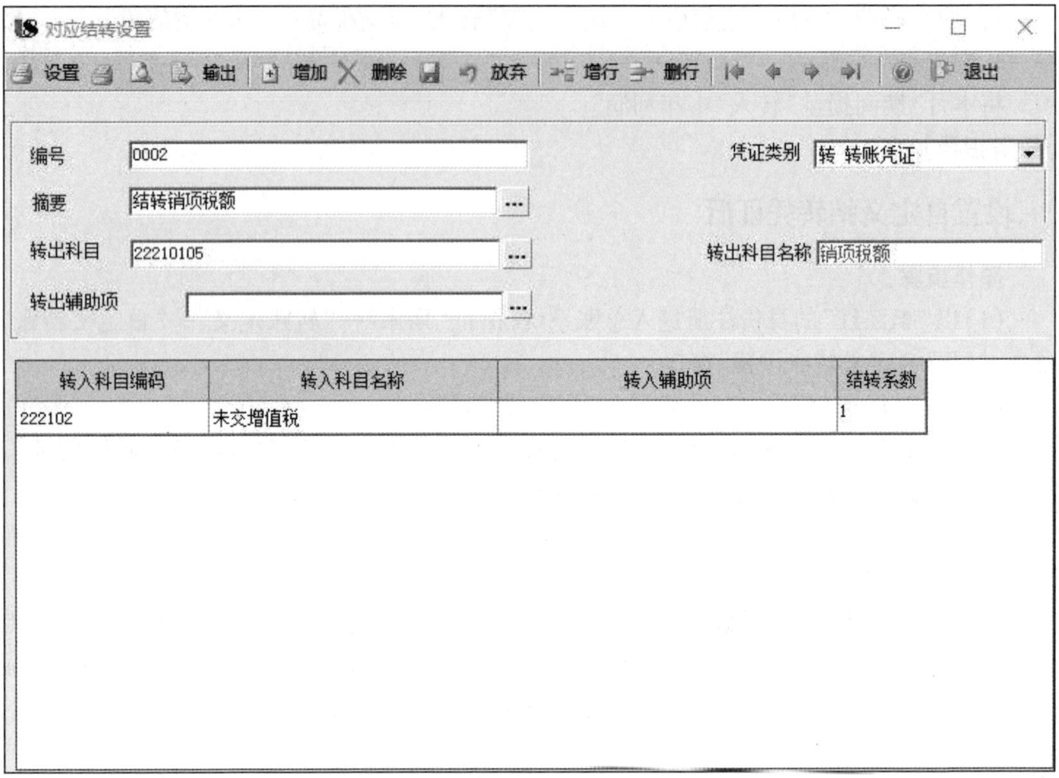

对应结转设置

设置 输出 增加 删除 放弃 增行 删行 退出

编号 0002　　凭证类别 转 转账凭证

摘要 结转销项税额

转出科目 22210105　　转出科目名称 销项税额

转出辅助项

转入科目编码	转入科目名称	转入辅助项	结转系数
222102	未交增值税		1

图 2-43　对应结转设置

（4）单击“保存”按钮，再单击“退出”按钮退出。

提示：

- 对应结转不仅可以进行两个科目的一对一结转，还可以进行科目的一（一个转出科目）对多（多个转入科目）结转。
- 对应结转的科目可为上级科目，但其下级科目的科目结构必须一致（相同明细科目），如果有辅助核算，则两个科目的辅助账类也必须一一对应。
- 对应结转只能结转期末余额。

三、设置期间损益结转转账凭证

操作步骤：

（1）执行“期末”—“转账定义”—“期间损益”命令，打开“期间损益结转设置”窗口。

（2）单击“凭证类别”栏的下三角按钮，选择“转 转账凭证”，在“本年利润科目”栏录入“4103”或单击参照按钮选择“4103 本年利润”，如图 2-44 所示。

（3）单击“确定”按钮。

图 2-44 期间损益结转设置

> **提示：**
> - 损益科目结转表中的本年利润科目必须为末级科目，且为本年利润入账科目的下级科目。

四、生成期末自定义结转及对应结转的转账凭证

操作步骤：

（1）执行“期末”—“转账生成”命令，打开“转账生成”窗口。

（2）选择“自定义转账”全选按钮。

（3）单击“全选”按钮（或者选中要结转的凭证所在行），单击“确定”按钮，系统弹出“2020.01 月之前有未记账凭证，是否继续结转？”信息提示框。

> **提示：**
> - 由于期末转账业务的数据来源为账簿，因此，为了保证数据准确，应在所有业务都记账后再进行期末转账业务的操作。
> - 300 账套有一笔冲销凭证尚未审核记账，只有在有未记账凭证的情况下才会有此提示，否则会直接出现生成凭证的窗口。如果确认该笔记账的业务对此时正在结转的业务没有影响则可以选择继续，否则停止当前的操作，后再进行期末转账业务的操作。

（4）单击“是”按钮，生成计提短期借款利息的转账凭证，如图 2-45 所示。

转账

文件(F) 编辑(E) 查看(V) 工具(T) 帮助(H)

输出 放弃 插分 删分 流量 备查 退出

转 账 凭 证

转 字 制单日期：2020.01.31 审核日期： 附单据数：0

摘 要	科目名称	借方金额	贷方金额
计提短期借款利息	财务费用	10000	
计提短期借款利息	应付利息		10000
票号 日期	数量 单价 合 计	10000	10000

备注 项 目 部 门
个 人 客 户
业务员

记账 审核 出纳 制单 张明

图 2-45 转账凭证

（5）单击“保存”按钮，凭证上出现“已生成”的标志，单击“退出”按钮退出。

（6）在“转账生成”窗口中，选择“对应结转”单选按钮，生成对应结转凭证，如图 2-46 所示。

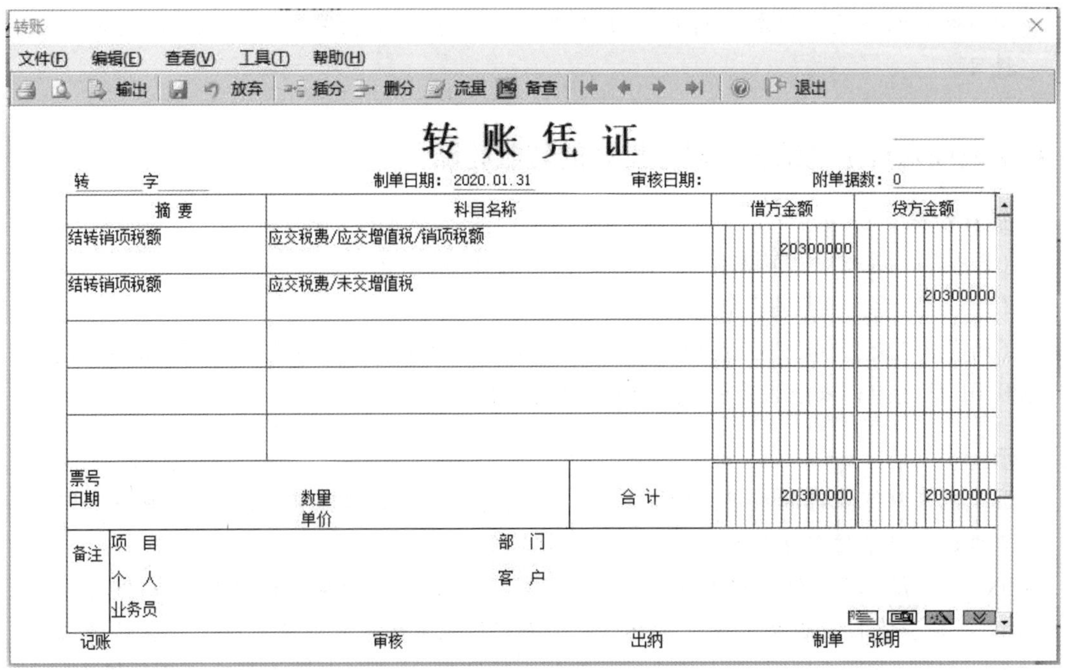

转账

文件(F) 编辑(E) 查看(V) 工具(T) 帮助(H)

输出 放弃 插分 删分 流量 备查 退出

转 账 凭 证

转 字 制单日期：2020.01.31 审核日期： 附单据数：0

摘 要	科目名称	借方金额	贷方金额
结转销项税额	应交税费/应交增值税/销项税额	20300000	
结转销项税额	应交税费/未交增值税		20300000
票号 日期	数量 单价 合 计	20300000	20300000

备注 项 目 部 门
个 人 客 户
业务员

记账 审核 出纳 制单 张明

图 2-46 转账凭证

> **提示：**
> - 在进行期间损益结转之前，需要将本月所有未记账凭证进行记账，以保证损益类科目的完整性。因此，由出纳张明对冲销凭证进行签字，由主管陆可一对以上3张未记账凭证进行审核、记账。

五、生成期间损益结转凭证

操作步骤：

（1）仍然由李江红生成期间损益结转凭证。执行“期末”—“转账生成”命令，打开“转账生成”窗口。

（2）选择“期间损益结转”单选按钮。单击“全选”按钮，再单击“确定”按钮，生成“期间损益结转”凭证，如图2-47所示。

转 账 凭 证

转 字 0004 制单日期：2020.01.31 审核日期： 附单据数：0

摘要	科目名称	借方金额	贷方金额
期间损益结转	本年利润		9910000
期间损益结转	主营业务收入	10000000	
期间损益结转	管理费用/办公费		80000
期间损益结转	财务费用		10000
票号 日期	数量 单价 合计	10000000	10000000

备注 项 目 部 门

个 人 客 户

业务员

记账 审核 出纳 制单 李江红

图2-47 转账凭证

（3）单击“保存”按钮，然后再单击“退出”按钮退出。

（4）主管陆可一对生成的期间损益结转凭证进行审核、记账。

> **提示：**
> - 转账凭证生成的工作应在月末进行，如果有多种转账凭证形式，特别是涉及多项转账业务，一定要注意转账的先后次序。
> - 通过转账生成功能生成的转账凭证必须保存，否则将视同放弃。
> - 期末自动转账处理工作是针对已记账业务进行的，因此，在进行月末转账工作之前应将所有未记账的凭证记账。

六、对2020年1月份的会计账簿进行对账

操作步骤：

（1）执行“期末”—“对账”命令，打开“对账”对话框。

（2）单击“试算”按钮，出现“2020.01试算平衡表”。

(3)单击“确定”按钮,再单击“选择”按钮,在2021.01“是否对账”栏出现“Y”标志,选中要对账的月份,再单击“对账”按钮,系统开始对账,并显示对账结果,如图2-48所示。

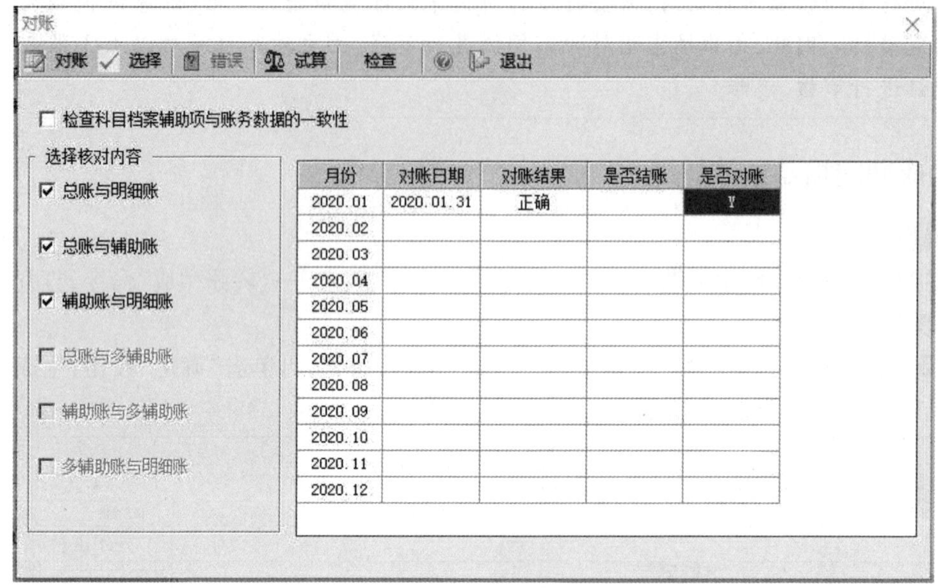

图2-48　对账

(4)单击“退出”按钮退出。

七、对2020年1月份进行结账

操作步骤:

(1)执行“期末”—“结账”命令,打开“结账”对话框。

(2)单击“下一步”按钮,打开“结账—核对账簿”对话框。

(3)单击“对账”按钮,系统进行对账。当对账完毕后,单击“下一步”按钮,打开“结账—月度工作报告”对话框,如图2-49所示。

图2-49　结账

(4)单击“下一步”按钮,出现“2020 年 01 月未通过工作检查,不可以结账!”的提示信息,如图 2-50 所示。

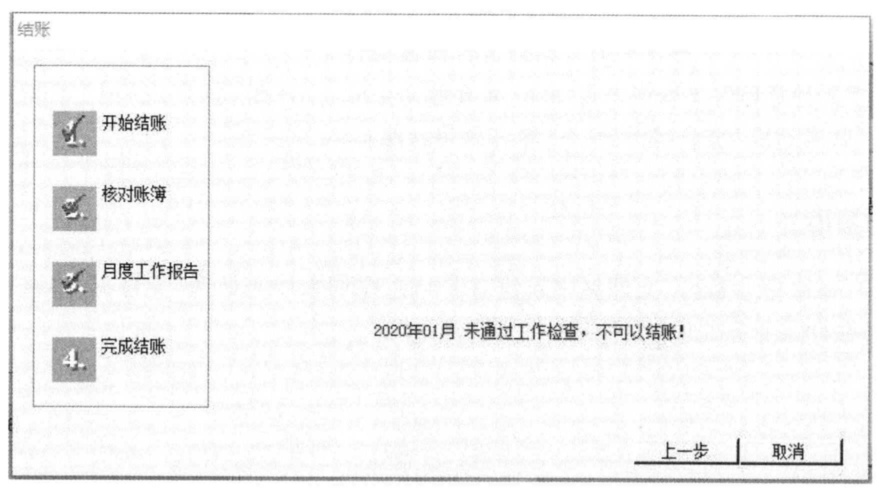

图 2-50 结账

(5)单击“上一步”按钮检查不能结账的原因。在“2020 年 01 月工作报告”中我们看到“5. 其他系统结账状态:应付系统本月未结账;应收系统本月未结账”。

(6)单击“取消”按钮,取消本次的结账操作。

(7)在财务会计下的总账处,右击选择“退出产品”,退出总账系统。

(8)在企业应用平台的“设置”选项卡中,双击“基本信息”—“系统启用”,打开“系统启用”对话框。

(9)单击“应收”前的复选框,系统显示“确实要注销当前系统吗?”提示信息。

(10)单击“是”按钮,取消对应收系统的启用。同理,取消对应付系统的启用。

(11)在总账系统中,重新进行结账操作,如图 2-51 所示。

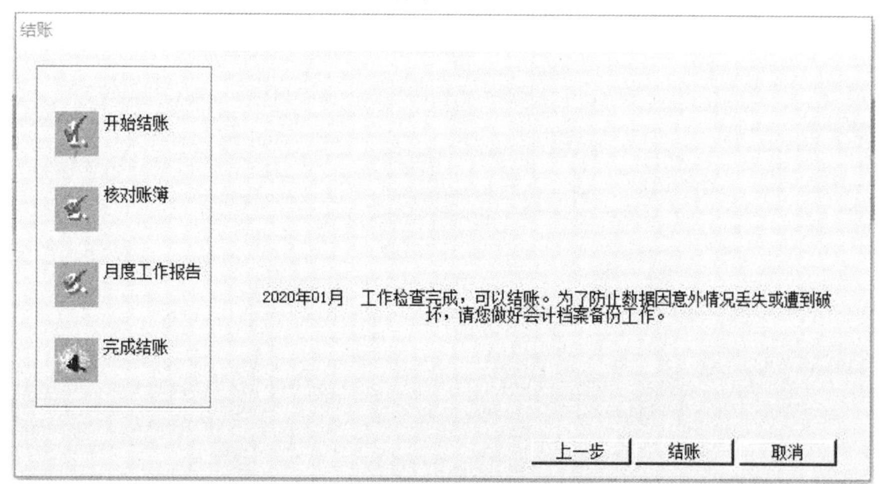

图 2-51 完成结账

(12)单击“结账”按钮,完成结账操作。

提示:

- 结账后除查询外,不得再对本月业务进行任何操作。
- 如出于某种原因需要取消本月结账,需要账套主管在“结账”界面按 Ctrl + Shift + F6 键激活“取消结账”功能;输入口令,即可取消结账标记。

八、账套备份

在“D:\231 账套备份”文件夹中新建“(3-4)总账期末业务处理”文件夹,将账套输出至“(3-4)总账期末业务处理”文件夹中。

项目三　UFO 报表系统

自定义报表

任务一　自定义报表

[任务准备]

引入“项目二任务四　总账期末业务处理”的账套备份数据，将系统日期修改为“2020年1月31日”，由001号操作员登录企业应用平台，进入UFO报表。

[任务要求]

- 设计利润表的格式
- 按新会计制度设计利润表的计算公式
- 保存报表格式至“我的文档”中的“自制利润表”
- 生成自制利润表的数据
- 将已生成数据的自制利润表另存为“1月份利润表”

[任务资料]

1. 表样内容

利润表见表3-1。

表3-1　利润表

编制单位：　　　　　　　　　　　　　　　　　　　　　年　　月

项目	行次	本月数	本年累计数
一、主营业务收入	1		
减：主营业务成本	2		
营业税金及附加	3		
销售费用	4		
管理费用	5		
财务费用（收益以“－”号填列）	6		
资产减值损失	7		
加：公允价值变动净收益（净损失以“－”号填列）	8		
投资净收益（净损失以“－”号填列）	9		
其中对联营企业与合营企业的投资收益	10		

续表

项目	行次	本月数	本年累计数
二、营业利润(亏损以"-"号填列)	11		
营业外收入	12		
减:营业外支出	13		
其中:非流动资产处置净损失(净收益以"-"号填列)	14		
三、利润总额(亏损总额以"-"号填列)	15		
减:所得税	16		
四、净利润(净亏损以"-"号填列)	17		
五、每股收益	18		
基本每股收益	19		
稀释每股收益	20		

2. 报表中的计算公式(表3-2)

表3-2 报表中的计算公式

位置	单元公式	位置	单元公式
C5	fs(6001,月,"贷",,年)	D4	? C5 + select(? D5,年@ = 年 and 月@ = 月 + 1)
C6	fs(6401,月,"借",,年)	D5	? C6 + select(? D6,年@ = 年 and 月@ = 月 + 1)
C7	fs(6403,月,"借",,年)	D7	? C7 + select(? D7,年@ = 年 and 月@ = 月 + 1)
C8	fs(6601,月,"借",,年)	D8	? C8 + select(? D8,年@ = 年 and 月@ = 月 + 1)
C9	fs(6602,月,"借",,年)	D9	? C9 + select(? D9,年@ = 年 and 月@ = 月 + 1)
C10	fs(6603,月,"借",,年)	D10	? C10 + select(? D10,年@ = 年 and 月@ = 月 + 1)
C11	fs(6701,月,"借",,年)	D11	? C11 + select(? D11,年@ = 年 and 月@ = 月 + 1)
C12	fs(6101,月,"借",,年)	D12	? C12 + select(? D12,年@ = 年 and 月@ = 月 + 1)
C13	fs(6111,月,"借",,年)	D13	? C13 + select(? D13,年@ = 年 and 月@ = 月 + 1)
C14		D14	
C15	C5-C6-C7-C8-C9-C10-C11 + C12 + C13	D15	? C15 + select(? D15,年@ = 年 and 月@ = 月 + 1)
C16	fs(6301,月,"贷",,年)	D16	? C16 + select(? D16,年@ = 年 and 月@ = 月 + 1)
C17	fs(6711,月,"借",,年)	D17	? C17 + select(? D17,年@ = 年 and 月@ = 月 + 1)
C18		D18	
C19	C15 + C16 - C17	D19	? C19 + select(? D19,年@ = 年 and 月@ = 月 + 1)
C20	fs(6801,月,"借",,年)	D20	? C20 + select(? D20,年@ = 年 and 月@ = 月 + 1)
C21	C19 - C20	D21	? C21 + select(? D21,年@ = 年 and 月@ = 月 + 1)

[任务指导]

一、设置表尺寸

操作步骤：

(1)在企业应用平台“业务工作”选项卡中，执行“财务会计”—“UFO 报表”命令，进入UFO 报表系统。

(2)执行“文件”—“新建”命令，进入报表“格式”状态窗口。

(3)执行“格式”—“表尺寸”命令，打开“表尺寸”对话框。

(4)录入行数“24”，列数“4”，如图 3-1 所示。

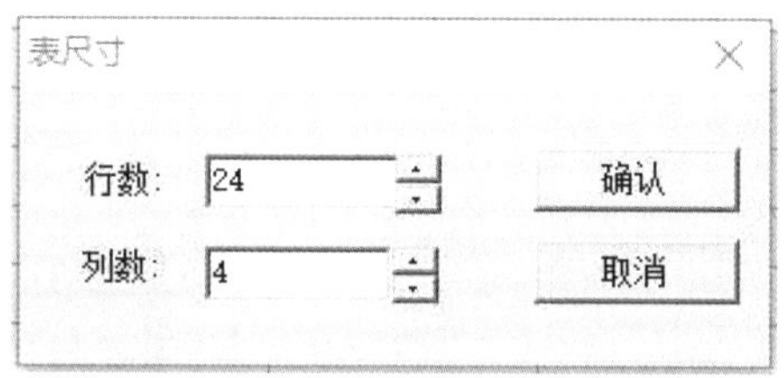

图 3-1　表尺寸

(5)单击“确认”按钮，出现 24 行 4 列的表格。

> **提示：**
> - UFO 建立的是一个根表簿，可以容纳多张报表。
> - 在单击“新建”后，系统自动生成一张空的表。
> - 设置报表尺寸是指设置报表的大小。设置前应根据所定义的报表大小计算该表所需要的行数及列数，然后再设置。报表行数应包括报表表头、表体和表尾。

二、定义行高和列宽

操作步骤：

(1)单击选中 A1 单元，执行“格式”—“行高”命令，打开“行高”对话框。

(2)录入 A1 单元所在行的行高“12”，如图 3-2 所示。

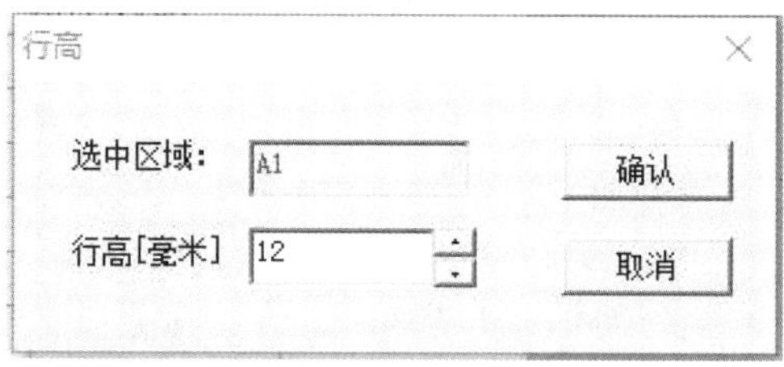

图 3-2　行高

(3)单击“确认”按钮。

(4)单击选中 A4 单元后拖动鼠标到 D24 单元，执行“格式”—“行高”命令，打开“行高”对话框。

(5)录入 A4:D24 区域的行高为“6”,如图 3-3 所示。

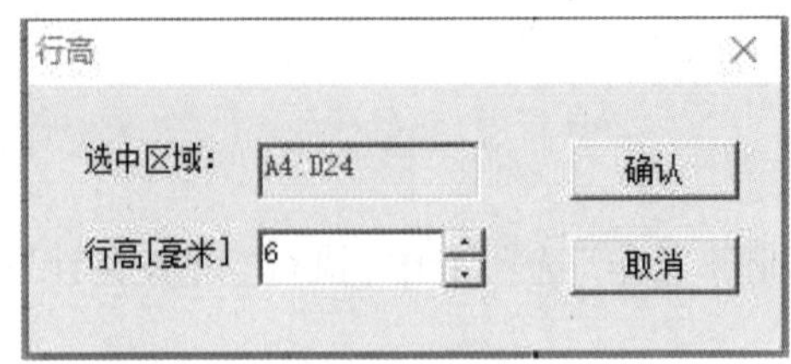

图 3-3 行高

(6)单击“确认”按钮。

(7)单击选中 A1 单元,执行“格式”—“列宽”命令,打开“列宽”对话框。

(8)录入 A1 单元所在列的列宽为“50”,如图 3-4 所示。

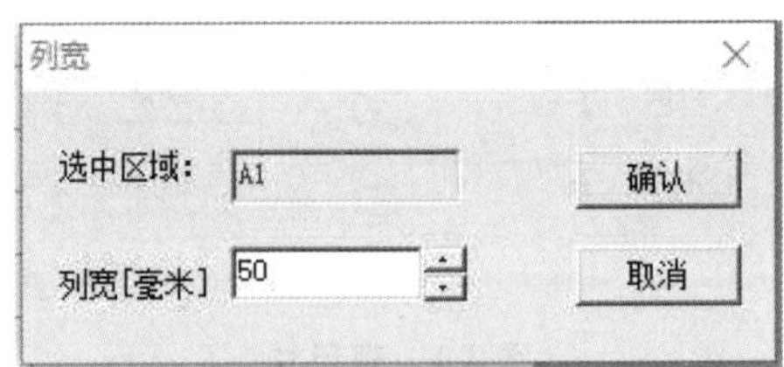

图 3-4 列宽

(9)同理,设置 B1 单元所在列的列宽为“10”;设置 C 列和 D 列的列宽为“32”。

(10)单击“确认”按钮。

提示:

- 设置列宽应以能够放下本栏最宽数据为原则,否则生成报表时会产生数据溢出的错误。
- 在设置了行高及列宽后,如果觉得不合适,可以直接用鼠标拖动行线及列线调整行高及列宽。

三、画表格线

操作步骤:

(1)单击选中 A4 单元后拖动鼠标到 D24 单元,执行“格式”—“区域画线”打开“区域画线”对话框,如图 3-5 所示。

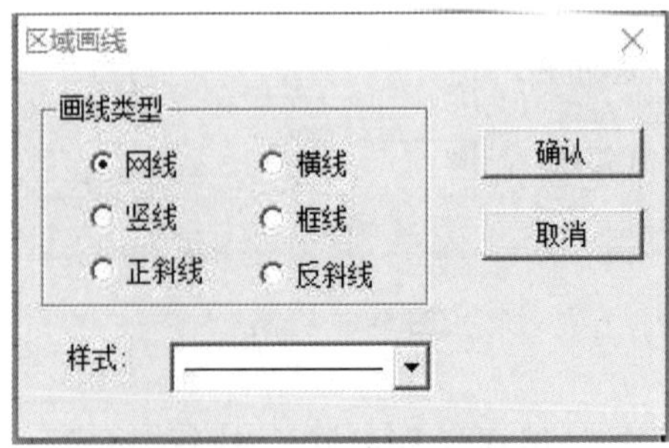

图 3-5 区域画线

(2)单击“确认”按钮。

> **提示:**
> - 报表的尺寸设置完成之后,在报表输出时,该报表是没有任何表格线的,为了满足查询和打印的需要,还应在适当的位置上画表格线。
> - 画表格线时可以根据需要选择不同的线型及样式。

四、定义组合单元

操作步骤:

(1)单击选中A1单元后拖动限标到D1单元,执行“格式”—“组合单元”命令,打开“组合单元”对话框,如图3-6所示。

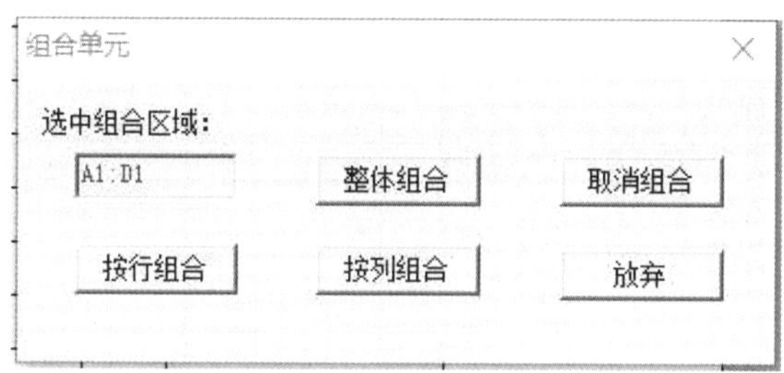

图3-6 组合单元

(2)单击“按行组合”按钮,将第1行组合为一个单元。

> **提示:**
> - 组合单元实际上是把几个单元当成一个单元来使用,组合单元是一个大单元,所有针对单元的操作对组合单元均无效。
> - 组合单元时既可以按行组合,也可以整体组合,即将选中的单元合并为一个整体。

五、输入项目内容

操作步骤:

根据所给资料直接在对应单元中输入所有项目内容,如图3-7所示。

> **提示:**
> - 在录入报表项目时,单位名称及日期不需手工录入,UFO报表一般将其设置为关键字,用设置关键字的方法设置。

六、设置单元属性

操作步骤:

(1)单击选中A1单元,执行“格式”—“单元属性”命令,打开“单元格属性”对话框。

(2)选择“字体图案”选项卡,单击“字体”栏的下三角按钮,选择“宋体”,单击“字号”栏的下三角按钮选择“28”，如图 3-8 所示。

	A	B	C	D
1	利润表			
2				
3	××××××××		××××年	××月
4	项目			
5	一、主营业务收入		公式单元	
6	减：主营业务成本			
7	营业税金及附加			
8	销售费用			
9	管理费用			
10	财务费用（收益以“-”			
11	资产减值损失			
12	加：公允价值变动净收			
13	投资净收益（净损失以			
14	其中对联营企业与合营			
15	二、营业利润（亏损以			
16	营业外收入			
17	减：营业外支出			
18	其中：非流动资产处置			
19	三、利润总额（亏损总			
20	减：所得税	演示数据		
21	四、净利润（净亏损以			
22				
23				
24				

图 3-7　输入项目内容

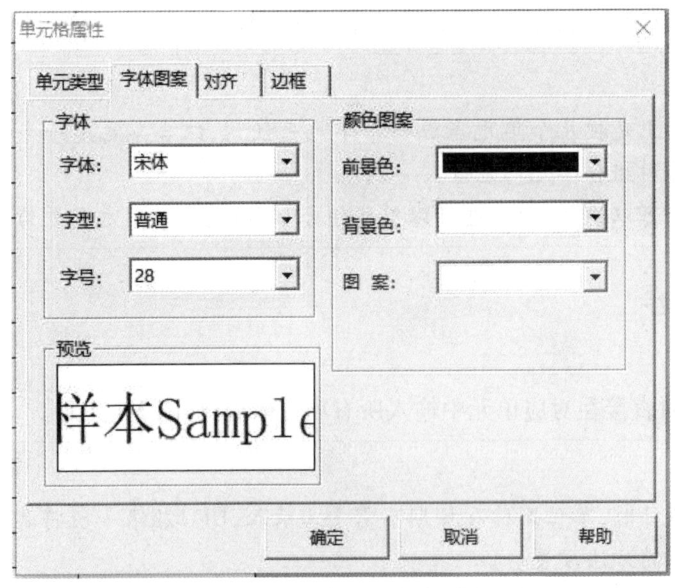

图 3-8　单元格属性

（3）单击“对齐”选项卡，选择水平方向“居中”及垂直方向“居中”，单击“确定”按钮，如图 3-9 所示。

（4）单击选中 A4 单元后拖动鼠标到 D4 单元，同理，将该区域设置为“黑体”“14”号字。选择水平方向“居中”及垂直方向“居中”。

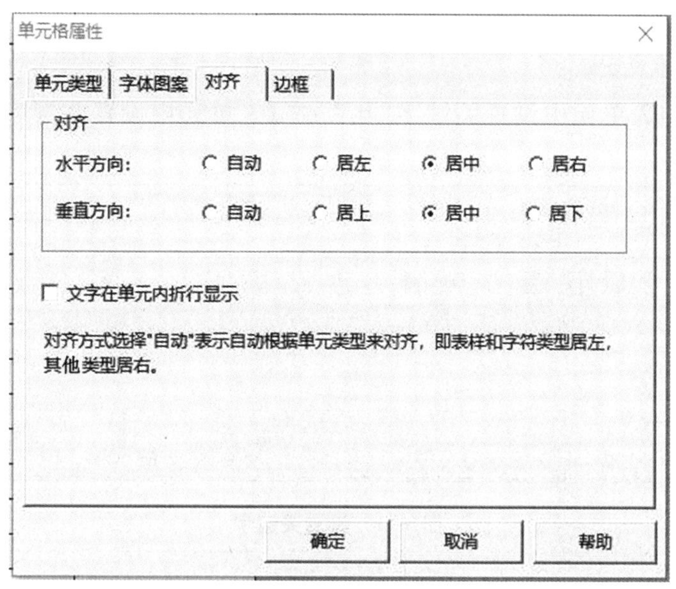

图 3-9　对齐

(5)以此方法再设置 A5:D24 区域的字体为“宋体”,字号为“14”,单击“确定”按钮。

提示:

- 在设置单元属性时可以分别设置单元类型、字体图案、对齐方式及边框样式。
- 新建的报表,所有单元的单元类型均默认为数值型。
- 格式状态下输入的内容均默认为表样单元。
- 字符单元和数值单元只对本表页有效,表样单元输入后对所有的表页有效。

七、定义关键字

操作步骤:

(1)单击 A3 单元,执行“数据”—“关键字”—“设置”命令,打开“设置关键字”对话框,如图 3-10 所示。

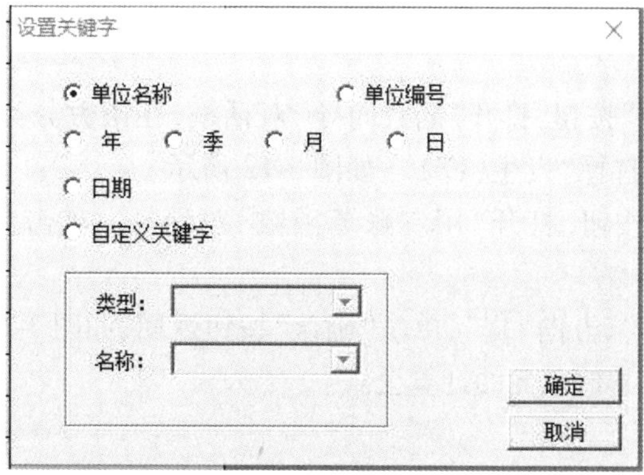

图 3-10　设置关键字

(2)单击“确定”按钮,A3 中显示红色的“单位名称:××××××××”,即关键字的意思。

(3)同理,在 C3 单元中设置关键字“年”,在 D3 单元中设置关键字“月”,如图 3-11 所示。

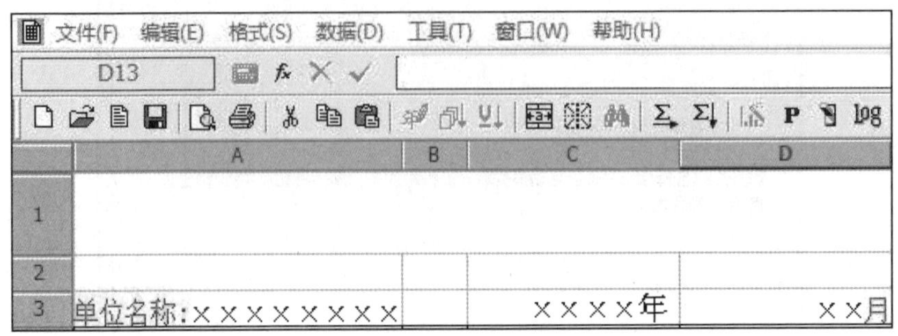

图 3-11　设置关键字

提示:

- 定义关键字主要包括设置关键字和调整关键字在表页上的位置。
- 关键字主要有 6 种,即单位名称、单位编号、年、季、月、日。
- 自定义关键字。可以根据实际需要任意设置相应的关键字。
- 一个关键字在一个表中只能定义一次,即同一个表中不能有重复的关键字在格式状态下设置,如果设置错误可以取消。
- 关键字的值在数据状态下录入。
- 同一个单元或组合单元的关键字定义完以后,可能会重叠在一起。如果造成重叠,可以在设置关键字时输入关键字的相对偏移量。偏移量为负数时表示向左移,为正数时表示向右移。

八、录入单元公式

操作步骤:

(1)单击 C5 单元,执行“数据”—“编辑公式”—“单元公式”命令,打开“定义公式”对话框。

(2)单击“函数向导”按钮,打开“函数向导”对话框,在函数分类列表中选择“用友账务函数”,在函数名列表中选择“发生(FS)”,如图 3-12 所示。

(3)单击“下一步”按钮,打开“用友账务函数”对话框。单击参照按钮,打开“业务函数”对话框。

(4)选择科目“6001”、方向“贷”,单击“确认”按钮返回,如图 3-13 所示。

(5)同理,继续录入其他单元的计算公式。

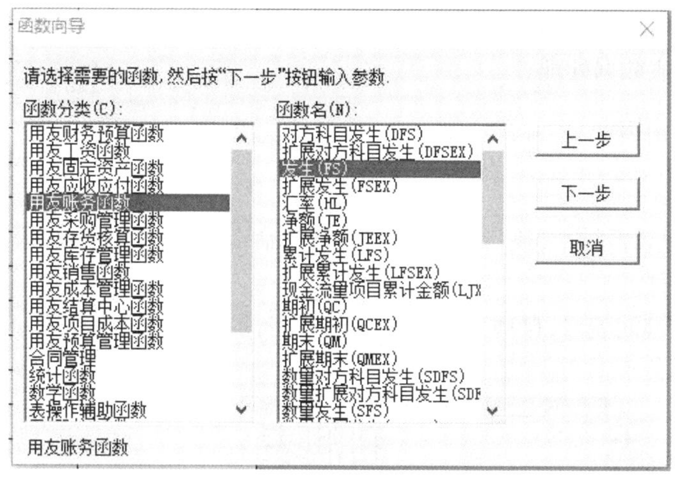

图 3-12　函数向导

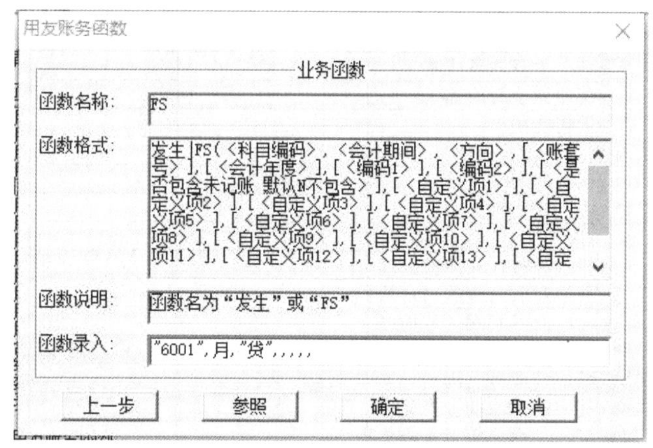

图 3-13　业务函数

提示：

- 单元公式是指为报表数据单元进行赋值的公式，单元公式的作用是从账簿、凭证、本表或其他报表等处调用运算所需要的数据，并输入相应的报表单元中。它既可以将数据单元赋值为数值，也可以赋值为字符。
- 必须在英文状态下录入计算公式。
- 计算公式可以直接录入，也可以利用函数向导参照录入。
- 所录入的公式必须符合公式的模式，否则会被系统判定为公式错误。

九、将报表格式在"我的文档"中保存为"自制利润表"

操作步骤：

（1）执行"文件"—"保存"命令，选择保存文件路径为"D：\300 账套备份"，文件名为"自制利润表"。

(2)单击“另存为”按钮。

下面,进行报表数据处理。

十、打开自制利润表

操作步骤:

(1)在 UFO 报表系统中,执行“文件”—“打开”命令,打开“D:\300 账套备份”中的“自制利润表”报表文件。

(2)打开自制利润表后,自动进入数据处理状态,屏幕左下角的按钮显示为“数据”,如图 3-14 所示。

	A	B	C	D
1	利润表			
2				
3	单位名称:		年	月
4	项目			
5	一、主营业务收入		100 000.00	
6	减:主营业务成本			
7	营业税金及附加			
8	销售费用			
9	管理费用			
10	财务费用(收益以“-”		演示数据	
11	资产减值损失			
12	加:公允价值变动净收益			
13	投资净收益(净损失以			
14	其中对联营企业与合营企			
15	二、营业利润(亏损以			
16	营业外收入			
17	减:营业外支出			
18	其中:非流动资产处置净			
19	三、利润总额(亏损总额			
20	减:所得税			
21	四、净利润(净亏损以			
22				
23				
24				

图 3-14 利润表

> **提示:**
> - 打开 UFO 报表既可以在进入 UFO 报表之后打开,也可以直接打开。
> - 可以在编制报表时反复使用已经设置的报表公式,并且在不同的会计期间可以生成不同结果的报表。
> - 在报表的数据状态下可以插入表页或追加表页。

十一、录入关键字并计算报表数据

操作步骤:

(1)执行“数据”—“关键字”—“录入”命令,打开“录入关键字”对话框。

(2)录入编制单位“绍兴柯鲁纺织品有限公司”、年“2020”、月“1”,如图 3-15 所示。

	A	B	C	D
1	利润表			
2				会企02表
3	编制单位:绍兴柯鲁纺织品有限公司	2020 年	1 月	单位:元
4	项　目	行数	本期金额	上期金额
5	一、营业收入	1	100 000.00	
6	减:营业成本	2		
7	营业税金及附加	3		
8	销售费用	4		
9	管理费用	5	800.00	
10	财务费用	6	100.00	
11	资产减值损失	7		
12	加:公允价值变动收益(损失以“-”号填列)	8		
13	投资收益(损失以“-”号填列)	9		
14	其中:对联营企业和合营企业的投资收益	10		
15	二、营业利润(亏损以“-”号填列)	11	99 100.00	
16	加:营业外收入	12		
17	减:营业外支出	13		
18	其中:非流动资产处置损失	14		
19	三、利润总额(亏损总额以“-”号填列)	15	99 100.00	
20	减:所得税费用	16		
21	四、净利润(净亏损以“-”号填列)	17	99 100.00	
22	五、每股收益:	18		
23	(一)基本每股收益	19		
24	(二)稀释每股收益	20		

图 3-15　录入关键字

(3)单击“确认”按钮。系统提示“是否重算第 1 页?”单击“是”按钮,系统自动计算报表数据并显示计算结果。

> **提示:**
> - 在编制报表时可以选择整表计算或表页计算,而表页计算仅是对该表页的数据进行计算。

十二、将已生成数据的利润表另存为“1 月份利润表”

操作步骤:

(1)执行“文件”—“另存为”命令,打开“另存为”对话框,录入文件名“1 月份利润表”。

(2)单击“另存为”按钮。

利用报表模板生成报表

任务二　利用报表模板生成报表

[任务准备]

引入“项目二任务四　总账期末业务处理”账套备份数据，将系统日期修改为“2020 年 1 月 31 日”，由 001 号操作员通过登录企业应用平台进入 UFO 报表。

[任务要求]

- 按 2007 年新会计制度科目生成 300 账套 1 月的“资产负债表”
- 保存“资产负债表”到“我的文档”中

[任务资料]

编制单位为“柯鲁公司”，时间为 2020 年 1 月的资产负债表。

[任务指导]

一、建立“资产负债表”

操作步骤：

(1)在 UFO 报表系统中，执行“文件”—“新建”命令，打开报表的“格式”。

(2)执行“格式”—“报表模板”命令，打开“报表模板”对话框。

(3)单击“您所在的行业”栏的下三角按钮，选择“2007 年新会计制度科目”，单击“财务报表”栏的下三角按钮，选择“资产负债表”，如图 3-16 所示。

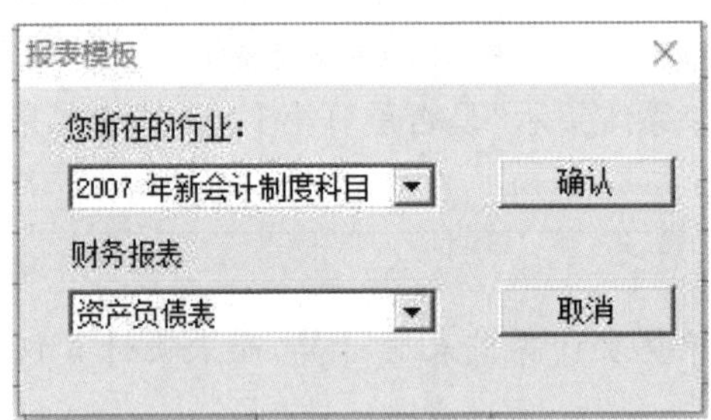

图 3-16　报表模板

(4)单击“确认”按钮，系统弹出“版本格式将覆盖本表格式！是否继续?”信息框。

(5)单击“确认”按钮，打开“2007 年新会计制度科目”设置的资产负债表模板，如图3-17所示。

UFO报表 - [report1]

文件(F) 编辑(E) 格式(S) 数据(D) 工具(T) 窗口(W) 帮助(H)

A1

资 产	行次	期末余额	年初余额	负债和所有者权益（或股东权益）	行次	期末余额	年初余额
			资产负债表				
							会企01表
编制单位:		xxxx 年	xx 月	xx 日			单位:元
流动资产:				流动负债:			
货币资金	1	公式单元	公式单元	短期借款	32	公式单元	公式单元
交易性金融资产	2	公式单元	公式单元	交易性金融负债	33	公式单元	公式单元
应收票据	3	公式单元	公式单元	应付票据	34	公式单元	公式单元
应收账款	4	公式单元	公式单元	应付账款	35	公式单元	公式单元
预付款项	5	公式单元	公式单元	预收款项	36	公式单元	公式单元
应收利息	6	公式单元	公式单元	应付职工薪酬	37	公式单元	公式单元
应收股利	7	公式单元	公式单元	应交税费	38	公式单元	公式单元
其他应收款	8	公式单元	公式单元	应付利息	39	公式单元	公式单元
存货	9	公式单元	公式单元	应付股利	40	公式单元	公式单元
一年内到期的非流动资产	10			其他应付款	41	公式单元	公式单元
其他流动资产	11			一年内到期的非流动负债	42		
流动资产合计	12	公式单元	公式单元	其他流动负债	43		
非流动资产:				流动负债合计	44	公式单元	公式单元
可供出售金融资产	13	公式单元	公式单元	非流动负债:			
持有至到期投资	14	公式单元	公式单元	长期借款	45	公式单元	公式单元
长期应收款	15	公式单元	公式单元	应付债券	46	公式单元	公式单元
长期股权投资	16	公式单元	公式单元	长期应付款	47	公式单元	公式单元
投资性房地产	17	公式单元	公式单元	专项应付款	48	公式单元	公式单元
固定资产	18	公式单元	公式单元	预计负债	49	公式单元	公式单元
在建工程	19	公式单元	公式单元	递延所得税负债	50	公式单元	公式单元
工程物资	20	公式单元	公式单元	其他非流动负债	51		
固定资产清理	21	公式单元	公式单元	非流动负债合计	52	公式单元	公式单元

格式　检查公式已经完成　账套:[231]绍兴柯鲁纺织品有 操作

图 3-17　资产负债表

提示：

- 在调用报表模板时一定要注意选择正确的与所在行业相应的会计报表，否则不同行业的会计报表其内容不同。
- 如果被调用的报表模板与实际需要的报表格式或公式不完全一致，可以在此基础上进行修改。
- 用户可以根据本单位的实际需要定制报表模板，并可以将自定义的报表模板加入系统提供的模板库中，也可对其进行修改、删除操作。

二、设置编制单位

操作步骤：

（1）在报表“格式”状态窗口中，单击选中 A3 单元。

（2）在编制单位后面录入“柯鲁公司”。

提示：

- 编制单位是固定的，则可以在格式状态直接录入编制单位的有关内容，不用设置关键字。

三、录入关键字并计算报表数据

操作步骤：

（1）在报表“格式”状态窗口中，单击“数据”按钮，系统提示“是否确定全表重算？”

（2）单击“否”按钮，进入报表的“数据”状态窗口。

（3）在报表的“数据”状态窗口中，执行“数据”—“关键字”—“录入”命令，打开“录入关键字”对话框，录入各项关键字，单击“确认”按钮，系统提示“是否重算第1页？”

（4）单击“是”按钮，生成资产负债表的数据，如图3-18所示。

UFO报表 - [report1]

文件(F) 编辑(E) 格式(S) 数据(D) 工具(T) 窗口(W) 帮助(H)

D31@1 =QC("1701",全年,,,年,,)-QC("1702",全年,,,年,,)-QC("1703",全年,,,年,,)

资产负债表

会企01表

编制单位：柯鲁公司 2020 年 1 月 日 单位:元

资　产	行次	期末余额	年初余额	负债和所有者权益（或股东权益）	行次	期末余额	年初余额
流动资产：				流动负债：			
货币资金	1	806 212.80	807 012.80	短期借款	32	100 000.00	100 000.00
交易性金融资产	2			交易性金融负债	33		
应收票据	3	210 600.00	210 600.00	应付票据	34	40 950.00	40 950.00
应收账款	4	463 298.00	350 298.00	应付账款	35	275 740.00	275 740.00
预付款项	5	20 000.00	20 000.00	预收款项	36		
应收利息	6			应付职工薪酬	37		
应收股利	7			应交税费	38	138 234.80	125 234.80
其他应收款	8	4 400.00	4 400.00	应付利息	39	100.00	
存货	9	1 177 812.00	1 177 812.00	应付股利	40		
一年内到期的非流动资产	10			其他应付款	41	28 748.00	28 748.00
其他流动资产	11			一年内到期的非流动负债	42		
流动资产合计	12	2 682 322.80	2 570 122.80	其他流动负债	43		
非流动资产：				流动负债合计	44	583 772.80	570 672.80
可供出售金融资产	13			非流动负债：			
持有至到期投资	14			长期借款	45	500 000.00	500 000.00
长期应收款	演示数据			应付债券	46		
长期股权投资	16			长期应付款	47		
投资性房地产	17			专项应付款	48		
固定资产	18	2 942 821 00	2 942 821.00	预计负债	49		
在建工程	19			递延所得税负债	50		
工程物资	20			其他非流动负债	51		
固定资产清理	21		演示数据	非流动负债合计	52	500 000.00	500 000.00
生产性生物资产	22			负债合计	53	1 083 772.80	1 070 672.80
油气资产	23			所有者权益（或股东权益）：			
无形资产	24			实收资本（或股本）	54	3 888 900.00	3 888 900.00
开发支出	25			资本公积	55	358 609.21	358 609.21
商誉	26			减：库存股	56		
长期待摊费用	27			盈余公积	57	87 245.89	87 245.89
递延所得税资产	28			未分配利润	58	206 115.90	107 515.90
其他非流动资产	29			所有者权益（或股东权益）合计	59	4 540 871.00	4 442 271.00
非流动资产合计	30	2 942 821.00	2 942 821.00				
资产总计	31	5 625 143.80	5 512 943.80	负债和所有者权益（或股东权益）总计	60	5 624 643.80	5 512 943.80

数据 第1页

准备 账套:[231]绍兴柯鲁纺织品有 操作员:陆可一(账套主管)

图3-18　资产负债表

提示：

- 在数据状态中录入关键字后，系统会提示“是否重算第一页?”可以单击“是”直接计算，也可以单击“否”暂不计算。

四、保存资产负债表

执行“文件”—“保存”命令，在“D：\300 账套备份”中将文件保存为“资产负债表”。

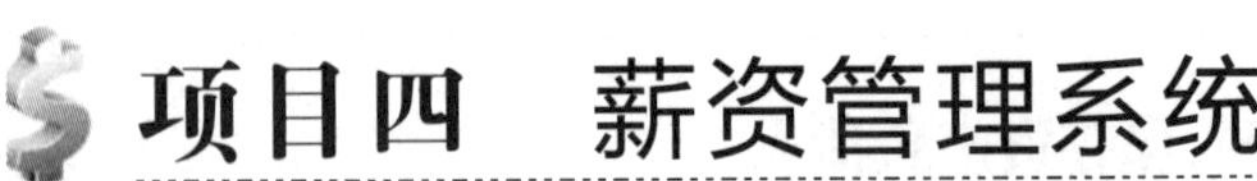

项目四　薪资管理系统

薪资管理系统初始化

任务一　薪资管理系统初始化

[任务准备]

将系统日期修改为“2020 年 1 月 1 日”。引入“项目二任务一　总账系统初始化”账套数据，以“001 陆可一”的身份注册进入企业应用平台，启用“薪资管理”系统，并给 002 李江红薪资管理权限。

[任务要求]

- 建立工资账套
- 人员附加信息设置
- 建立银行档案
- 工资项目设置
- 工资类别管理
- 设置在岗人员工资账套的工资项目
- 设置人员档案
- 设置计算公式
- 在职人员工资项目选择
- 在职人员工资计算公式设置
- 账套备份

[任务资料]

1. 建立工资账套

工资类别分为“在岗人员”和“退休人员”，并且在岗人员分布在各个部门，而退休人员只属于人事部门。工资核算本位币为人民币，不核算计件工资，自动代扣所得税，不进行扣零处理。

2. 人员附加信息设置

增加人员附加信息“性别”“身份证号码”。

3. 建立银行档案

银行名称为“中国工商银行花园路分理处”。账号长度为 13 位，录入时自动带出的账号长度为 11 位(账号 13 位，前 11 位数字相同，录入时需要自动带出)。

4. 工资项目设置(表 4-1)

表 4-1　工资项目设置

项目名称	类型	长度	小数位数	工资增减项
基本工资	数字	8	2	增
奖金	数字	8	2	增
交补	数字	8	2	增
应发合计	数字	10	2	增
请假天数	数字	8	2	其他
请假扣款	数字	8	2	减
养老保险金	数字	8	2	减
代扣税	数字	10	2	减
扣款合计	数字	10	2	减
实发合计	数字	10	2	增

5. 工资类别管理

001 在职人员,002 离退休人员。

6. 设置人员档案

在职人员档案(所有人员为中方人员,工资计税)见表 4-2。

表 4-2　人员档案

部门	部门名称	编号	人员姓名	性别	人员类别	身份证号码	账号	中方人员	是否计税
1	人事部	101	刘明	男	企业管理人员	××××××××××××××××××	88888880001	是	是
		102	李丽	女	企业管理人员	××××××××××××××××××	88888880002	是	是
		103	李晓波	男	企业管理人员	××××××××××××××××××	88888880003	是	是
	财务部	001	陆可一	男	企业管理人员	××××××××××××××××××	88888880004	是	是
		002	李江红	男	企业管理人员	××××××××××××××××××	88888880005	是	是
		003	张明	男	企业管理人员	××××××××××××××××××	88888880006	是	是
2	销售一科	006	刘三	男	经营人员	××××××××××××××××××	88888880008	是	是
		202	贾鹏	男	经营人员	××××××××××××××××××	88888880009	是	是
	销售二科	007	张天天	男	经营人员	××××××××××××××××××	88888880010	是	是
		204	李凤华	女	经营人员	××××××××××××××××××	88888880011	是	是
3	供应部	004	张红	男	供应人员	××××××××××××××××××	88888880012	是	是
		005	李伟	女	供应人员	××××××××××××××××××	88888880013	是	是

续表

部门	部门名称	编号	人员姓名	性别	人员类别	身份证号码	账号	中方人员	是否计税
4	生产部	008	刘强	男	车间管理人员	××××××××××××××××××	88888880014	是	是
		402	张强	男	生产人员	××××××××××××××××××	88888880016	是	是
		404	孙亮	男	生产人员	××××××××××××××××××	88888880017	是	是
		009	郑天	男	生产人员	××××××××××××××××××	88888880007	是	是

7. 在职人员工资项目选择

基本工资、奖金、交补、应发合计、请假天数、请假扣款、养老保险金、代扣税、扣款合计、实发合计。

8. 在职人员工资计算公式设置(表 4-3)

表 4-3　工资计算公式

工资项目	定义公式
请假扣款	请假天数×20
养老保险金	(基本工资+奖金)×0.05
交补	if(人员类别="企业管理人员",100,150)

[任务指导]

一、建立工资账套

操作步骤:

以"001 陆可一"(口令:1)的身份进入"用友 ERP-U8"界面,选择"业务工作"—"人力资源"—"薪资管理"选项,打开"建立工资套—参数设置"对话框,如图 4-1 所示。

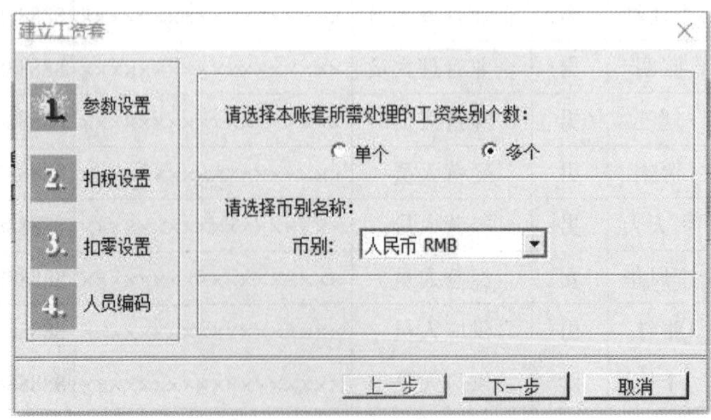

图 4-1　工资类别个数设置

(1)选择“多个”单选按钮,然后单击“下一步”按钮,打开“建立工资套—扣税设置”对话框,选择“是否从工资中代扣个人所得税”复选框,如图 4-2 所示。

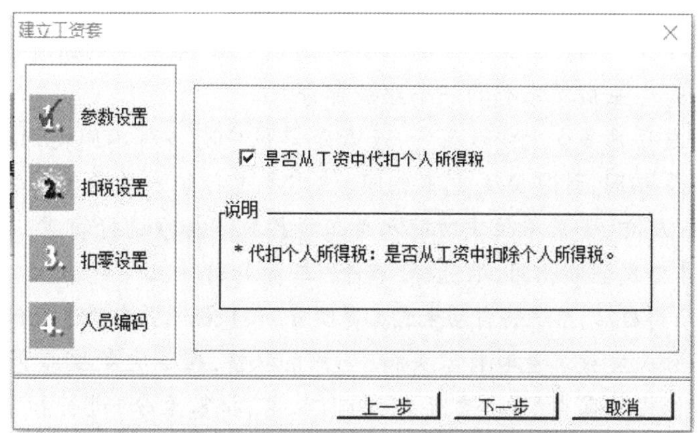

图 4-2　是否从工资中代扣个人所得税设置

(2)单击“下一步”按钮,打开“建立工资套—扣零设置”对话框,如图 4-3 所示。

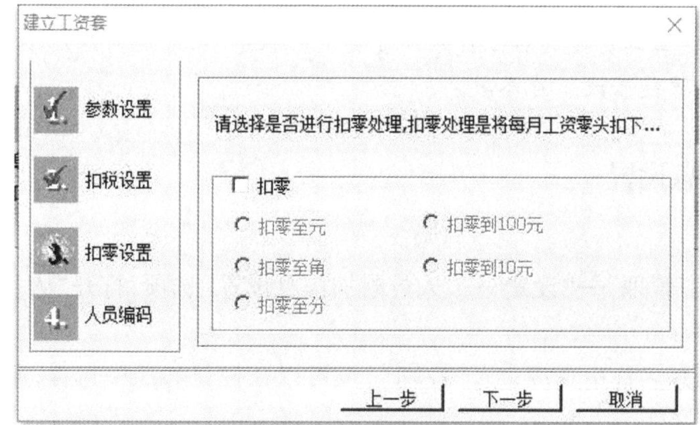

图 4-3　扣零设置

(3)单击“下一步”按钮,单击“完成”按钮,如图 4-4 所示。

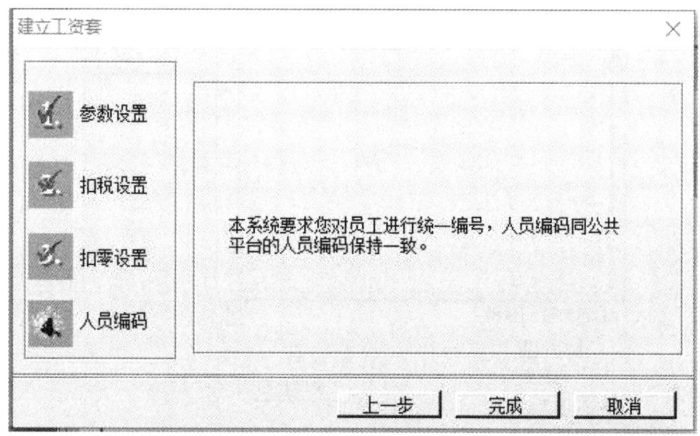

图 4-4　人员编码

提示：

- 工资账套与企业核算账套是不同的概念，企业核算账套在系统管理中建立，是针对整个用友 ERP 系统而言的，而工资账套只针对用友 ERP 系统中的薪资管理子系统。可以说工资账套是企业核算账套的一个组成部分。
- 如果单位按周或每月多少次发放薪资，或者是单位中有多种不同类别（部门）人员，工资发放项目不尽相同，计算公式也不相同，但需要进行统一工资核算管理，应选择“多个”工资类别。反之，如果单位中所有人员工资按统一标准进行管理，而且人员的工资项目、工资计算公式全部相同，则选择“单个”工资类别。
- 选择代扣个人所得税后，系统将自动生成工资项目“代扣税”，并自动进行代扣税金的计算。
- 扣零处理是指每次发放工资时将零头扣下，积累取整，在下次发放工资时补上，系统在计算工资时将依据扣零类型（扣零至元、扣零至角、扣零至分）进行扣零计算。一旦选择了“扣零设置”，系统自动在固定工资项目中增加“本月扣零”和“上月扣零”两个项目，扣零的计算公式将由系统自动定义，无须设置。
- 建账完成后，部分建账参数可以在“设置”—“选项”中进行修改。对于多类别工资的账套，必须在建立工资类别后且打开工资类别的状态下，才能对建账参数进行修改。
- 只有主管人员才能修改工资参数。

二、人员附加信息设置

操作步骤：

（1）选择“薪资管理”—“设置”—“人员附加信息设置”选项，打开“人员附加信息设置”对话框。

（2）可以在信息名称中直接录入“性别”，也可以在栏目参照中选择，单击“增加”按钮，如图 4-5 所示。

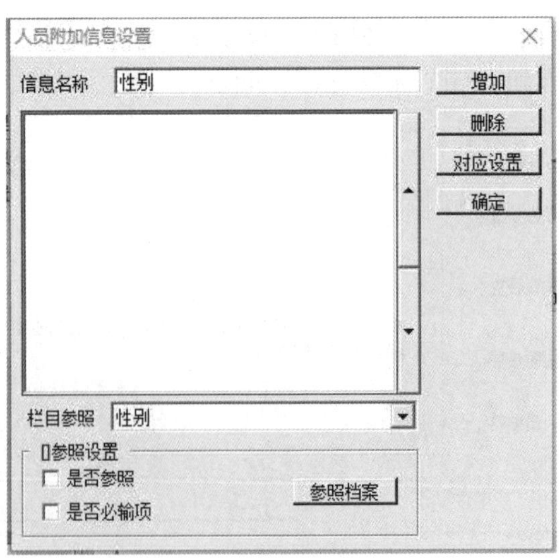

图 4-5　人员附加信息设置

（3）重复操作（2）步骤，添加“身份证号码”，单击“确定”按钮保存。

提示：

- 薪资管理系统提供的有关人员的基本信息不能满足实际需要，可以根据需要进行人员附加信息的设置。
- 已使用过的人员附加信息可以修改，但不能删除。
- 不能对人员的附加信息进行数据加工，如公式设置等。

三、银行档案

操作步骤：

（1）选择“基础设置”—“基础档案”—“收付结算”—“银行档案”选项，打开“银行档案”对话框。

（2）双击中国工商银行栏（或单击“修改”按钮），定义账号长度及自动带出账号长度，如图 4-6 所示。

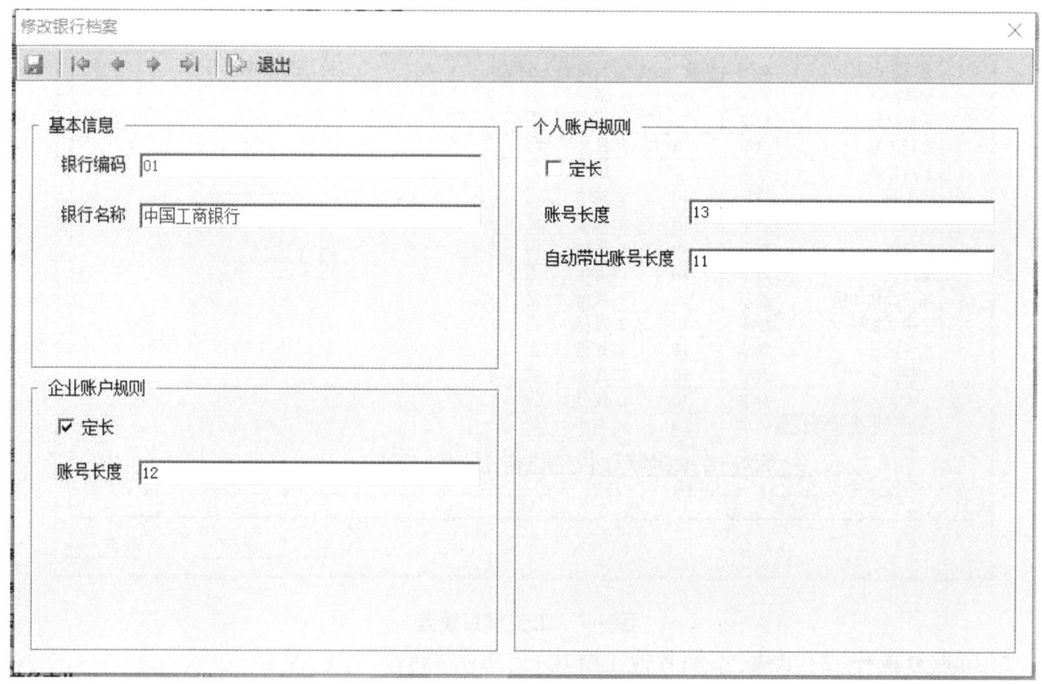

图 4-6　修改银行档案

提示：

- 系统预置了 16 个银行名称，如果仍不能满足需要，可以在此基础上删除或增加新的银行名称。
- 如果修改账号长度，则必须按回车键确认。

四、工资项目设置

工资数据最终由各个工资项目体现。工资项目设置即定义工资核算所涉及的项目名称、类型和长度等。薪资管理子系统提供了一些固定的工资项目，它们是工资账中不可或缺的内容，主要包括“应发合计”“扣款合计”“实发合计”。若在工资建账时设置了“扣零处理”，则系统在工资项目中自动生成“本月扣零”和“上月扣零”两个指定名称的项目。若选择了“扣税处理”，则系统在工资项目中自动生成“代扣税”项目，这些项目不能删除和重命名。其他项目可以根据实际需要进行定义或参照增加，如基本工资和奖金等。

操作步骤：

(1)选择“薪资管理”—“设置”—“工资项目设置”选项，打开“工资项目设置”对话框。

(2)单击“增加”按钮，可以在工资项目名称中直接录入，也可以在名称参照中选择增加，如图 4-7 所示。

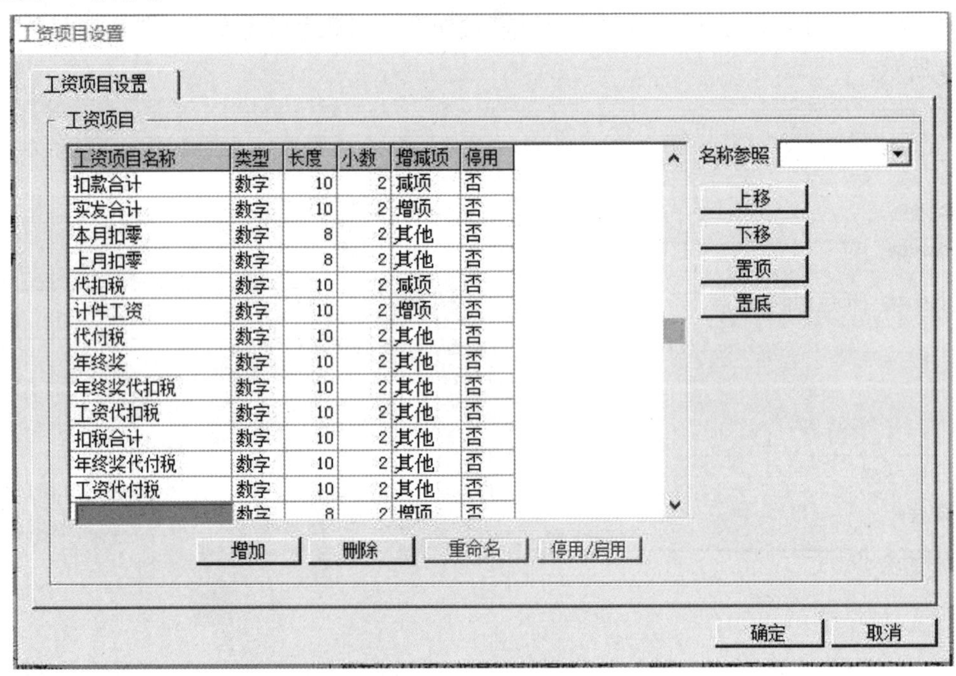

图 4-7 工资项目设置

(3)重复操作(2)步骤，添加其他工资项目，单击“确定”按钮保存。

提示：

- 设置工资项目就是定义工资项目的名称、类型、宽度。
- 在关闭工资类别的状态下，执行“设置”—“工资项目设置”命令，可以进行所有工资类别全部工资项目的设置；在打开某个工资类别的状态下，执行“设置”—“工资项目设置”命令，只能从已设置的全部工资项目中选择当前工资类别所需的工资项目。

- 在未打开任何工资账套前可以设置所有的工资项目，当打开某一工资账套后可以根据本工资账套的需要对已经设置的工资项目进行选择，并将工资项目移动到合适的位置。
- 工资项目不能重复选择。
- 工资项目一旦选择，即可进行公式定义。
- 没有选择工资项目不允许在计算公式中出现。
- 不能删除已输入数据的工资项目和已设置计算公式的工资项目。
- 如果所需要的工资项目不存在，则要关闭本公司类别，然后新增工资项目，再打开此工资类别进行选择。

五、工资类别管理

操作步骤：

(1)选择“薪资管理”—“新建工资类别”选项，打开“新建工资类别”对话框。

(2)输入工资类别名称，如图4-8所示。

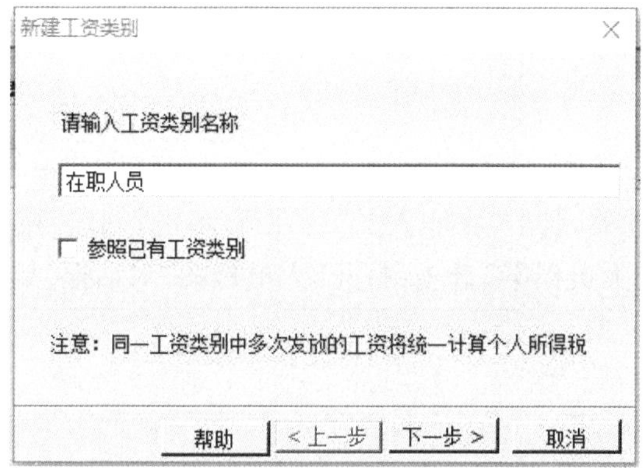

图4-8　“新建工资类别”对话框

(3)点击“下一步”，单击选择部门，如图4-9所示。

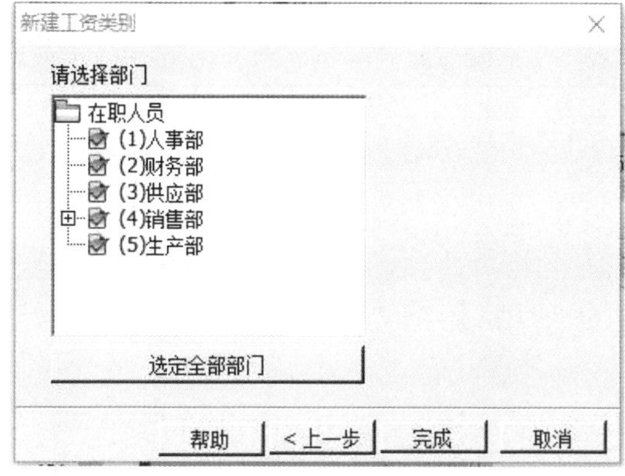

图4-9　选择部门

(4)单击“完成”按钮,启用以“2020-01-01 为当前工资类别的启用日期”,如图 4-10 所示。

图 4-10 启用日期

(5)按上述步骤增加“离退休人员”工资类别,选择部门“离退休部”。

六、设置在职人员档案

1. 增加人员档案

人员档案用于登记工资发放人员的姓名、职工编号、所在部门等信息,此外,人员的增减变动都必须先在本功能中处理。在单工资类别情况下,可以直接进入“人员档案”功能中设置人员信息;在多工资类别下,人员档案的操作是针对某个工资类别的,即应先打开相应的工资类别才能进行人员档案的设置。

操作步骤:

(1)在“用友 ERP-U8”中,选择“业务工作”—“人力资源”—“薪资管理”—“工资类别”—“打开工资类别”选项,点击“在职人员”所在行,单击“确定”按钮。

(2)选择“设置”—“人员档案”选项,打开“人员档案”对话框,如图 4-11 所示。

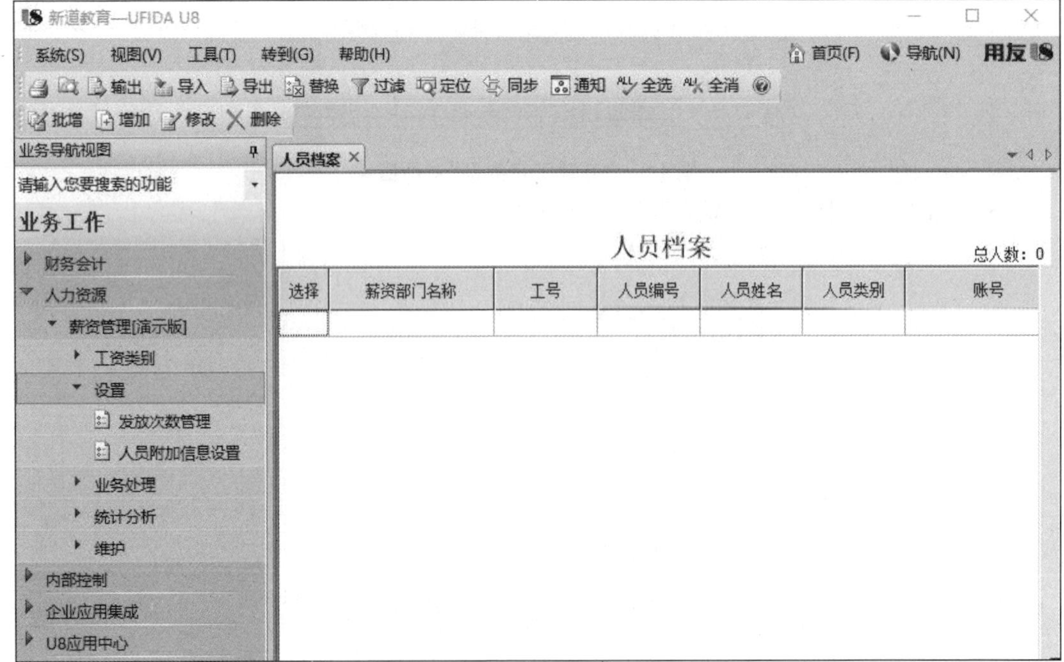

图 4-11 “人员档案”对话框

（3）在“人员档案”窗口中，单击批增按钮（批量从职员档案中引入人员），打开“人员批量增加”对话框，如图 4-12 所示。

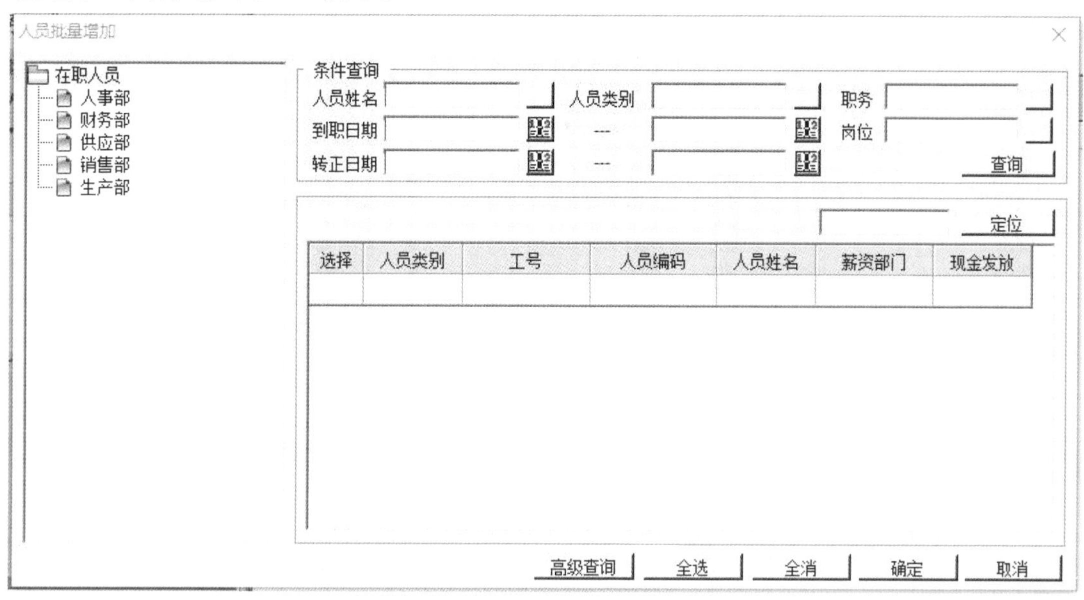

图 4-12 “人员批量增加”对话框

（4）分别选中“人事部”“财务部”“供应部”“销售部”“生产部”选项，单击“查询”按钮，然后单击“全选”按钮，如图 4-13 所示。

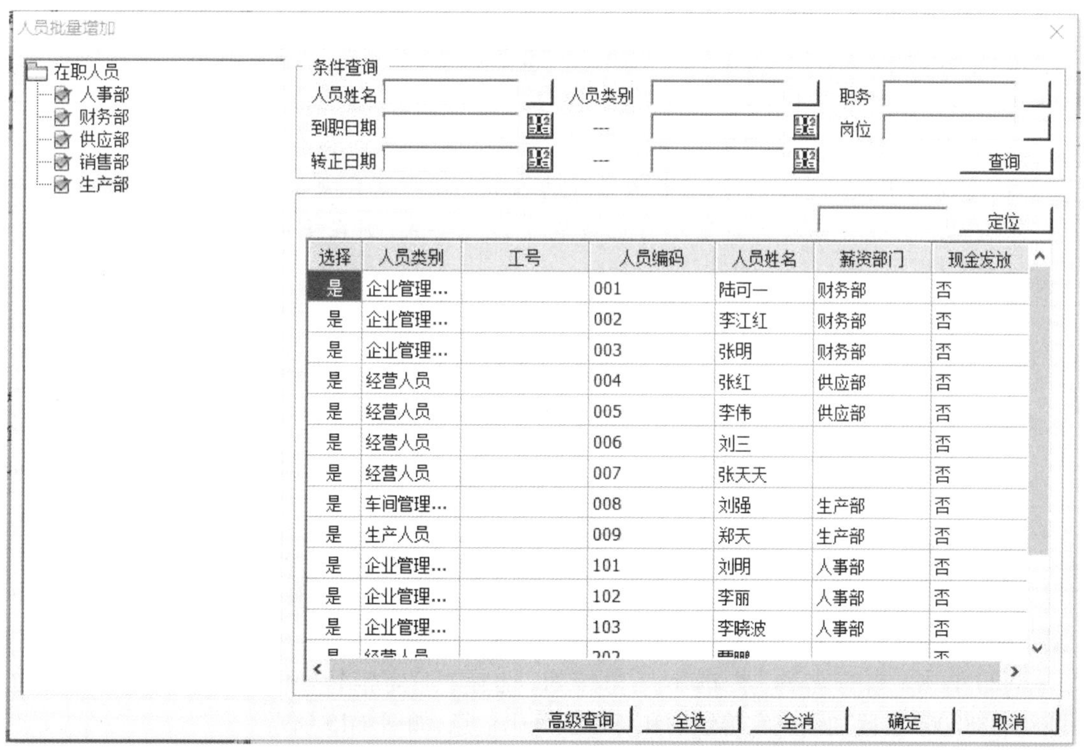

图 4-13 人员批量增加

(5)单击“确定”按钮,如图 4-14 所示。

人员档案

选择	薪资部门名称	工号	人员编号	人员姓名	人员类别	账号	中方人员	是否计税	工资停发	核算计件工资	现金发放
	人事部		101	刘明	企业管理人员		是	是	否	否	否
	人事部		102	李丽	企业管理人员		是	是	否	否	否
	人事部		103	李晓波	企业管理人员		是	是	否	否	否
	财务部		001	陆可一	企业管理人员		是	是	否	否	否
	财务部		002	李江红	企业管理人员		是	是	否	否	否
	财务部		003	张明	企业管理人员		是	是	否	否	否
	供应部		004	张红	供应人员		是	是	否	否	否
	供应部		005	李伟	供应人员		是	是	否	否	否
	生产部		008	刘强	车间管理人员		是	是	否	否	否
	生产部		009	郑天	生产人员		是	是	否	否	否
	生产部		402	张强	生产人员		是	是	否	否	否
	生产部		404	孙亮	生产人员		是	是	否	否	否

图 4-14 全部人员档案

提示:

- 在“人员档案”对话框中,单击“批增”功能可按人员类别批量增加人员档案,然后再进行修改。
- 如果在银行名称设置中设置了“银行账号定长”,则在输入人员档案的银行账号时,在输入第一个人员档案的银行账号后,输入第二个人的银行账号时,系统会自动带出已设置的银行账号定长的账号,只需要输入剩余的账号即可。
- 如果账号长度不符合要求则不能保存。
- 在增加人员档案时“停发工资”“调出”和“数据档案”不可选,在修改状态下才能编辑。
- 在人员档案对话框中,单击“数据档案”按钮,录入薪资数据,如果个别人员档案需要修改,在人员档案对话框中可以直接修改。如果一批人员的某个薪资项目同时需要修改,可以利用数据替换功能,将符合条件的人员的某个薪资项目的内容统一替换为某个数据。若进行替换的薪资项目已设置了计算公式,则在重新计算时以计算公式为准。

2. 修改人员档案

人员档案在修改的状态下可以进行“停发工资”“调出”“数据档案”的编辑。已做调出标志的人员,所有档案信息不可修改,其编号下个月可以再次使用。调出人员可在月末处理前,取消调出标志。有工资停发标志的人员不再对其发放工资,但保留人员档案,以后可恢复发放。标志为停发或调出人员,将不再参与工资的发放和汇总。

操作步骤:

(1)选中人员姓名为“刘明”的所在行,点击选择“√”,单击“修改”按钮,打开“人员档案明细”对话框。

(2)单击“银行名称”栏的下三角按钮,选择“工商银行”选项,录入银行账户为“88888880001”,附加信息完善性别和身份证号码信息,如图 4-15 所示。

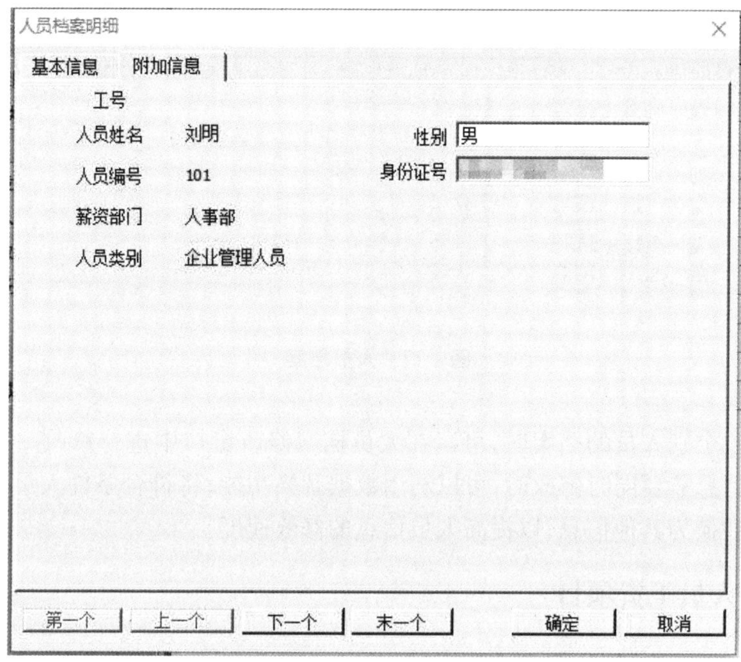

图 4-15 人员档案明细

（3）单击“确认”按钮，系统提示“写入该人员档案信息吗？”如图 4-16 所示。

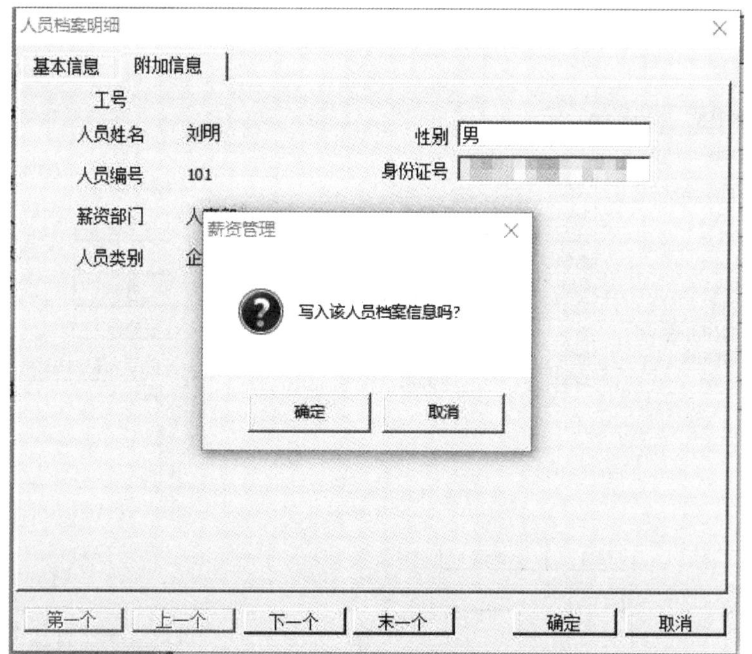

图 4-16 写入档案信息

（4）单击“确定”按钮，继续录入（修改）其他人员的人员类别和银行代发信息。已设置的职员档案如图 4-17 所示。

人员档案　　总人数：16

选择	薪资部门名称	工号	人员编号	人员姓名	人员类别	账号	中方人员	是否计税	工资停发	核算计件工资	现金发放	进入日期	离开日期	性别	身份证号
	人事部		101	刘明	企业管理人员	88888880001	是	是	否	否	否			男	
	人事部		102	李丽	企业管理人员	88888880002	是	是	否	否	否			女	
	人事部		103	李晓波	企业管理人员	88888880003	是	是	否	否	否			男	
	财务部		001	陆可一	企业管理人员	88888880004	是	是	否	否	否			男	
	财务部		002	李江红	企业管理人员	88888880005	是	是	否	否	否			男	
	财务部		003	张明	企业管理人员	88888880006	是	是	否	否	否			男	
	供应部		004	张红	经营人员	88888880012	是	是	否	否	否			男	
	供应部		005	李伟	经营人员	88888880013	是	是	否	否	否			女	
	销售1科		006	刘三	经营人员	88888880008	是	是	否	否	否			男	
	销售1科		202	贾鹏	经营人员	88888880009	是	是	否	否	否			男	
	销售2科		007	张天天	经营人员	88888880010	是	是	否	否	否			男	
	销售2科		204	李风华	经营人员	88888880011	是	是	否	否	否			女	
	生产部		008	刘强	车间管理人员	88888880014	是	是	否	否	否			男	
	生产部		009	郑天	生产人员	88888880007	是	是	否	否	否			男	
	生产部		402	张强	生产人员	88888880016	是	是	否	否	否			男	
	生产部		404	孙高	生产人员	88888880017	是	是	否	否	否			男	

图 4-17　人员档案

3. 数据替换

当需要修改个别人员的档案时，可以在人员档案修改窗口中进行修改。当在一批人员中有某个档案信息需要同时修改时，可以利用数据替换功能，将符合条件人员的某个档案的信息内容统一替换为其他信息，以提高人员信息的修改速度。

七、设置在职人员工资项目

操作步骤：

(1)在“用友 ERP-U8”中，选择“业务工作”—“人力资源”—“薪资管理”—“工资类别”—“打开工资类别”选项，点击“在职人员”所在行，单击“确定”按钮。

(2)选择“设置”—“工资项目设置”选项，打开“工资项目设置”对话框，如图 4-18 所示。

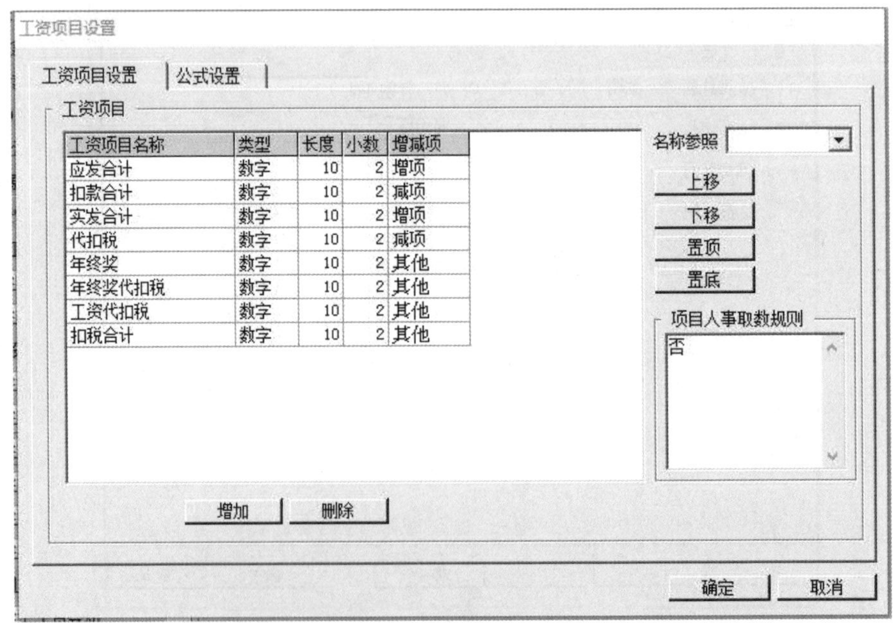

图 4-18　工资项目设置

(3)单击“增加”按钮，单击“名称参照”栏的下三角按钮，选择“基本工资”选项，继续增加其他的工资项目。

(4)单击“上移”或“下移”按钮,将每个工资项目移动到合适位置。

(5)单击“确定”按钮。

八、设置在职人员工资计算公式

设置计算公式即定义工资项目之间的运算关系,计算公式设置得正确与否关系到工资核算的最终结果。定义公式可以通过选择工资项目、运算符、关系符以及函数等组合完成。

操作步骤:

(1)在薪资系统中,打开“在职人员”工资项目,选择“设置”—“工资项目设置”选项,打开“工资项目设置”对话框,如图 4-19 所示。

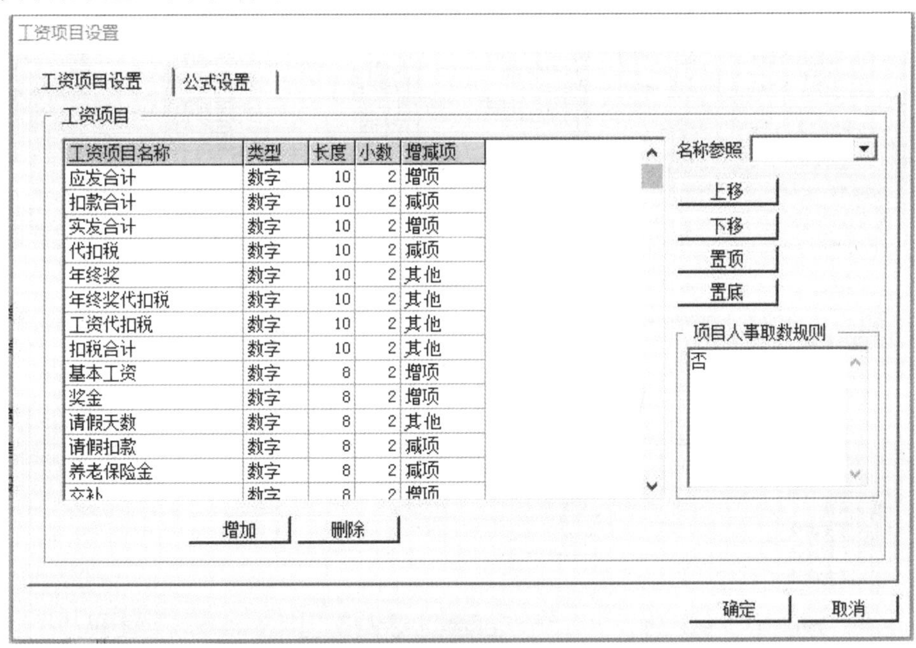

图 4-19　设置工资项目

(2)单击“公式设置”选项卡,如图 4-20 所示。

(3)单击左上方“工资项目”栏的“增加”按钮,再单击“工资项目”栏的下三角按钮,选择“请假扣款”选项,在“请假扣款公式定义”栏录入“请假天数 * 20”。

(4)单击“公式确认”按钮,如图 4-21 所示。

(5)依次设置养老保险金公式定义。

九、设置“交通补贴”的计算公式

设置“交通补贴”的计算公式,即交通补贴 = iff(人员类别 =“管理人员”,100,150)。该公式表示管理人员的交通补贴为 100 元,其他类别人员的交通补贴是 150 元。

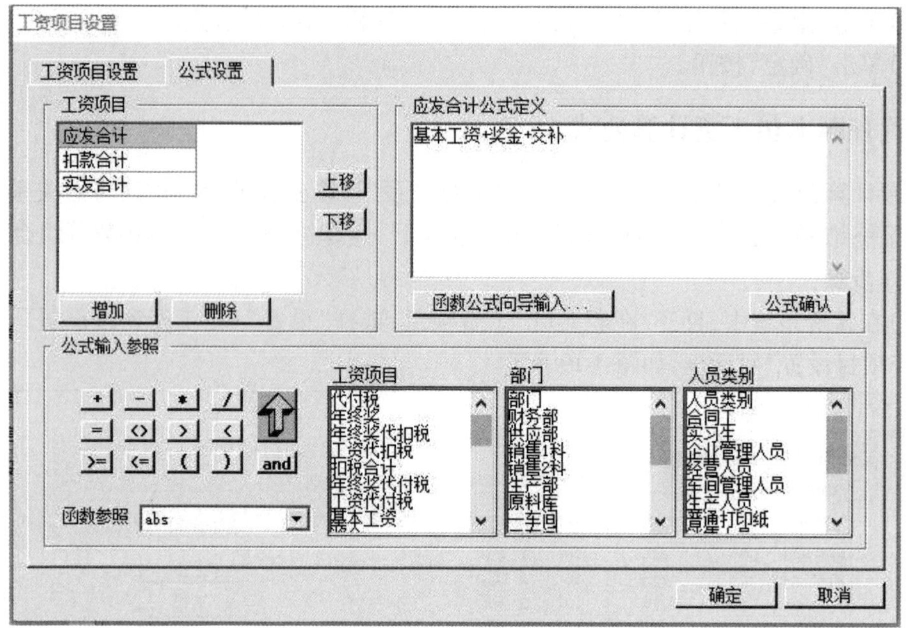

图 4-20　公式设置

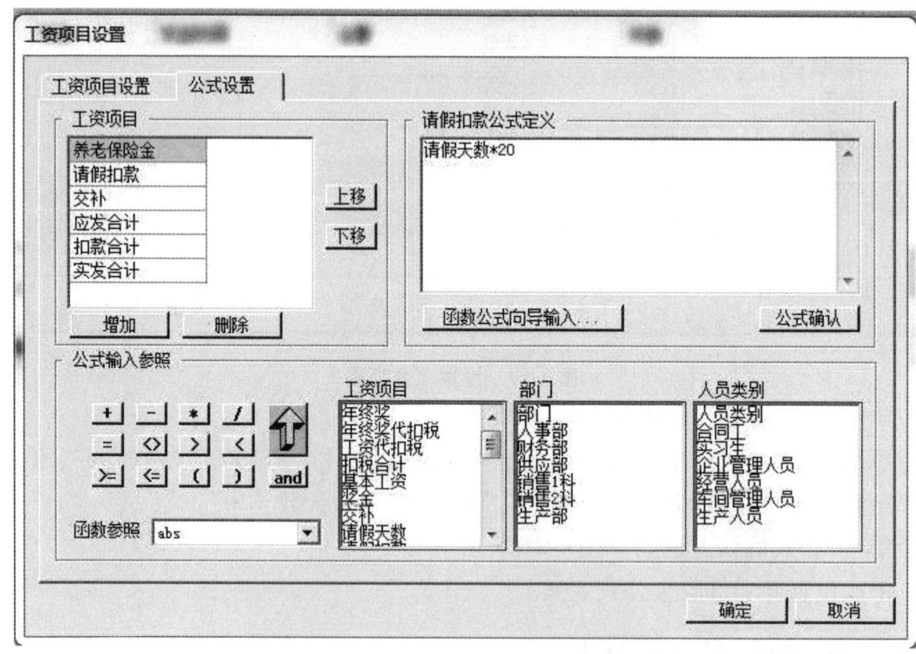

图 4-21　设置请假扣款的计算公式

操作步骤：

（1）在“工资项目设置”对话框中，单击“公式设置”选项卡。

（2）单击“增加”按钮，再单击“工资项目”栏的下三角按钮，选择“交通补贴”选项。单击“函数公式向导输入”按钮，打开“函数向导——步骤之 1”对话框，如图 4-22 所示。

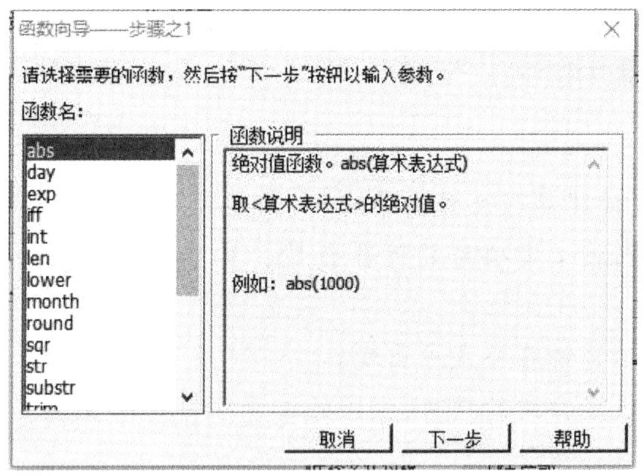

图 4-22　设置交通补贴的计算公式的函数

(3)选择“iff”选项，单击“下一步”按钮，打开“函数向导——步骤之 2”对话框，录入逻辑表达式：人员类别 =“企业管理人员”，在“算术表达式 1”中录入“100”，在“算术表达式 2”中录入“150”，如图 4-23 所示。

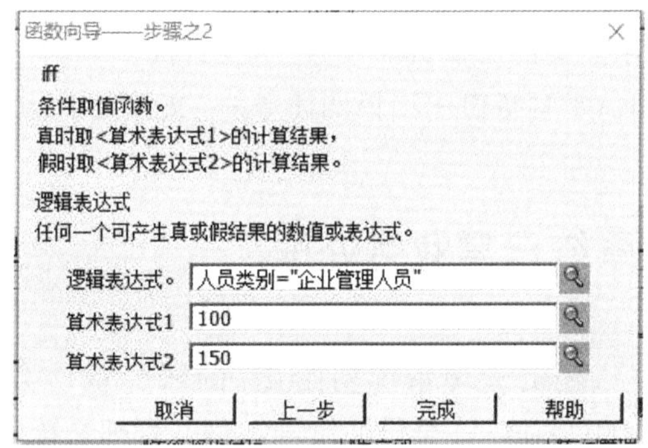

图 4-23　设置交通补贴的计算公式的表达式

(4)单击“完成”按钮，如图 4-24 所示。

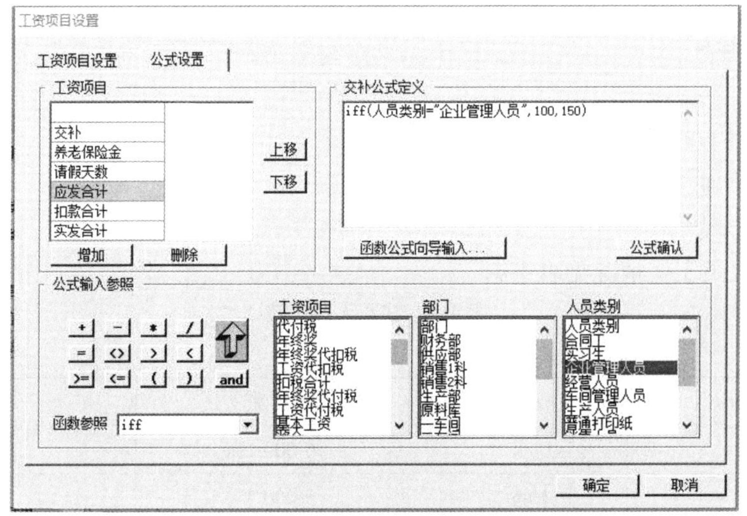

图 4-24　设置完成交通补贴的计算公式

(5)点击“公式确认”按钮。

公式定义完成,必须点击“确定”按钮。

提示:

- 在定义公式时,可以使用函数公式向导输入、函数参照输入。工资项目参照、部门参照和人员参照编辑输入该工资项目的计算公式。其中函数公式向导只支持系统提供的函数。
- 工资中没有的项目不允许在公式中出现。
- 公式中可以引用已设置公式的项目,相同的工资项目可以重复定义公式,多次计算,以最后的运行结果为准。
- 定义公式时要注意先后顺序。

十、账套备份

操作步骤:

(1)在D盘中新建“账套备份+项目四任务一”文件夹。

(2)将账套输出到“D:\账套备份+项目四任务一”文件夹中。

薪资管理系统日常业务处理

任务二　薪资管理系统日常业务处理

[任务准备]

引入“项目四任务一　薪资管理系统初始化”的账套备份数据,将系统日期修改为“2020年1月31日”,以“001陆可一”身份注册进入薪资管理系统。

[任务要求]

- 对在岗人员进行薪资核算与管理
- 录入并计算1月份的薪资数据
- 扣缴所得税

[任务资料]

以账套主管“001陆可一”(口令:1)的身份进行如下操作。

1.确定个税基数及税率

2.工资变动资料

(1)在职人员工资情况见表4-4。

表4-4　在职人员工资

单位:元

职员编码	职员姓名	基本工资	奖金
101	刘明	6 000	500
102	李丽	5 000	300

续表

职员编码	职员姓名	基本工资	奖金
103	李晓波	4 000	200
001	陆可一	5 000	300
002	李江红	3 000	200
003	张明	5 000	300
006	刘三	5 000	300
202	贾鹏	3 000	200
007	张天天	5 000	300
204	李凤华	5 000	300
004	张红	4 500	300
005	李伟	4 500	200
008	刘强	5 000	300
009	郑天	5 000	300
404	孙亮	4 500	200
402	张强	5 000	300

(2)考勤记录情况:李晓波请假 2 天,贾鹏请假 1 天,其他人员满勤。

3. 扣缴个税

4. 查看银行代发一览表

5. 工资分摊业务

工资分配基数按应发合计设置,应付职工福利费、工会经费计提基数也为应发合计,见表 4-5。

表 4-5 工资分配表

单位:元

部门	人员	工资		职工福利费(14%)	
		借	贷	借	贷
人事部	企业管理人员	660 201	221 101	660 205	221 102
财务部	管理人员	660 201	221 101	660 205	221 102
销售部	经营人员	660 201	221 101	660 205	221 102
供应部	生产人员	500 102	221 101	660 205	221 102
生产部	车间管理人员	500 102	221 101	660 205	221 102
生产部	生产人员	500 102	221 101	660 205	221 102

提示：

薪资系统提供的工资数据的快速输入方法

第一次使用薪资系统时，必须将所有人员的基本工资数据录入计算机，每月发生的工资数据变动，如代扣款项的扣发、缺勤情况的录入、奖金的录入等，也需要及时进行调整。为了快速、准确地输入工资数据，在工资变动窗口可以实现以下工资数据的快速输入方法：

- 单击"编辑"按钮，在页编辑器中可以对选定的人员进行工资数据的快速输入，单击"上一人"或"下一人"选项可变更人员。
- 如果只有一个或几个工资项目需要输入工资数据，可以单击"过滤器"的下拉按钮，选择"过滤设置"选项，将要输入工资数据的项目设置为"已选项目"，"工资变动"界面就只显示被过滤出来的项目。
- 如果只需要对部分人员的工资数据进行输入，可以单击"筛选"或者"定位"按钮将目标人员过滤出来。
- 单击"替换"按钮可将符合条件人员的某个工资项目数据统一替换为另一个数据。

[任务指导]

一、确定个税基数及税率

操作步骤：

(1)选择"薪资管理"—"工资类别"—"打开工资类别"选项，打开"在职人员"工资类别。

(2)选择"设置"—"选项"选项，打开"选项"对话框，点击"扣税设置"页签，单击"编辑"按钮，如图 4-25 所示。

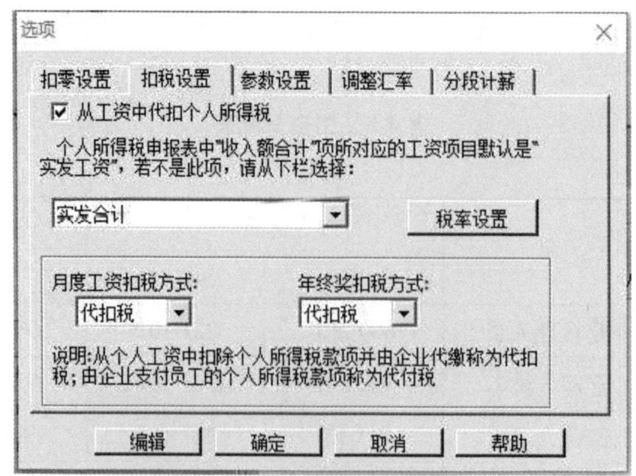

图 4-25 "选项"对话框

(3)单击"税率设置"按钮，系统弹出"个人所得税申报表——税率表"对话框，按现行税率表修改，如图 4-26 所示。

级次	应纳税所得额下限	应纳税所得额上限	税率(%)	速算扣除数
1	0.00	1 500.00	3.00	0.00
2	1 500.00	4 500.00	10.00	105.00
3	4 500.00	9 000.00	20.00	555.00
4	9 000.00	35 000.00	25.00	1 005.00
5	35 000.00	55 000.00	30.00	2 755.00
6	55 000.00	80 000.00	35.00	5 505.00
7	80 000.00		45.00	13 505.00

图 4-26　计算后的工资变动数据

(4)因为资料中个人所得税的免征额为 5 000 元,应在“实发工资”扣除 5 000 元,所以基数为“5 000”。

(5)修改完成,单击“确定”按钮,保存设置。

提示:

- 由于系统按操作员编号识别操作员,如果操作员编号所对应的操作员姓名不同则提示“制单人名与当前操作员名不一致,将使用当前操作员”。如果认可则可以单击“确定”按钮。
- 因为个人所得税扣缴应在“工资变动”后进行,所以应先核对个人所得税计提基数后再进行工资变动处理。如果先进行工资变动处理再修改个人所得税的计提基数,就应该在修改了个人所得税的计提基数后再进行一次工资变动处理,否则,工资数据将不正确。
- “个人所得税扣缴申报表”是个人纳税情况的记录,系统提供对报表中栏目的设置功能。
- 个人所得税申报表栏目中只能选择系统提供的项目,不提供由用户自定义的项目。
- 系统默认以“实发合计”作为扣税基数。如果想以其他工资项目作为扣税标准,则需要在定义工资项目时单独为应税所得设置一个工资项目。
- 如果单位的扣除费用及税率与国家规定的不一致,可以在个人所得税扣缴申报表中单击“税率”按钮进行修改。
- 因为在“工资变动”中,系统默认以“实发合计”作为扣税基数,所以在执行完个人所得税计算后,需要到“工资变动”中,执行“计算”和“汇总”功能,以保证“代扣税”这个工资项目正确反映出单位实际代扣个人所得税的金额。

二、工资变动

操作步骤:

(1)选择“薪资管理”—“业务处理”—“工资变动”选项,打开“工资变动”窗口,如图 4-27所示。

简易桌面 | 工资变动 ×

工资变动

过滤器 所有项目　　□ 定位器

选择	工号	人员编号	姓名	部门	人员类别	应发合计	扣款合计	实发合计	代扣税
		101	刘明	人事部	企业管理人员				
		102	李丽	人事部	企业管理人员				
		103	李晓波	人事部	企业管理人员				
		001	陆可一	财务部	企业管理人员				
		002	李江红	财务部	企业管理人员				
		003	张明	财务部	企业管理人员				
		004	张红	供应部	经营人员				
		005	李伟	供应部	经营人员				
		008	刘强	生产部	车间管理人员				
		009	郑天	生产部	生产人员				
		402	张强	生产部	生产人员				
		404	孙亮	生产部	生产人员				
合计						0.00	0.00	0.00	0.00

图 4-27　工资变动

(2)单击各项录入,保存后继续录入,如图 4-28 所示。

工资变动

过滤器 所有项目　　□ 定位器

选择	人员编号	姓名	部门	人员类别	应发合计	扣款合计	实发合计	代扣税	工资代扣税	扣税合计	基本工资	奖金	交补	养老保险金
	101	刘明	人事部	企业管理人员	6 600.00	363.25	6 236.75	38.25	38.25	38.25	6 000.00	500.00	100.00	325.00
	102	李丽	人事部	企业管理人员	5 400.00	269.05	5 130.95	4.05	4.05	4.05	5 000.00	300.00	100.00	265.00
	103	李晓波	人事部	企业管理人员	4 300.00	210.00	4 090.00				4 000.00	200.00	100.00	210.00
	001	陆可一	财务部	企业管理人员	5 400.00	269.05	5 130.95	4.05	4.05	4.05	5 000.00	300.00	100.00	265.00
	002	李江红	财务部	企业管理人员	3 300.00	160.00	3 140.00				3 000.00	200.00	100.00	160.00
	003	张明	财务部	企业管理人员	5 400.00	269.05	5 130.95	4.05	4.05	4.05	5 000.00	300.00	100.00	265.00
	004	张红	供应部	经营人员	4 950.00	240.00	4 710.00				4 500.00	300.00	150.00	240.00
	005	李伟	供应部	经营人员	4 850.00	235.00	4 615.00				4 500.00	200.00	150.00	235.00
	006	刘三	销售1科	经营人员	5 450.00	270.55	5 179.45	5.55	5.55	5.55	5 000.00	300.00	150.00	265.00
	202	贾鹏	销售1科	经营人员	3 350.00	160.00	3 190.00				3 000.00	200.00	150.00	160.00
	007	张天天	销售2科	经营人员	5 450.00	270.55	5 179.45	5.55	5.55	5.55	5 000.00	300.00	150.00	265.00
	204	李凤华	销售2科	经营人员	5 450.00	270.55	5 179.45	5.55	5.55	5.55	5 000.00	300.00	150.00	265.00
	008	刘强	生产部	车间管理人员	5 450.00	270.55	5 179.45	5.55	5.55	5.55	5 000.00	300.00	150.00	265.00
	009	郑天	生产部	生产人员	5 450.00	270.55	5 179.45	5.55	5.55	5.55	5 000.00	300.00	150.00	265.00
	402	张强	生产部	生产人员	5 450.00	270.55	5 179.45	5.55	5.55	5.55	5 000.00	300.00	150.00	265.00
	404	孙亮	生产部	生产人员	4 850.00	235.00	4 615.00				4 500.00	200.00	150.00	235.00
合计					81 100.00	4 033.70	77 066.30	83.70	83.70	83.70	74 500.00	4 500.00	2 100.00	3 950.00

图 4-28　工资数据录入一页编辑

(3)单击计算按钮,计算全部工资项目内容,如图 4-29 所示。

工资变动

过滤器 所有项目　　□ 定位器

选择	人员编号	姓名	部门	人员类别	应发合计	扣款合计	实发合计	代扣税	工资代扣税	扣税合计	基本工资	奖金	交补	养老保险金
	101	刘明	人事部	企业管理人员	6 600.00	363.25	6 236.75	38.25	38.25	38.25	6 000.00	500.00	100.00	325.00
	102	李丽	人事部	企业管理人员	5 400.00	269.05	5 130.95	4.05	4.05	4.05	5 000.00	300.00	100.00	265.00
	103	李晓波	人事部	企业管理人员	4 300.00	210.00	4 090.00				4 000.00	200.00	100.00	210.00
	001	陆可一	财务部	企业管理人员	5 400.00	269.05	5 130.95	4.05	4.05	4.05	5 000.00	300.00	100.00	265.00
	002	李江红	财务部	企业管理人员	3 300.00	160.00	3 140.00				3 000.00	200.00	100.00	160.00
	003	张明	财务部	企业管理人员	5 400.00	269.05	5 130.95	4.05	4.05	4.05	5 000.00	300.00	100.00	265.00
	004	张红	供应部	经营人员	4 950.00	240.00	4 710.00				4 500.00	300.00	150.00	240.00
	005	李伟	供应部	经营人员	4 850.00	235.00	4 615.00				4 500.00	200.00	150.00	235.00
	006	刘三	销售1科	经营人员	5 450.00	270.55	5 179.45	5.55	5.55	5.55	5 000.00	300.00	150.00	265.00
	202	贾鹏	销售1科	经营人员	3 350.00	160.00	3 190.00				3 000.00	200.00	150.00	160.00
	007	张天天	销售2科	经营人员	5 450.00	270.55	5 179.45	5.55	5.55	5.55	5 000.00	300.00	150.00	265.00
	204	李凤华	销售2科	经营人员	5 450.00	270.55	5 179.45	5.55	5.55	5.55	5 000.00	300.00	150.00	265.00
	008	刘强	生产部	车间管理人员	5 450.00	270.55	5 179.45	5.55	5.55	5.55	5 000.00	300.00	150.00	265.00
	009	郑天	生产部	生产人员	5 450.00	270.55	5 179.45	5.55	5.55	5.55	5 000.00	300.00	150.00	265.00
	402	张强	生产部	生产人员	5 450.00	270.55	5 179.45	5.55	5.55	5.55	5 000.00	300.00	150.00	265.00
	404	孙亮	生产部	生产人员	4 850.00	235.00	4 615.00				4 500.00	200.00	150.00	235.00
合计					81 100.00	4 033.70	77 066.30	83.70	83.70	83.70	74 500.00	4 500.00	2 100.00	3 950.00

图 4-29　计算后的工资变动数据

（4）单击计算按钮后，重新计算全部工资项目内容。

> **提示：**
> - 第一次使用工资系统必须将所有人员的基本工资数据录入系统，工资数据可以在录入人员档案时直接录入，当工资数据发生变动时应再次录入。
> - 在工资变动界面单击右键，选择“动态计算”，则工资数据变动时，带有计算公式的工资项目会据此重新计算，否则，需要单击“计算”按钮进行重新计算。
> - 若在个人所得税功能中修改了“税率表”和重新选择了“收入额合计”项，则在退出个人所得税功能后，需要到本功能中单击“计算”按钮重新计算，否则，系统将保留修改个人所得税前的数据状态。
> - 如果工资数据的变化有规律性，可以使用“替换”功能进行成批数据替换。
> - 在修改了某些数据、重新设置了计算公式、进行了数据替换或个人所得税中执行了自动扣税等操作必须调用“计算”和“汇总”功能对个人工资数据重新计算，以保证数据正确。
> - 退出“工资变动”窗口前，需要进行工资数据的“汇总”操作。

三、扣缴所得税

操作步骤：

（1）选择“薪资管理”—“业务处理”—“扣缴所得税”选项，打开“系统扣缴个人所得税年度申报表”窗口，如图 4-30 所示。

级次	应纳税所得额下限	应纳税所得额上限	税率(%)	速算扣除数
1	0.00	1 500.00	3.00	0.00
2	1 500.00	4 500.00	10.00	105.00
3	4 500.00	9 000.00	20.00	555.00
4	9 000.00	35 000.00	25.00	1 005.00
5	35 000.00	55 000.00	30.00	2 755.00
6	55 000.00	80 000.00	35.00	5 505.00
7	80 000.00		45.00	13 505.00

图 4-30　扣缴所得税

（2）单击“退出”按钮退出。

> **提示：**
> - 可以对“个人所得税扣缴申报表”中的“基数”和“税率”进行调整，而调整后必须重新计算个人所得税，否则，个人所得税数据将发生错误。

四、查看银行代发一览表

操作步骤：

(1)选择“薪资管理”—“业务处理”—“银行代发”选项，部门选择全部，打开“银行代发一览表”窗口，弹出“银行文件格式设置”对话框，如图 4-31 所示。

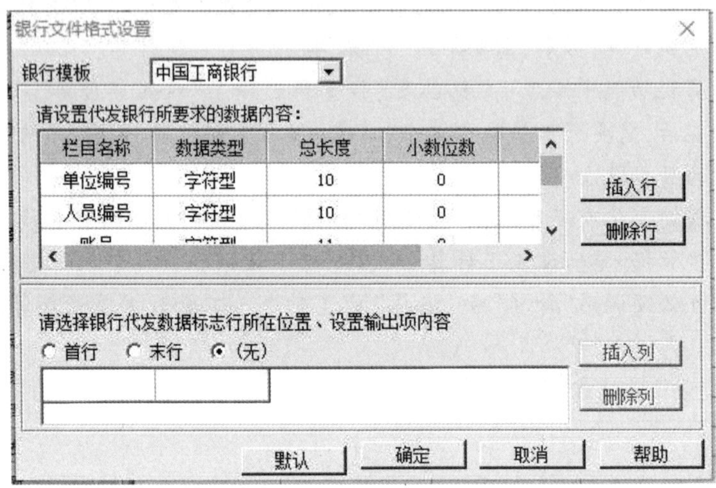

图 4-31　银行文件格式设置

(2)单击“确定”按钮，系统提示“确认设置的银行文件格式?”

(3)点击“是”，生成“银行代发一览表”，如图 4-32 所示。

名称：中国工商银行

单位编号	人员编号	账号	金额	录入日期
1234934325	001	88888880004	5 130.95	20200101
1234934325	002	88888880005	3 140.00	20200101
1234934325	003	88888880006	5 130.95	20200101
1234934325	004	88888880012	4 710.00	20200101
1234934325	005	88888880013	4 615.00	20200101
1234934325	006	88888880008	5 179.45	20200101
1234934325	007	88888880010	5 179.45	20200101
1234934325	008	88888800014	5 179.45	20200101
1234934325	009	88888880007	5 179.45	20200101
1234934325	101	88888880001	6 236.75	20200101
1234934325	102	88888880002	5 130.95	20200101
1234934325	103	88888880003	4 090.00	20200101
1234934325	202	88888880009	3 190.00	20200101
1234934325	204	88888880011	5 179.45	20200101
1234934325	402	88888800016	5 179.45	20200101
1234934325	404	88888880017	4 615.00	20200101
合计			77 066.30	

图 4-32　银行代发一览表

五、工资分摊

工资分摊是指对当月发生的工资费用进行工资总额的计算、分配及各种经费的计提，并制作自动转账凭证，传递到总账管理子系统中。

1. 设置工资分摊类型

在初次使用薪资管理子系统时，应先进行工资分摊的设置。所有与工资相关的费用及基金均需建立相应的分摊类型名称及分摊比例。

操作步骤：

(1)选择“薪资管理”—“业务处理”—“工资分摊”选项，打开“工资分摊”对话框，如图4-33所示。

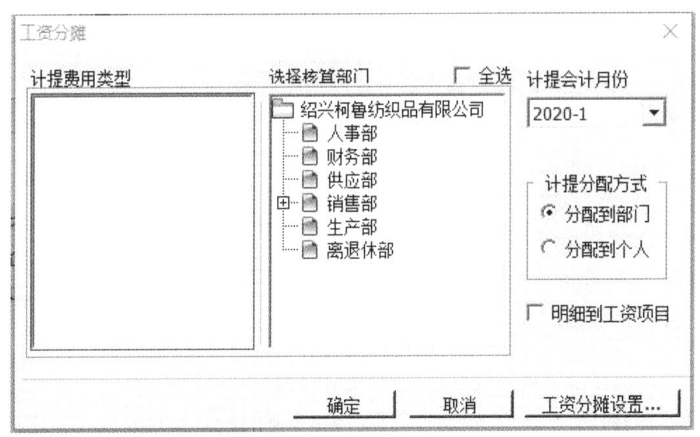

图4-33 “工资分摊”对话框

(2)单击“工资分摊设置”按钮，打开“分摊类型设置”对话框。单击“增加”按钮，打开“分摊计提比例设置”对话框，在计提类型名称栏录入“应付职工 薪酬Ⅰ”，分摊计提比例为“100%”，如图4-34所示。

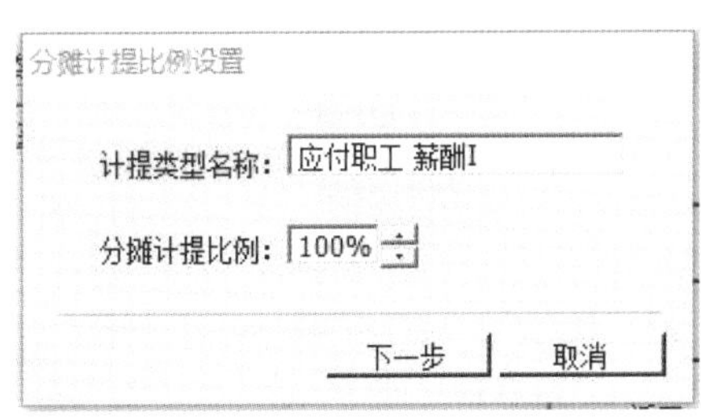

图4-34 分摊计提比例设置

(3)单击“下一步”按钮，打开“分摊构成设置”对话框。

(4)依据分摊资料，在对话框中分别选择分摊构成的各个项目内容，如图4-35所示。

(5)单击“完成”按钮，返回“分摊类型设置”对话框。

(6)单击“增加”按钮，在计提类型名称栏录入“职工福利”，在“分摊计提比例”栏录入“14%”，重复上述步骤(4)—(6)。

分摊构成设置

部门名称	人员类别	工资项目	借方科目	借方项目大类	借方项目	贷方科目	贷方项目大类
人事部	企业管理人员	应发合计	660201			221101	
财务部	企业管理人员	应发合计	660201			221101	
销售部	经营人员	应发合计	660201			221101	
供应部	生产人员	应发合计	500102			221101	
生产部	生产人员	应发合计	500102			221101	
生产部	车间管理人员	应发合计	500102			221101	

上一步　完成　取消

图 4-35　分摊构成设置

提示：

- 所有与工资相关的费用及基金均需建立相应的分摊类型名称及分摊比例。
- 不同部门、相同人员类别可以设置不同的分摊科目。
- 不同部门、相同人员类别在设置时，可以一次选择多个部门。

2. 分摊工资并生成转账凭证

操作步骤：

（1）选择“薪资管理”—“业务处理”—“工资分摊”选项，打开“工资分摊”对话框。分别选择“应付职工 薪酬 I ”—“职工福利”复选框，并单击选中的各个部门，再选中“明细到工资项目”复选框，如图 4-36 所示。

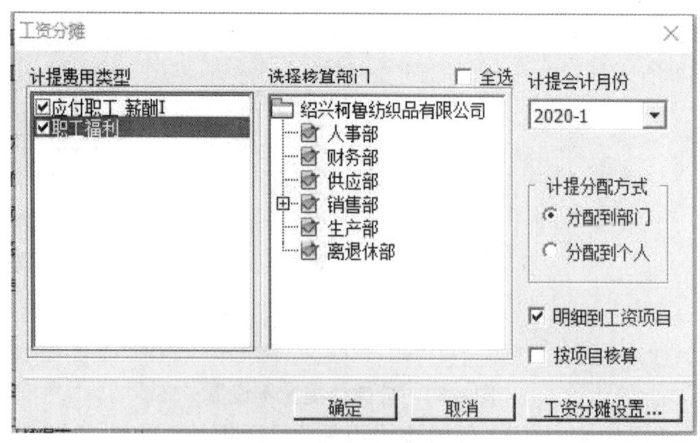

图 4-36　工资分摊

（2）单击“确定”按钮，打开“应付职工薪酬一览表”对话框，如图 4-37 所示。

（3）选择“合并科目相同、辅助项相同的分录”，单击“制单”按钮，生成应付职工薪酬分摊的转账凭证。选择凭证类型为“转账凭证”，如图 4-38 所示。

应付职工薪酬一览表

☐ 合并科目相同、辅助项相同的分录

类型 应付职工 薪酬Ⅰ　　　　计提会计月份

部门名称	人员类别	应发合计		
		分配金额	借方科目	贷方科目
人事部	企业管理人员	16 300.00	660201	221101
财务部		14 100.00	660201	221101
销售1科	经营人员	8 800.00	660201	221101
销售2科		10 900.00	660201	221101
生产部	车间管理人员	5 450.00	500102	221101
	生产人员	15 750.00	500102	221101

图 4-37　应付职工薪酬一览表

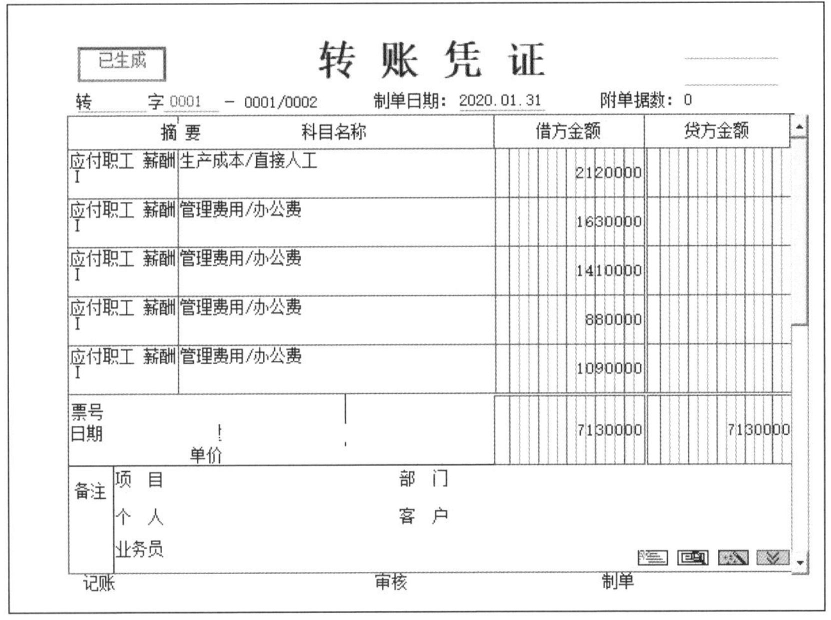

已生成

转 账 凭 证

转　字 0001 － 0001/0002　制单日期：2020.01.31　附单据数：0

摘要	科目名称	借方金额	贷方金额
应付职工 薪酬Ⅰ	生产成本/直接人工	2120000	
应付职工 薪酬Ⅰ	管理费用/办公费	1630000	
应付职工 薪酬Ⅰ	管理费用/办公费	1410000	
应付职工 薪酬Ⅰ	管理费用/办公费	880000	
应付职工 薪酬Ⅰ	管理费用/办公费	1090000	
票号 日期	单价	7130000	7130000

备注　项　目　　部　门

个　人　　客　户

业务员

记账　审核　制单

图 4-38　工资分摊的转账凭证

(4)返回“应付职工薪酬一览表”对话框。

(5)在“应付职工薪酬一览表”中,单击“类型”栏的下三角按钮,分别选择“应付福利费”制单。

上述生成凭证系统自动传递到总账系统,由 002 李江红(口令:2)进行审核、主管签字和记账。

提示:

- 工资分摊应按分摊类型依次进行。
- 在进行工资分摊时,如果不选择“合并科目相同、辅助项相同的分录”,则在生成凭证时将每一条分录都对应一个贷方科目;如果单击“批制”按键,可以一次将所有本次参与分摊的“分摊类型”所对应的凭证全部生成。

- 工资分摊凭证生成后已经传递到总账系统,所以如果发现出于数据错误等原因需要重新分摊工资,可以通过执行“统计分析”—“凭证查询”命令来删除凭证,然后重新进行工资分摊。

六、账套备份

操作步骤:

(1)在D盘中新建“账套备份+项目四任务二”文件夹。

(2)将账套输出到“D:\账套备份+项目四任务二”文件夹中。

薪资管理系统期末业务处理

任务三　薪资管理系统期末业务处理

[任务准备]

引入“项目四任务一　薪资管理系统初始化”的账套备份数据,将系统日期修改为“2020年1月31日”,以“001 陆可一”身份注册进入薪资管理系统。

[任务要求]

- 以账套主管001陆可一的身份,进行月末处理
- 月末处理,并进行结账
- 凭证查询
- 查看工资发放条
- 查看部门工资汇总表
- 对财务部进行工资项目构成分析

[任务指导]

一、月末处理

月末处理是将当月数据经过处理后结转至下月。每月工资数据处理完毕后均可进行月末结转。

操作步骤:

(1)选择“薪资管理”—“业务处理”—“月末处理”选项,打开“月末处理”对话框,如图4-39所示。

(2)单击“确定”按钮,系统提示“月末处理之后,本月工资将不许变动!继续月末处理吗?”如图4-40所示。

(3)单击“是”按钮,系统提示“是否选择清零项?”

(4)单击“否”按钮,系统提示“月末处理完毕”。

(5)单击“确定”按钮。

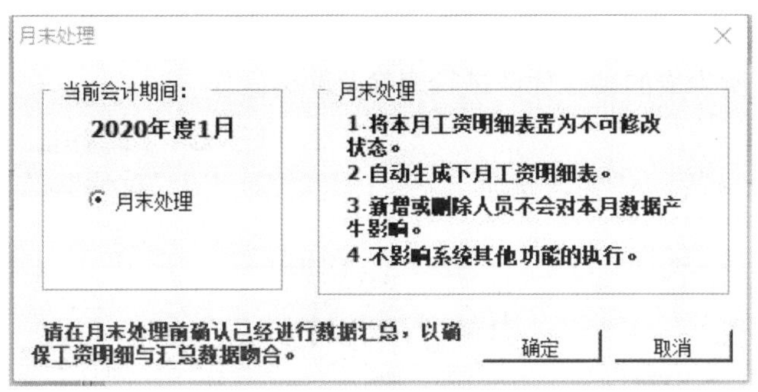

图 4-39　月末处理

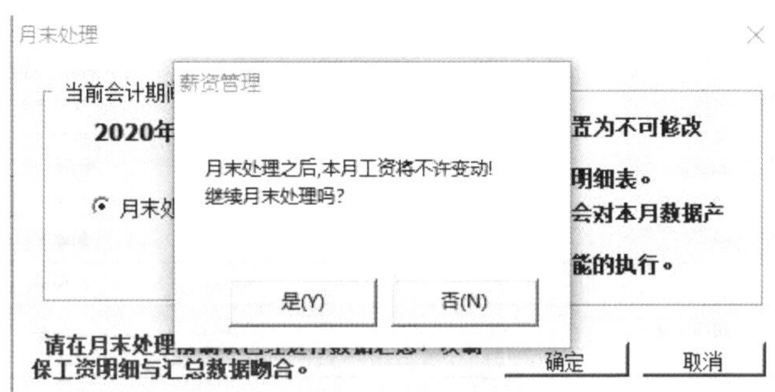

图 4-40　月末处理

提示:

- 在进行月末处理后,如果发现还有一些业务或其他事项要在已进行月末处理的月份进行账务处理,可以由账套主管以下月日期登录,使用反结账功能,取消已结账标志。

二、反结账

在薪资管理子系统结账后,发现还有一些业务或其他事项需要在已结账月进行账务处理,则此时需要使用反结账功能,取消已结账标记。

在薪资管理子系统中,选择"业务处理"—"反结账"选项,选择要反结账的工资类别,确认后即可完成反结账的操作。

提示:

- 有下列情况之一不允许反结账:总账系统已结账;汇总工资类别的会计月份与反结账的会计月份相同,并且包括反结账的工资类别。
- 本月工资分摊、计提凭证传输到总账系统,如果总账系统已审核并记账,需做红字冲销后,才能反结账;如果总账系统未做任何操作,只需删除此凭证即可。如果凭证已由出纳或主管签字,应取消出纳签字或主管签字,并删除该凭证后才能反结账。

三、凭证查询

工资核算的结果以转账凭证的形式传输到总账管理系统中,在总账管理系统中可以进行查询、审核以及记账等操作，不能修改或删除。薪资管理子系统中的凭证查询功能可以对薪资管理子系统中所生成的转账凭证进行删除及冲销操作。

操作步骤：

（1）选择“统计分析”—“凭证查询”选项，打开“凭证查询”对话框，如图4-41所示。

业务日期	业务类型	业务号	制单人	凭证日期	凭证号	标志
2020-01-31	应付职工 薪酬 I	1	周健	2020-01-31	转-5	记账
2020-01-31	职工福利	2	周健	2020-01-31	转-6	记账

图4-41　凭证查询

（2）单击冲销按钮，则可对当前标志为“记账”的凭证进行红字冲销操作，自动生成与原凭证相同的红字凭证。

（3）单击凭证按钮，显示单张凭证页面。

四、查看工资发放条

操作步骤：

（1）选择“薪资管理”—“统计分析”—“账表”—“工资表”选项，打开“工资表”对话框。点击“工资发放条”，如图4-42所示。

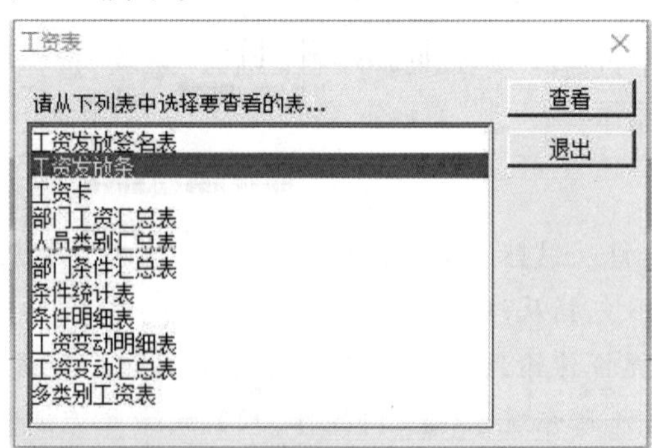

图4-42　工资表

（2）单击“查看”按钮，再选中“选定下级部门”前面的复选框，点击“确定”按钮，如图4-43所示。

工资发
2020 年

部门 全部　　会计月份 一月

人员编号	姓名	应发合计	扣款合计	实发合计	代扣税	工资代扣税	扣税合计	基本工资	奖金	交补	养老保险金
101	刘明	6 600.00	363.25	6 236.75	38.25	38.25	38.25	6 000.00	500.00	100.00	325.00
102	李丽	5 400.00	269.05	5 130.95	4.05	4.05	4.05	5 000.00	300.00	100.00	265.00
103	李晓波	4 300.00	210.00	4 090.00				4 000.00	200.00	100.00	210.00
001	陆可一	5 400.00	269.05	5 130.95	4.05	4.05	4.05	5 000.00	300.00	100.00	265.00
002	李江红	3 300.00	160.00	3 140.00				3 000.00	200.00	100.00	160.00
003	张明	5 400.00	269.05	5 130.95	4.05	4.05	4.05	5 000.00	300.00	100.00	265.00
004	张红	4 950.00	240.00	4 710.00				4 500.00	300.00	150.00	240.00
005	李伟	4 850.00	235.00	4 615.00				4 500.00	200.00	150.00	235.00
006	刘三	5 450.00	270.55	5 179.45	5.55	5.55	5.55	5 000.00	300.00	150.00	265.00
202	贾鹏	3 350.00	160.00	3 190.00				3 000.00	200.00	150.00	160.00
007	张天天	5 450.00	270.55	5 179.45	5.55	5.55	5.55	5 000.00	300.00	150.00	265.00
204	李凤华	5 450.00	270.55	5 179.45	5.55	5.55	5.55	5 000.00	300.00	150.00	265.00
008	刘强	5 450.00	270.55	5 179.45	5.55	5.55	5.55	5 000.00	300.00	150.00	265.00
009	郑天	5 450.00	270.55	5 179.45	5.55	5.55	5.55	5 000.00	300.00	150.00	265.00
402	张强	5 450.00	270.55	5 179.45	5.55	5.55	5.55	5 000.00	300.00	150.00	265.00
404	孙亮	4 850.00	235.00	4 615.00				4 500.00	200.00	150.00	235.00
合计		81 100.00	4 033.70	77 066.30	83.70	83.70	83.70	74 500.00	4 500.00	2 100.00	3 950.00

图 4-43　工资发放条

提示：

- 工资业务处理完成后，相关工资报表数据同时生成，系统提供了多种形式的报表反映工资核算的结果。如果对报表的格式不满意还可以进行修改。
- 系统提供的工资报表主要包括“工资发放签名表”“工资发放条”“部门工资汇总表”“人员类别汇总表”“部门条件汇总表”“条件统计表”“条件明细表”“工资变动明细表”等。
- 工资发放条是发放工资时交给职工的工资项目清单。系统提供了自定义工资发放打印信息和工资项目打印位置格式的功能，提供固化表头和打印区域范围的“工资套打”格式。

五、查看部门工资汇总表

操作步骤：

(1) 选择“薪资管理”—“统计分析”—“账表”—“工资表”选项，打开“工资表”对话框，点击“部门工资汇总表”，如图 4-44 所示。

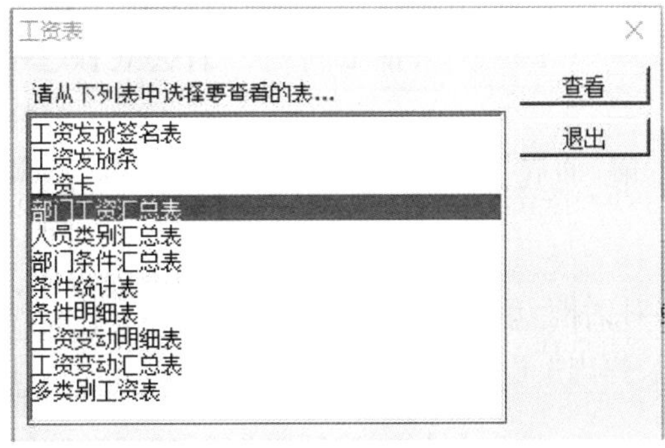

图 4-44　工资表

（2）单击“查看”按钮，再选择“部门范围”，选中“选定下级部门”前面的复选框，点击“确定”按钮，如图4-45所示。

会计月份 一月

部门	人数	应发合计	扣款合计	实发合计	代扣税	工资代扣税	扣税合计	基本工资	奖金	交补	养老保险金
人事部	3	16 300.00	842.30	15 457.70	42.30	42.30	42.30	15 000.00	1 000.00	300.00	800.00
财务部	3	14 100.00	698.10	13 401.90	8.10	8.10	8.10	13 000.00	800.00	300.00	690.00
供应部	2	9 800.00	475.00	9 325.00				9 000.00	500.00	300.00	475.00
销售部	4	19 700.00	971.65	18 728.35	16.65	16.65	16.65	18 000.00	1 100.00	600.00	955.00
销售1科	2	8 800.00	430.55	8 369.45	5.55	5.55	5.55	8 000.00	500.00	300.00	425.00
销售2科	2	10 900.00	541.10	10 358.90	11.10	11.10	11.10	10 000.00	600.00	300.00	530.00
生产部	4	21 200.00	1 046.65	20 153.35	16.65	16.65	16.65	19 500.00	1 100.00	600.00	1 030.00
合计	16	81 100.00	4 033.70	77 066.30	83.70	83.70	83.70	74 500.00	4 500.00	2 100.00	3 950.00

图4-45　部门工资汇总表

提示：

- 部门工资汇总表提供按单位（或各部门）进行工资汇总的查询。可以选择部门级次，可以查询当月部门工资汇总表，也可以查询其他各月的部门工资汇总表。

六、对财务部进行工资项目构成分析

操作步骤：

（1）选择“薪资管理”—“统计分析”—“账表”—“工资分析”选项，打开“工资分析表”对话框，如图4-46所示。

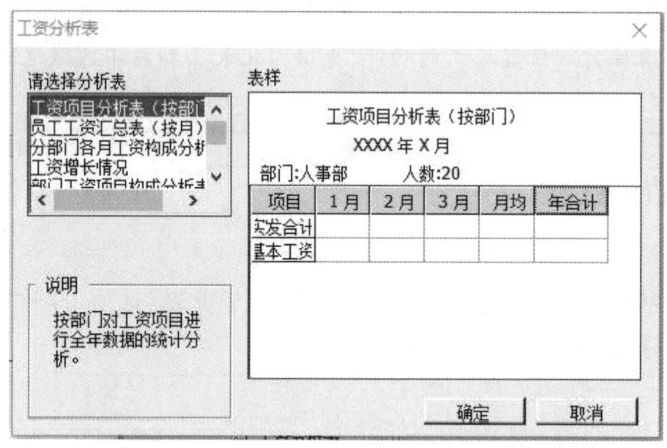

图4-46　工资分析表

（2）选中“工资项目分析（按部门）”选项，单击“确定”按钮，选择部门“财务部”，弹出“分析表选项”。

（3）在“分析表选项”对话框，单击“ > > ”按键，将薪资项目内容选中，如图4-47所示。

（4）单击“确定”按钮，弹出“工资项目分析（按部门）”，如图4-48所示。

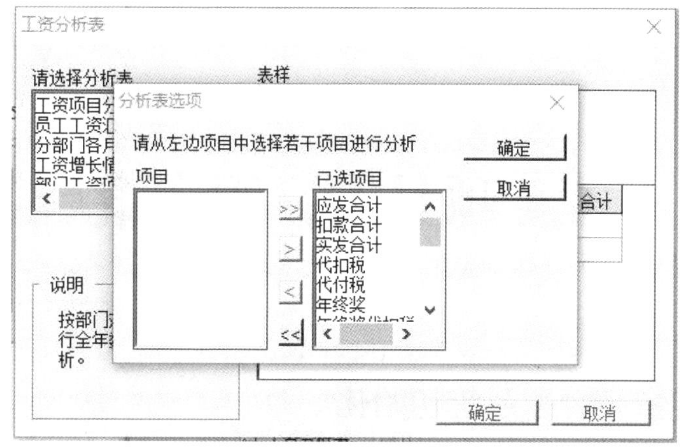

图 4-47 分析表选项

部门: 人事部

项目	1月	月均	年度合计
应发合计	16 300.00	16 300.00	16 300.00
扣款合计	842.30	842.30	842.30
实发合计	15 457.70	15 457.70	15 457.70
代扣税	42.30	42.30	42.30
年终奖			
年终奖代扣			
工资代扣税	42.30	42.30	42.30
扣税合计	42.30	42.30	42.30
基本工资	15 000.00	15 000.00	15 000.00
奖金	1 000.00	1 000.00	1 000.00
交补	300.00	300.00	300.00
请假天数			
请假扣款			
养老保险金	800.00	800.00	800.00
代付税			
年终奖代付			
工资代付税			

图 4-48 工资项目分析

提示:

- 对于工资项目分析,系统仅提供单一部门的分析表。用户可以在分析界面单击“部门”栏的下三角按钮,查看该部门的工资项目构成分析。

七、账套备份

操作步骤:

(1)在 D 盘中新建“账套备份 + 项目四任务三”文件夹。

(2)将账套输出到“D:\账套备份 + 项目四任务三”文件夹中。

项目五　固定资产管理系统

固定资产管理
系统初始化

任务一　固定资产管理系统初始化

[任务准备]

修改系统日期为“2020 年 1 月 1 日”，引入“项目二任务一　总账系统初始化”备份账套，以“001 陆可一”身份注册进入企业应用平台，启用固定资产管理系统，并给 002 李江红固定资产管理权限。

[任务要求]

- 建立固定资产子账套
- 基础设置
- 录入原始卡片
- 账套备份

[任务资料]

1. 设置控制参数

（1）本账套计提折旧：

按平均年限法（一）计提折旧，折旧分配周期为 1 个月。

（2）类别编码方式为 2112。

（3）固定资产编码方式：

自动编码（类别编码＋部门编码＋序号），卡片序号长度为 3。

（4）当“月初已计提月份＝可使用月份－1”时，将剩余折旧全部提足（工作量法除外）。

（5）与账务处理系统进行对账。对账科目为：

固定资产对账科目：1601 固定资产；

累计折旧对账科目：1602 累计折旧。

（6）在对账不平情况下不允许月末结账。

（7）业务发生后立即制单。

（8）月末结账前一定要完成制单登账业务。

（9）固定资产缺省入账科目 1601；累计折旧缺省入账科目 1602；固定资产减值准备缺省入账科目 1603，增值税进项税额缺省入账科目 22210101，固定资产清理缺省入账科目 1606。

2. 固定资产类别(表5-1)

表5-1 固定资产类别

编码	类别名称	单位	计提属性	卡片样式	净残值率
01	交通运输设备	辆	正常计提	含税卡片样式	4%
011	生产用设备	辆	正常计提	含税卡片样式	4%
012	经营用设备	辆	正常计提	含税卡片样式	4%
013	非生产经营用设备	辆	正常计提	含税卡片样式	4%
02	电子设备及其他设备	台	正常计提	含税卡片样式	4%
021	生产用设备	台	正常计提	含税卡片样式	4%
022	经营用设备	台	正常计提	含税卡片样式	4%
023	非生产经营用设备	台	正常计提	含税卡片样式	4%

3. 部门及对应折旧科目(表5-2)

表5-2 部门及对应折旧科目

部门名称	贷方科目
人事部	管理费用——折旧费(660204)
财务部	管理费用——折旧费(660204)
供应部	销售费用(6601)
销售部	销售费用(6601)
生产部	制造费用(5101)

4. 增减方式及对应入账科目(表5-3)

表5-3 增减方式及对应入账科目

增加方式	对应入账科目	减少方式	对应入账科目
直接购入	工行存款	出售	固定资产清理
投资者投入		投资转出	
捐赠	营业外收入	捐赠转出	固定资产清理
盘盈	待处理财产损溢	盘亏	待处理财产损溢
在建工程转入		报废	固定资产清理

5. 原始卡片(表5-4)

表5-4 原始卡片

名称	类别	所在部门	增加	使用月份	开始使用时间	原值/元	累计折旧/元	对应折旧	月折旧额/元
轿车	012	人事部	直接购入	60	2018.10.01	215 470	19 386.27	管理费用——折旧费	3 447.52
手机	022	人事部	直接购入	60	2018.11.01	2 890	46.24	管理费用——折旧费	46.24
传真机	022	人事部	直接购入	60	2018.08.01	3 510	224.64	管理费用——折旧费	56.16
微机	021	生产部	直接购入	60	2017.11.01	6 490	1 349.92	一车间制造费用——折旧费	103.84
机床	021	生产部	直接购入	60	2018.11.01	4 104 640	1 369 171.93	二车间制造费用——折旧费	65 674.24

说明:净残值率均为4%,使用状况均为“在用”,折旧方法均采用平均年限法(一)。

提示:

- 固定资产管理系统初始化,是根据单位的具体情况,建立一个符合企业财务工作要求的固定资产子账套的过程。固定资产管理系统在初次使用的时候必须经过初始化,才能用于固定资产的日常管理。固定资产管理系统初始化工作内容包括建立账套和基础设置。其中,建立账套主要包括账套的启用月份、折旧信息、资产编码方式、财务接口等。
- 固定资产计提折旧后,必须把折旧归入成本或费用,根据不同使用者的具体情况,按部门或按类别归集。当按部门归集折旧费用时,某部门所属的固定资产折旧费用将归集到一个比较固定的科目,所以部门对应折旧科目设置就是给部门选择一个折旧科目,录入卡片时,该科目自动显示在卡片中,不必逐一输入,可提高工作效率。然后在生成部门折旧分配表时,每一部门按折旧科目汇总,生成记账凭证。
- 固定资产的种类繁多、规格不一,要强化固定资产管理,及时、准确做好固定资产核算,必须建立科学的固定资产分类体系,为核算和统计管理提供依据。企业可根据自身的特点和管理要求,确定一个较为合理的资产分类方法。
- 原始卡片是指卡片记录的资产开始使用日期的月份先于其录入系统的月份,即已使用过并已计提折旧的固定资产卡片。在使用固定资产管理系统进行核算前,必须将原始卡片资料录入系统,保持历史资料的连续性。原始卡片的录入不限制必须在第一个期间结账前,任何时候都可以录入原始卡片。

[任务指导]

用户在新建账套初次使用固定资产管理系统时,系统会提示用户“这是第一次打开此账套,还未进行过初始化,是否进行初始化”。系统初始化是使用固定资产管理系统管理资产的首要操作,是根据用户单位的具体情况,建立一个适合用户需要的固定资产子账套的过程。要设置的操作步骤主要包括约定及说明、启用月份、折旧信息、编码方式、账务接口和完成设置六部分。

一、设置控制参数

操作步骤:

(1)以“001 陆可一”的身份选择“开始”—“程序”—“用友 U8 V10.1”—“企业应用平台”选项,进入“新道教育—UFIDAU8”窗口。

(2)选择“业务工作”—“财务会计”选项,双击“固定资产”选项,打开“固定资产”对话框,由于是第一次使用,需要进行初始化。

(3)单击“是”,后续依次单击“下一步”,并进行设置,如图 5-1 至图 5-6 所示。

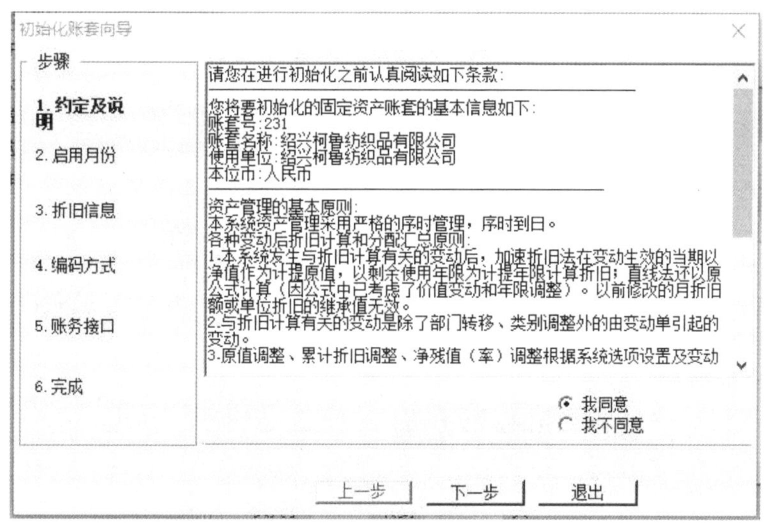

图 5-1 初始化账套

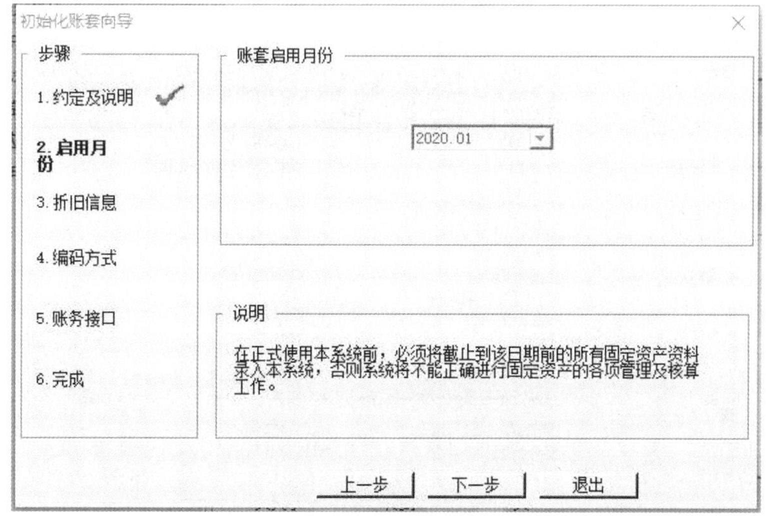

图 5-2 初始化账套

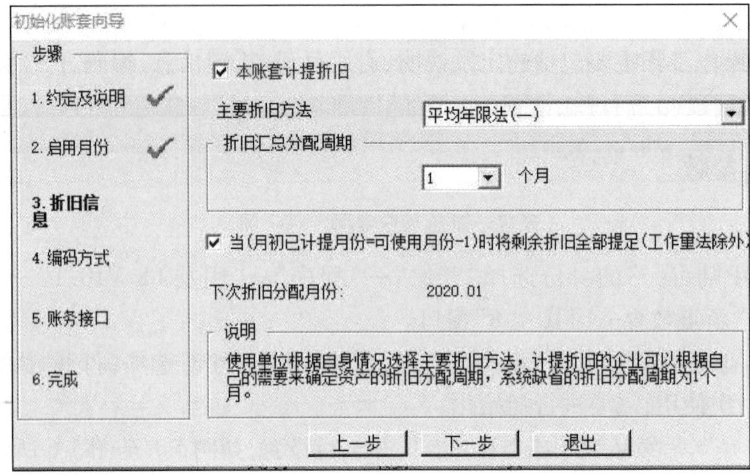

图 5-3　初始化账套

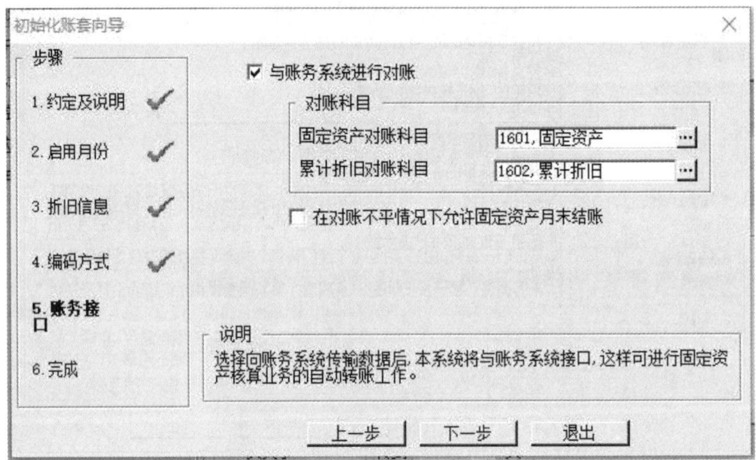

图 5-4　初始化账套

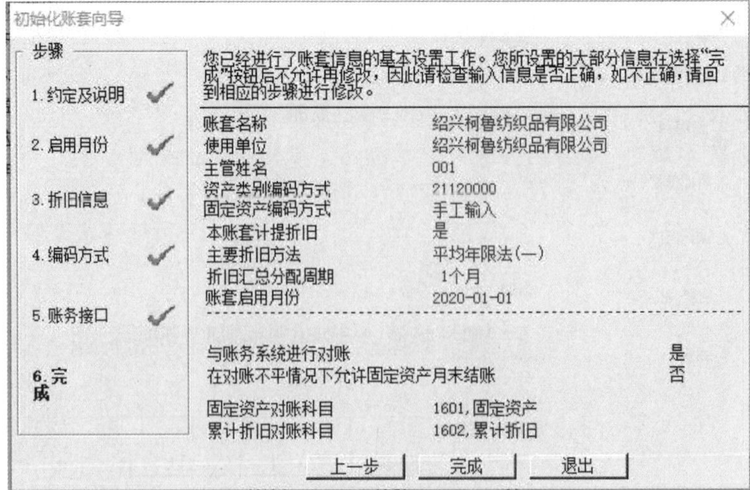

图 5-5　初始化账套

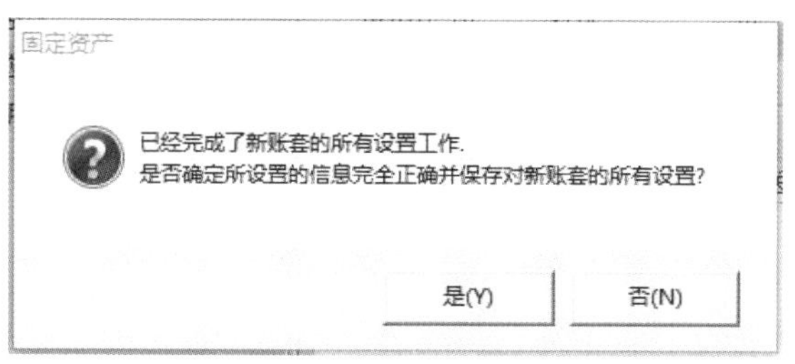

图 5-6 初始化账套

(4)选择“固定资产”—“设置”—“选项”选项,打开“选项”对话框。

(5)点击“编辑”按钮,补充账套参数信息,如图 5-7 所示。

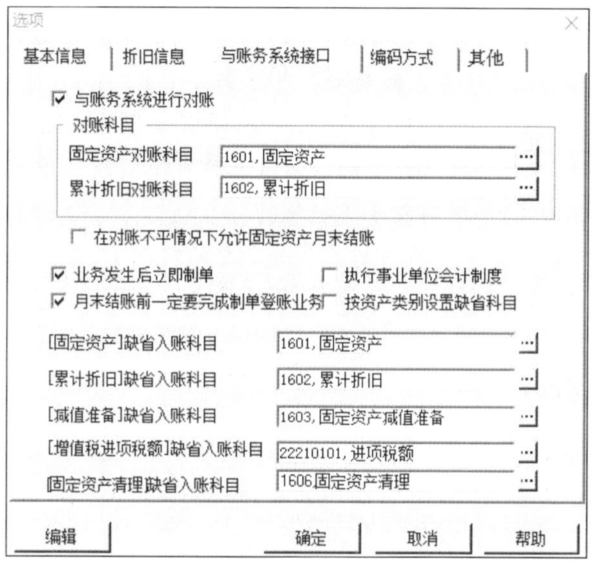

图 5-7 选项

(6)点击“确定”按钮退出。

提示:

- 在“初始化账套向导—启用月份”中所列示的启用月份只能查看,不能修改,如果需要修改,必须在固定资产管理系统启用设置中进行。启用月份确定后,在此月之前的所有固定资产都将作为期初数据,而系统从启用月份开始计提折旧。
- 在固定资产“初始化账套向导”下“步骤 3. 折旧信息”中,“当月初已计提月份 = 可使用月份 -1 时将剩余折旧全部提足(工作量法除外)”是指除工作量法外,只要上述条件满足,则该月折旧额 = 净值 - 净残值,并且不能手工修改;如果不选该项,则该月不提足折旧,并且可手工修改,但如果以后各月按照公式计算的月折旧率或折旧额是负数时,认为公式无效,令月折旧率 =0,月折旧额 = 净值 - 净残值。
- 固定资产编码方式包括“手工输入”和“自动编码”两种。自动编码方式包括“类别编号 + 序号”“部门编号 + 序号”“类别编号 + 部门编号 + 序号”“部门编号 + 类别编号 + 序号”。类别编号中的序号长度可自由设定为 1 ~5 位。

- 资产类别编码方式设定以后，一旦某一级设置类别，则该级的长度不能修改，未使用过的各级长度可以修改。每一个账套的自动编码方式只能选择一种，一经设定，该自动编码方式不得修改。
- 固定资产对账科目和累计折旧对账科目应与总账系统内对应科目一致，一般情况下应选择固定资产和累计折旧的一级科目。
- 固定资产初始化账套中有些参数可以在选项设置中进行修改。
- 如果在系统运行过程中发现错误，无法通过“选项”进行纠错，则可以使用“重新初始化账套”功能重新建立账套。
- 如果在“选项”对话框与“账务系统接口”选项卡中选中“业务发生后立即制单”复选框，则制单时间为每笔业务发生后立即制单，否则，可以在批量制单功能下集中完成。
- 如果在“选项”对话框与“账务系统接口”选项卡中设置“[固定资产]缺省入账科目”“[累计折旧]缺省入账科目”以及“[减值准备]缺省入账科目”，则固定资产管理系统在制作记账凭证时，会自动按所设置的缺省入账科目填制凭证中的有关科目，否则，凭证中的相关科目也为空，届时需要手工填制。
- 对账不平不允许结账是指当存在对应的账务账套的情况下，本系统在月末结账前自动执行一次对账，给出对账结果。如果不平，说明两系统出现偏差，应予以调整。

二、固定资产类别设置

固定资产的种类繁多，规格不一，要强化固定资产管理，及时准确做好固定资产核算，必须建立科学的固定资产分类体系，为核算和统计管理提供依据。企业可根据自身的特点和管理要求，确定一个较为合理的资产分类方法。

操作步骤：

（1）选择“固定资产”—“设置”—“资产类别”选项，进入“资产类别”界面。

（2）单击“增加”按钮，录入类别编码“01”，类别名称“交通运输设备”，净残值率“4%”，计量单位“辆”，计量属性选择“正常计提”，如图 5-8 所示。

图 5-8 “资产类别”对话框

(3)单击“保存”按钮。

(4)可单击“修改”按钮,选择卡片样式“含税卡片样式”。

(5)单击“保存”按钮,继续录入下级及其他资产类别,如图5-9所示。

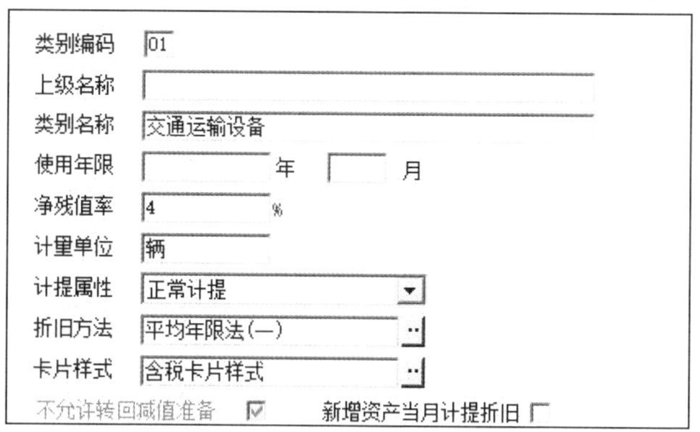

图5-9 “资产类别”对话框

提示:

- 应先建立上级固定资产类别后再建立下级类别。由于在建立上级类别“房屋与建筑物”时就设计了使用年限、净残值率,其下级类别如果与上级类别设置相同,自动继承不用修改;如果下级类别与上级类别设置不同,可以修改。
- 类别编码、类别名称、计提属性及卡片样式不能为空。
- 非明细级类别编码不能修改和删除,明细级类别编码修改时只能修改本级的编码。
- 使用过的类别的计提属性不能修改。
- 系统已使用的类别不允许增加下级和删除。

三、固定资产折旧设置

注意在使用本功能前,必须已建立好部门档案,可在基础设置中设置,也可在本系统的部门档案中设置。

操作步骤:

(1)选择“固定资产”—“设置”—“部门对应折旧科目”选项,进入“部门对应折旧科目”界面。

(2)根据企业固定资产资料,选中需要修改的部门对应的折旧科目,单击“修改”按钮,输入或选择折旧科目,单击“保存”按钮,如图5-10所示。

(3)单击“是”按钮,继续修改资料中其他部门对应折旧科目。

四、增减方式及对应折旧科目

增减方式包括增加方式和减少方式两类。增加的方式主要有直接购入、投资者投入、捐赠、盘盈、在建工程转入、融资租入。减少的方式主要有出售、盘亏、投资转出、捐赠转出、报废、毁损、融资租出、拆分减少等。这些增减方式系统已经预置。

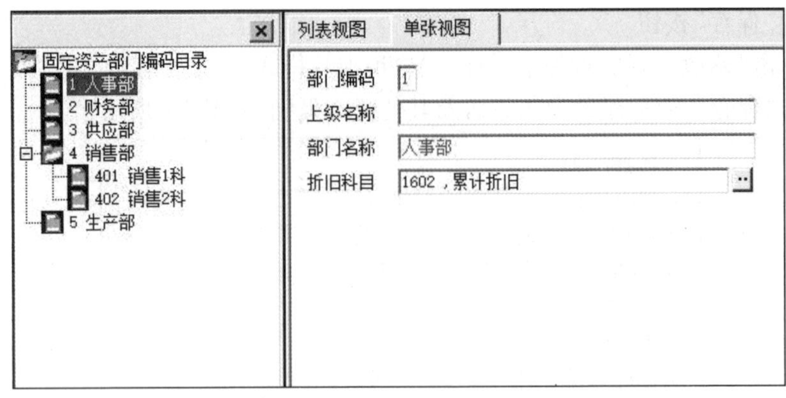

图 5-10 部门对应折旧科目

如果用户觉得系统提供的增减方式不能满足本企业的需要，可自定义增减方式，同时在编辑区输入增减方式名称和对应的入账科目。此处设置的对应入账科目是为了在生成凭证时使用。例如，以购入方式增加资产时，该科目可设置为“银行存款”，投资者投入时，该科目可设置为“实收资本”，该科目缺省在贷方；资产减少时，该科目可设置为“固定资产清理”，该科目缺省在借方。

操作步骤：

(1)选择“固定资产”—“设置”—“增减方式”选项，进入“增减方式”界面。

(2)根据企业固定资产资料，选中需要修改的增减方式对应的入账科目，单击“修改”按钮，输入或选择对应入账科目，单击“保存”按钮，如图 5-11 所示。

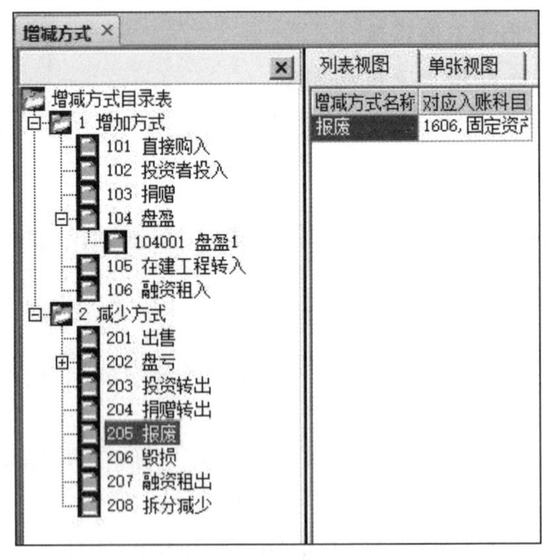

图 5-11 “增减方式”对话框

(3)重复步骤(2)，继续修改资料中其他增减方式的对应入账科目。

> **提示：**
>
> - 在资产增加方式中所设置的对应入账科目是为了生成凭证时默认。

- 因为本系统提供的报表中有固定资产盘盈盘亏报表，所以增减方式中“盘盈、盘亏、毁损”不能修改和删除。
- 非明细增减方式不能删除，已使用的增减方式不能删除。
- 生成凭证时，如果入账科目发生了变化，可以及时修改。

五、原始卡片录入

原始卡片是指卡片记录的资产开始使用日期的月份先于其录入系统的月份，即已使用过并已计提折旧的固定资产卡片。用户在使用固定资产管理系统进行核算前，必须将原始卡片资料录入系统，保持历史资料的连续性。原始卡片的录入不限制在第一个期间结账前，任何时候都可以录入原始卡片。

操作步骤：

(1)选择“固定资产”—“卡片”—“录入原始卡片”选项，打开“固定资产类别档案”对话框。

(2)默认选项，进入“固定资产卡片”界面，输入固定资产名称、类别编号、类别名称、使用部门、使用年限(月)、增加方式、原值等信息，单击“保存”按钮，如图 5-12 所示。

固定资产卡片

卡片编号	00005			日期	2020-01-31
固定资产编号	0212	固定资产名称			生产用设备
类别编号	021	类别名称	生产用设备	资产组名称	
规格型号		使用部门			生产部
增加方式	直接购入	存放地点			
使用状况	在用	使用年限(月)	60	折旧方法	平均年限法(一)
开始使用日期	2018-11-01	已计提月份	13	币种	人民币
原值	4 104 640.00	净残值率	4%	净残值	164 185.60
累计折旧	1 369 171.93	月折旧率	0.016	本月计提折旧额	65 674.24
净值	2 735 468.07	对应折旧科目	5101，制造费用	项目	
增值税	0.00	价税合计	4 104 640.00		
录入人	陆可一			录入日期	2020-01-01

图 5-12　固定资产卡片

(3)单击“增加”按钮，重复步骤(2)，继续修改资料中其他原始卡片。

提示：

- 在固定资产卡片界面中，除“固定资产”主卡片外，还有若干的附属选项卡，附属选项卡片上的信息只供参考，不参与计算也不回溯。
- 在执行原始卡片录入或资产增加功能时，可以为一个资产选择多个使用部门。
- 当资产为多部门使用时，原值、累计折旧等数据可以在多部门间按设置的比例分摊。
- 单个资产对应多个使用部门时，卡片上的对应折旧科目处不能输入，默认为选择使用部门时设置的折旧科目。

六、与总账系统对账

录入完成后可执行“对账”功能与总账固定资产科目、累计折旧科目余额进行对账，如图5-13 所示。

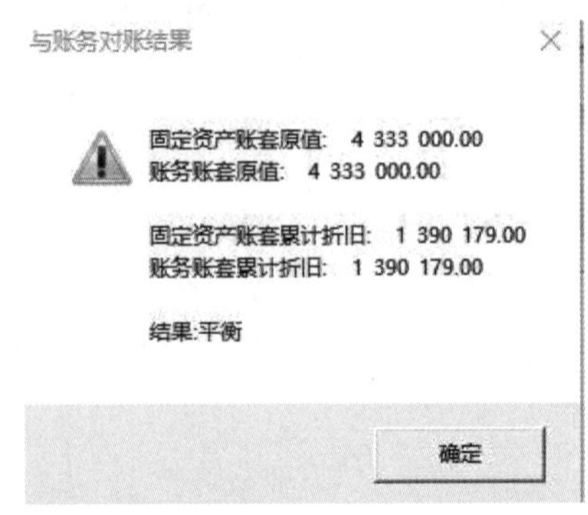

图 5-13　对账

七、账套备份

操作步骤：

（1）在 D 盘中新建“账套备份 + 项目五任务一”文件夹。

（2）将账套输出到“D:\账套备份 + 项目五任务一”文件夹中。

任务二　固定资产管理系统日常业务处理

固定资产管理系统
日常业务处理

[任务准备]

将系统日期修改为“2020 年 1 月 31 日”，引入“项目五任务一　固定资产管理系统初始化”备份账套数据，由“001 陆可一”注册进入固定资产管理系统。

[任务要求]

- 修改固定资产卡片
- 增加固定资产
- 折旧处理
- 生成增加固定资产的记账凭证
- 对账与结账
- 账表管理
- 将系统日期修改为“2020 年 2 月 28 日”，由“001 陆可一”注册进入“固定资产”系统
- 计提折旧
- 固定资产减少
- 固定资产变动
- 批量制单
- 账套备份

[任务资料]

以“002 李江红”(口令:2)的身份进行业务操作,业务单据日期为业务日期,记账凭证填制日期为 1 月 31 日。

1. 资产增加

1 月 21 日,生产部购买扫描仪三台,单位价值 1 500 元/台,净残值率 4%,预计使用年限 5 年,取得增值税专用发票,税率 16%,款项通过转账支票支付。要求采用复制方式生成固定资产新增卡片,然后由固定资产模块生成 1 张凭证(合并)传递到总账系统(转账支票 ZZR004)。

借:固定资产	4 500	
应交税费——应交增值税(进项税)	720	
贷:银行存款——工行		5 220

2. 计提折旧

3. 资产减少

1 月 25 日,生产部捐赠微机一台,已提折旧 1 453.76 元。

4. 部门变动

1 月 26 日,因经营需要,人事部的传真机调拨到销售 1 科使用。

5. 批量制单

6. 凭证查询

[任务指导]

一、资产增加

“资产增加”即新增加固定资产卡片,在系统日常使用过程中,可能会购进或通过其他方式增加企业资产,该部分资产通过“资产增加”操作录入系统。当固定资产开始使用日期的会计期间等于录入会计期间时,才能通过“资产增加”录入。

操作步骤:

(1)以“001 陆可一”的身份选择“开始”—“程序”—“用友 U8 V10.1”—“企业应用平台”选项,进入“新道教育—UFIDAU8”窗口。

(2)选择“业务工作”—“财务会计”—“固定资产”—“卡片”—“资产增加”选项,打开“固定资产类别档案”对话框。

(3)默认选项,单击“确定”按钮,进入“固定资产卡片”界面,输入固定资产名称、类别编号、原值等信息,如图 5-14 所示。

(4)点击“保存”按钮,不生成凭证。

(5)选择“业务工作”—“财务会计”—“固定资产”—“卡片”—“卡片管理”选项,打开“查询条件选择—卡片管理”对话框。

(6)选择开始使用日期“2020.01.01”到“2020.01.21”,如图 5-15 所示。

固定资产卡片

卡片编号	00006			日期	2020-01-31
固定资产编号	021003	固定资产名称			生产用设备
类别编号	021	类别名称	生产用设备	资产组名称	
规格型号		使用部门			生产部
增加方式	直接购入	存放地点			
使用状况	在用	使用年限(月)	60	折旧方法	平均年限法(一)
开始使用日期	2020-01-21	已计提月份	0	币种	人民币
原值	1 500.00	净残值率	4%	净残值	60.00
累计折旧	0.00	月折旧率	0	本月计提折旧额	0.00
净值	1 500.00	对应折旧科目	5101,制造费用	项目	
增值税	240.00	价税合计	1 740.00		
录入人	陆司一			录入日期	2020-01-31

图 5-14　固定资产卡片

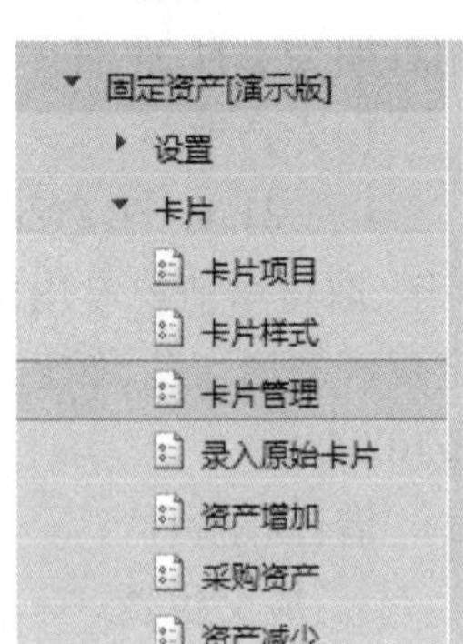

图 5-15　卡片管理

(7)单击"确定"按钮,如图 5-16 所示。

查询条件选择—卡片管理

保存常用条件　保存高级条件　过滤方案

常用条件 | 高级条件

卡片编号		到	
资产编号		到	
资产类别		使用部门	
开始使用日期	2020-01-01	到	2020-01-21
原值		到	
累计折旧		到	
净值		到	
使用年限[月]		到	
币种		录入人	

确定(F)　取消(C)

图 5-16　卡片管理

(8)双击 00006 卡片行(或单击后,点击"修改按钮"),进入卡片修改状态,如图 5-17 所示。

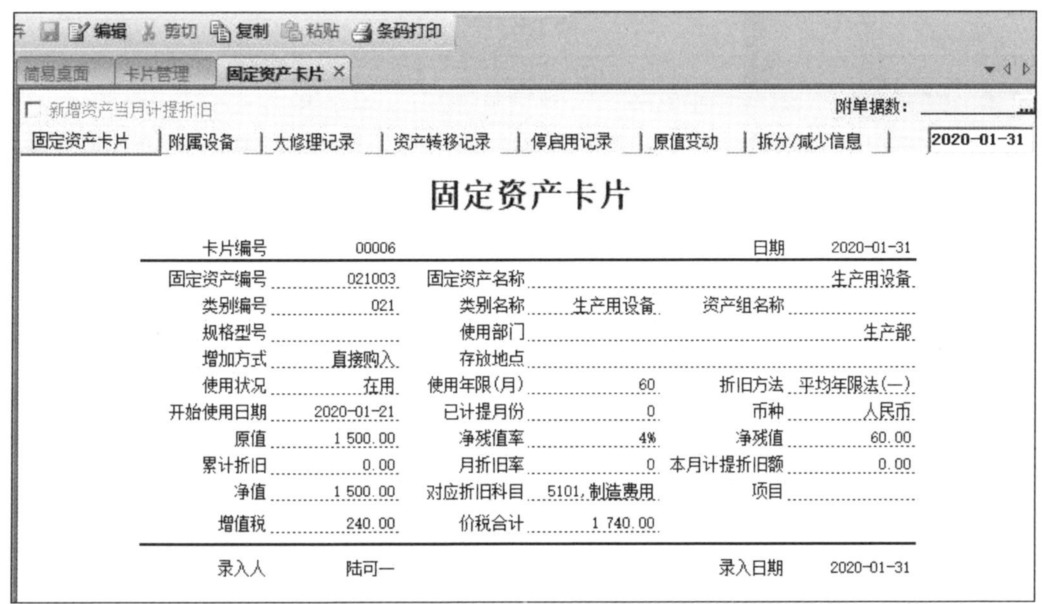

固定资产卡片

卡片编号	00006			日期	2020-01-31
固定资产编号	021003	固定资产名称			生产用设备
类别编号	021	类别名称	生产用设备	资产组名称	
规格型号		使用部门			生产部
增加方式	直接购入	存放地点			
使用状况	在用	使用年限(月)	60	折旧方法	平均年限法(一)
开始使用日期	2020-01-21	已计提月份	0	币种	人民币
原值	1 500.00	净残值率	4%	净残值	60.00
累计折旧	0.00	月折旧率	0	本月计提折旧额	0.00
净值	1 500.00	对应折旧科目	5101,制造费用	项目	
增值税	240.00	价税合计	1 740.00		
录入人	陆司一			录入日期	2020-01-31

图 5-17　卡片修改

(9)单击“复制”按钮,弹出“批量复制”对话框,输入起始资产编号,复制 2 张,如图 5-18 所示。

(10)单击“确定”按钮,复制完成,如图 5-19 所示。

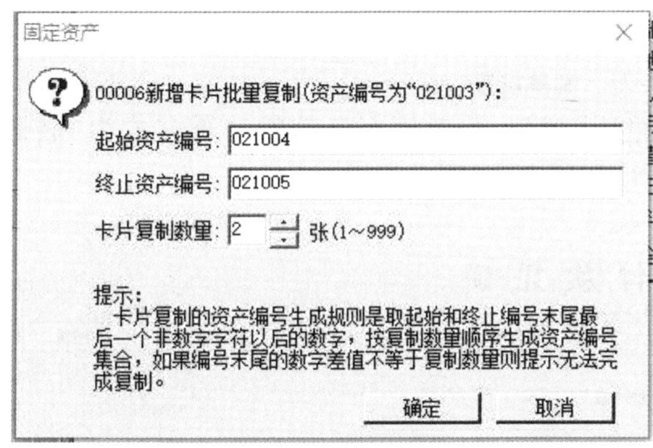

图 5-18　批量复制

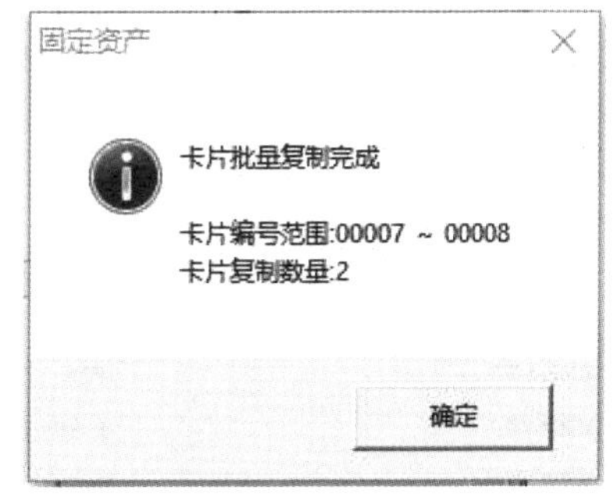

图 5-19　复制完成

(11)单击“确定”按钮,可以在“卡片管理”界面查询。

(12)选择“固定资产”—“处理”—“批量制单”选项,打开“查询条件选择—批量制单”对话框。

(13)选择业务类型“新增资产”,单击“确定”按钮,进入“批量制单”界面,选择凭证类别“收 收款凭证”,选择三条业务,点击“合并”按钮,如图 5-20 所示。

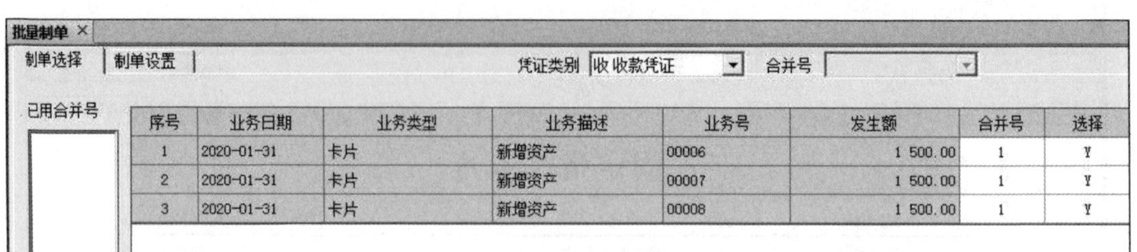

批量制单 ×

制单选择 | 制单设置

凭证类别 收 收款凭证　合并号

已用合并号

序号	业务日期	业务类型	业务描述	业务号	发生额	合并号	选择
1	2020-01-31	卡片	新增资产	00006	1 500.00	1	Y
2	2020-01-31	卡片	新增资产	00007	1 500.00	1	Y
3	2020-01-31	卡片	新增资产	00008	1 500.00	1	Y

图 5-20　批量制单

(14)单击“制单设置”页签,选择“方向相同时合并分录”,如图 5-21 所示。

批量制单 ×

制单选择　制单设置

凭证类别 收 收款凭证　合并号 1

☑ 方向相同时合并分录　☑ 借方合并　☑ 贷方合并

☐ 方向相反时合并分录

序号	业务日期	业务类型	业务描述	业务号	方向	发生额	科目	部门核算
1	2020-01-31	卡片	新增资产	00006	借	1 500.00	1601 固定资产	
2	2020-01-31	卡片	新增资产	00006	借	240.00	22210101 进项税额	
3	2020-01-31	卡片	新增资产	00006	贷	1 740.00	100201 工行存款	
4	2020-01-31	卡片	新增资产	00007	借	1 500.00	1601 固定资产	
5	2020-01-31	卡片	新增资产	00007	借	240.00	22210101 进项税额	
6	2020-01-31	卡片	新增资产	00007	贷	1 740.00	100201 工行存款	
7	2020-01-31	卡片	新增资产	00008	借	1 500.00	1601 固定资产	
8	2020-01-31	卡片	新增资产	00008	借	240.00	22210101 进项税额	
9	2020-01-31	卡片	新增资产	00008	贷	1 740.00	100201 工行存款	

图 5-21　制单设置

(15)单击“凭证”按钮,弹出“填制凭证”窗口,修改银行存款的结算方式为“转账支票”,票号为“ZZR001”,点击“保存”按钮,生成凭证,如图 5-22 所示。

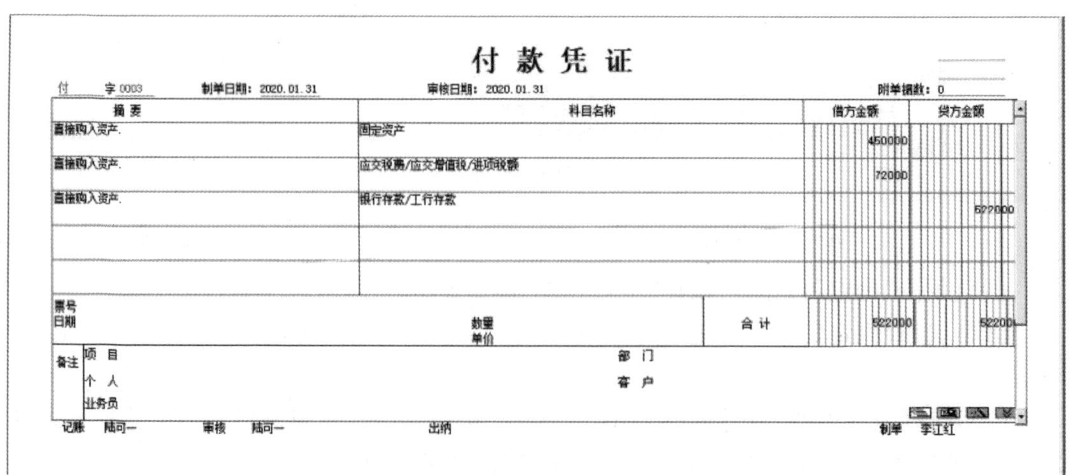

付款凭证

付 字 0003　制单日期:2020.01.31　审核日期:2020.01.31　附单据数:0

摘要	科目名称	借方金额	贷方金额
直接购入资产.	固定资产	450000	
直接购入资产.	应交税费/应交增值税/进项税额	72000	
直接购入资产.	银行存款/工行存款		522000
票号 日期	数量 单价 合计	522000	522000

备注　项目　部门

个人　客户

业务员

记账 陆司一　审核 陆司一　出纳　制单 李江红

图 5-22　生成凭证

(16)生成的凭证可以到总账“填制凭证”界面查询。

提示：

- “资产增加”操作与“原始卡片录入”操作相对应。资产通过哪种方式录入，取决于固定资产的开始使用日期，只有当开始使用日期的期间等于录入的期间时，才能通过“资产增加”录入。
- 只有在固定资产管理系统的“选项”设置中选中了“业务发生后立即制单”复选框，系统才能在新增固定资产卡片后，自动弹出“填制凭证”窗口，否则必须在“批量制单”窗口中进行凭证处理。
- 如果发现凭证有错误，可以在凭证查询窗口，找到错误凭证，单击“编辑”按钮，进行修改。
- 如果是因为卡片的错误而导致凭证出错，则需要删除凭证，修改卡片后，再次生成正确的凭证。

二、部门变动

操作步骤：

（1）选择“业务工作”—“财务会计”—“固定资产”—“卡片”—“变动单”—“部门转移”选项。

（2）录入资产变动信息，如图5-23所示。

固定资产变动单

— 部门转移 —

变动单编号	00001			变动日期	2020-01-31
卡片编号	00003	资产编号	0222	开始使用日期	2018-08-01
资产名称			经营用设备	规格型号	
变动前部门	人事部			变动后部门	销售1科
存放地点				新存放地点	
变动原因					经营需要
				经手人	李江红

图5-23　固定资产变动单

（3）单击“保存”按钮，数据保存成功，单击“确定”按钮。

三、计提折旧

自动计提折旧是固定资产管理系统的主要功能之一。系统每期计提折旧一次，根据用户录入系统的资料自动计算每项固定资产的折旧，并自动生成折旧分配表，然后制作记账凭证，将本期的折旧费用自动登账。执行此功能后，系统将自动计提各个固定资产当期的折旧额，并将当期的折旧额自动累加到累计折旧项目。

操作步骤：

（1）选择“业务工作”—“财务会计”—“固定资产”—“处理”—“计提本月折旧”选项，弹出“是否要查看折旧清单？”对话框。

(2)单击“是”,然后弹出对话框,如图 5-24 所示。

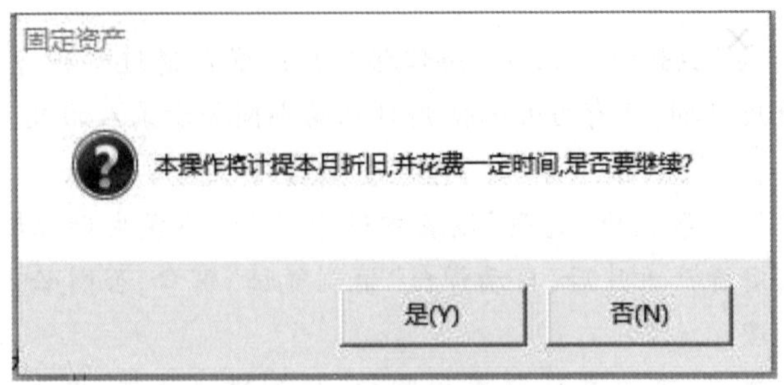

图 5-24　查看折旧清单

(3)单击“是”,然后弹出对话框,如图 5-25 所示。

卡片编号	资产编号	资产名称	原值	计提原值	本月计提折旧额	累计折旧	本年计提折旧	净值	净残值	折旧率
00001	0121	轿车	215 470.00	215 470.00	3 447.52	22 833.79	3 447.52	192 636.21	8 618.80	0.0160
00002	0221	手机	2 890.00	2 890.00	46.24	92.48	46.24	2 797.52	115.60	0.0160
00003	0222	传真机	3 510.00	3 510.00	56.16	280.80	56.16	3 229.20	140.40	0.0160
00004	0211	微机	6 490.00	6 490.00	103.84	1 453.76	103.84	5 036.24	259.60	0.0160
00005	0212	机床	4 104 640.00	104 640.00	65 674.24	1 434 846.17	65 674.24	2 669 793.83	164 185.60	0.0160
合计			4 333 000.00	333 000.00	69 328.00	1 459 507.00	69 328.00	2 873 493.00	173 320.00	

图 5-25　折旧清单

(4)单击“退出”按钮,计提完成,如图 5-26 所示。

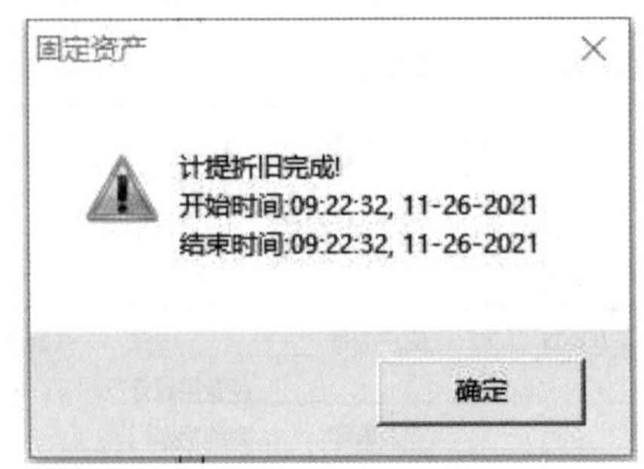

图 5-26　计提折旧

(5)单击“确定”按钮,进入“折旧分配表”界面,单击“凭证”按钮即可生成凭证;也可以在“批量制单”中生成,如图 5-27 所示。

转 账 凭 证

转　字 0001　　制单日期：2020.01.31　　审核日期：2020.01.31　　附单据数：0

摘要	科目名称	借方金额	贷方金额
计提第[1]期间折旧	管理费用/折旧费	349376	
计提第[1]期间折旧	销售费用	5616	
计提第[1]期间折旧	制造费用	6577808	
计提第[1]期间折旧	累计折旧		6932800
票号 日期	数量 单价　　合 计	6932800	6932800

备注　项　目　　部　门　人事部

个　人　　客　户

业务员

记账　陆司一　　审核　陆司一　　出纳　　制单　李江红

图 5-27　生成凭证

提示：

- 部门转移和类别调整的资产当月计提的折旧分配到变动后的部门和类别。
- 如果上次计提折旧已制单，数据已传递到总账系统，则必须删除该凭证才能重新计提折旧。计提折旧后又对账套进行了影响折旧计算或分配的操作，必须重新计提折旧，否则，系统不允许结账。
- 资产的使用部门和资产折旧要汇总的部门可能不同，为了加强资产管理，使用部门必须是明细部门，而折旧分配部门不一定分配到明细部门，不同的单位处理可能不同，因此，要在计提折旧后，分配折旧费用时做出选择。
- 在折旧费用分配表界面，可以单击“制单”按钮制单，也可以之后利用“批量制单”功能进行制单。
- 本系统在一个期间内可以多次计提折旧，每次计提折旧后，只是将计提的折旧累加到月初的累计折旧，不会重复累计。
- 计提折旧功能对各项资产每期计提一次折旧，并自动生成折旧分配表，然后制作记账凭证，将本期的折旧费用自动登账。

四、资产减少

资产在使用过程中，总会出于各种原因，如毁损、出售、盘亏等，退出企业，该部分操作称为“资产减少”。本系统提供资产减少的批量操作，为清理成批资产提供方便。

操作步骤：

（1）选择“业务工作”—“财务会计”—“固定资产”—“卡片”—“资产减少”选项，进入“资产减少”界面。

（2）录入减少的资产卡片，单击“增加”，补充相关信息，如图 5-28 所示。

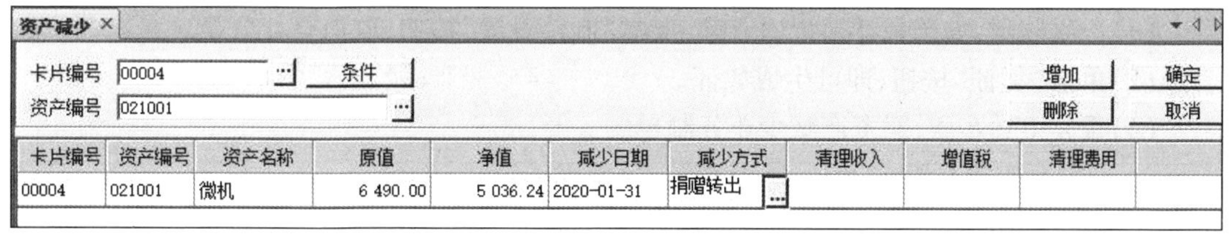

卡片编号	资产编号	资产名称	原值	净值	减少日期	减少方式	清理收入	增值税	清理费用
00004	021001	微机	6 490.00	5 036.24	2020-01-31	捐赠转出			

图 5-28　资产减少

（3）单击“确定”按钮，卡片减少成功，如图 5-29 所示。

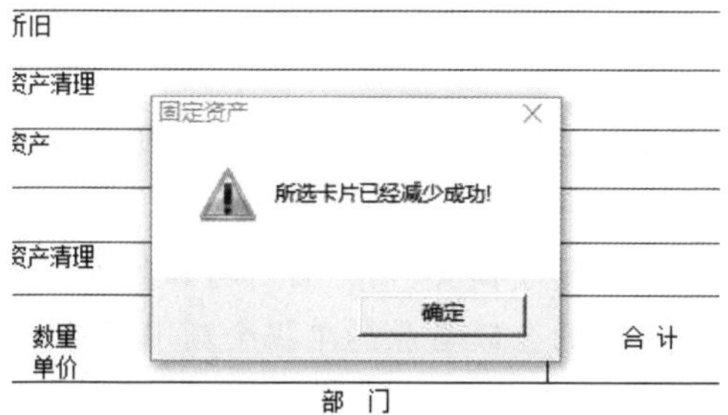

图 5-29　减少成功

(4)单击“确定”按钮即可生成凭证,也可以在“批量制单”中生成,如图 5-30 所示。

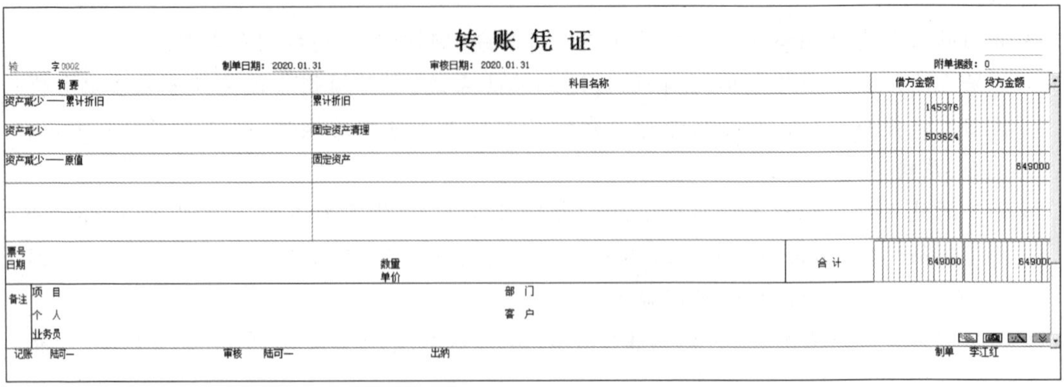

转 账 凭 证

转 字 0002 制单日期:2020.01.31 审核日期:2020.01.31 附单据数:0

摘要	科目名称	借方金额	贷方金额
资产减少——累计折旧	累计折旧	145376	
资产减少	固定资产清理	503624	
资产减少——原值	固定资产		649000
票号 日期	数量 单价 合计	649000	649000

备注 项目 部门
个人 客户
业务员

记账 陆司一 审核 陆司一 出纳 制单 李江红

图 5-30 生成凭证

提示:

- 在固定资产发生减少时,首先要从固定资产卡片中将该资产卡片删除,然后再进行凭证处理。
- 由于固定资产在减少当月仍需计提折旧,因此,固定资产减少的核算必须在计提了当月的固定资产折旧后才能进行。
- 与资产减少相关的支付清理费用、收到清理收入等业务凭证,需要在总账系统中填制。

五、批量制单

操作步骤:

选择“固定资产”—“处理”—“批量制单”选项,弹出“查询条件—批量制单”对话框,选择“计提折旧”和“资产减少”,点击“确定”按钮,进入批量制单界面。

(1)分次制单,如选择计提折旧业务,点击“制单设置”按钮,取消合并分录。

(2)单击“凭证”按钮,即可生成凭证。

(3)重复上述步骤,对资产减少业务制单。

提示:

- 批量制单功能可以同时将一批需要制单的业务连续制作凭证传递到总账系统。凡是业务发生时没有制单的,该业务将自动排列到批量制单表中,表中列示应制单而没有制单的业务发生日期、类型、原始单据编号,默认的借贷方科目和金额以及制单选择标志。
- 如果在选项中选择“业务发生时立即制单”,摘要根据业务情况自动输入;如果使用批量制单方式,则摘要为空,需要手工输入。
- 修改凭证时,能修改的内容仅限于摘要、用户自行增加的凭证分录、系统默认的分录的折旧科目,而系统默认的分录的金额与原始单据金额不能修改。

- 在固定资产模块生成的业务凭证，系统自动传递到总账系统，需要进行审核、出纳及主管签字和记账操作，有涉及期末转账凭证的，需要在总账系统“期末”中转账生成，并且仍需要审核、签字和记账。

六、凭证查询

操作步骤：

（1）选择“固定资产”—“处理”—“凭证查询”选项，进入凭证查询界面，如图5-31所示。

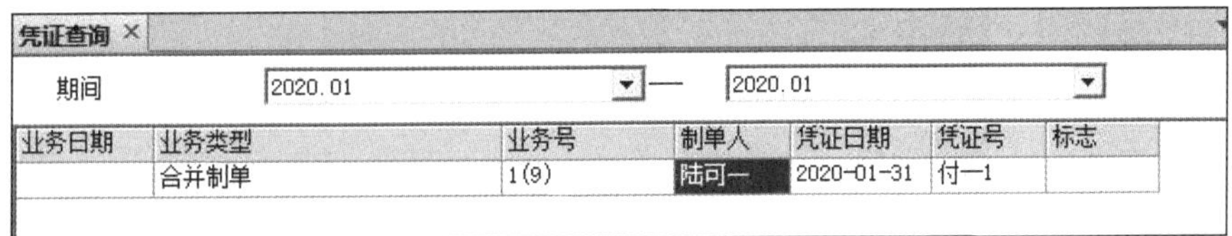

图5-31　凭证查询

（2）单击“凭证”按钮，可查询凭证。

提示：

- 若需要删除凭证，必须先在固定资产模块“凭证查询”中删除，再返回总账“填制凭证”界面，该凭证上会出现“作废字样”。

七、账套备份

操作步骤：

（1）在D盘中新建“账套备份+项目五任务二”文件夹。

（2）将账套输出到“D:\账套备份+项目五任务二”文件夹中。

固定资产管理系统期末业务处理

任务三　固定资产管理系统期末业务处理

［任务准备］

将系统日期修改为“2020年1月31日”，引入“项目五任务二　固定资产管理系统日常业务处理”账套备份数据，由“001 陆可一”注册进入固定资产管理系统。

［任务要求］

- 对账
- 结账
- 账表管理
- 查询固定资产原值一览表
- 查询“价值结构分析表”

[任务指导]

一、对账

操作步骤：

（1）以账套主管“KJ001 刘然”（口令：000000）的身份重新注册系统，选择“固定资产”—“处理”—“对账”选项，弹出“与财务对账结果”对话框，如图 5-32 所示。

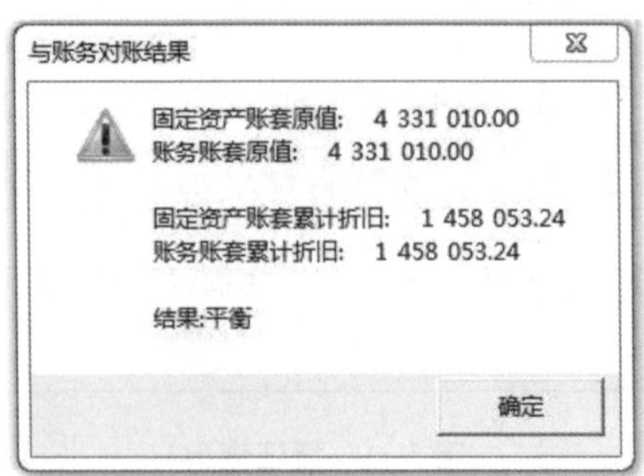

图 5-32　与财务对账结果

（2）单击“确定”按钮。

提示：

- 只有设置账套参数时选择了“与财务系统进行对账”，本功能才能操作。
- 如果对账不平，需要根据初始化是否选中“在对账不平条件下允许固定资产月末结账”来判断是否可以进行结账处理。
- 如果在固定资产管理系统中已经计提了折旧，但尚未在总账系统中记账，会出现折旧的差额。

二、结账

操作步骤：

（1）选择“固定资产”—“处理”—“月末结账”选项，弹出“月末结账”对话框，如图 5-33 所示。

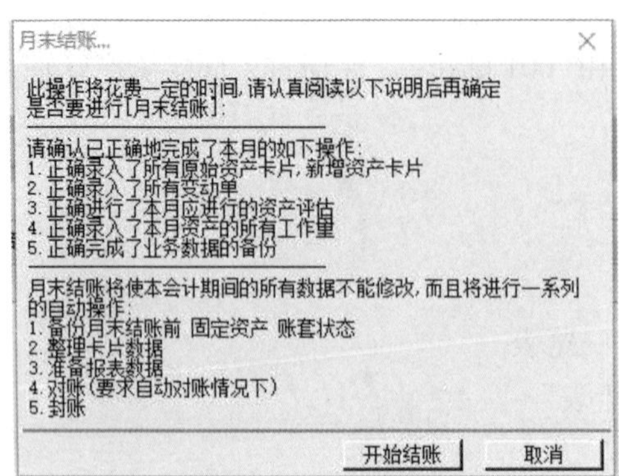

图 5-33　月末结账

（2）单击“开始结账”按钮，系统开始结账，弹出“与财务对账结果”对话框，如图 5-34 所示。

（3）单击“确定”按钮，结账完成，如图 5-35 所示。

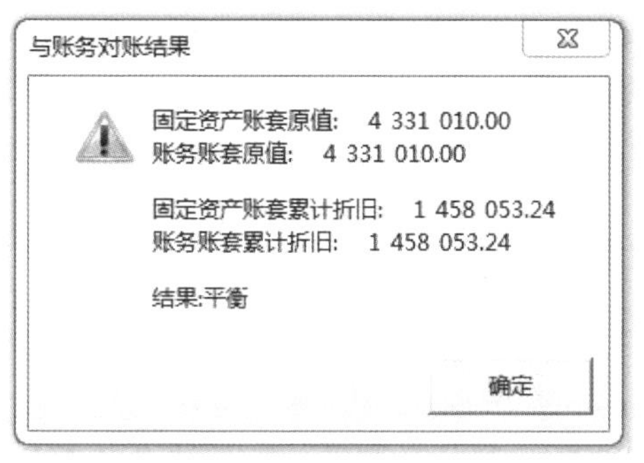

图 5-34　与财务对账结果

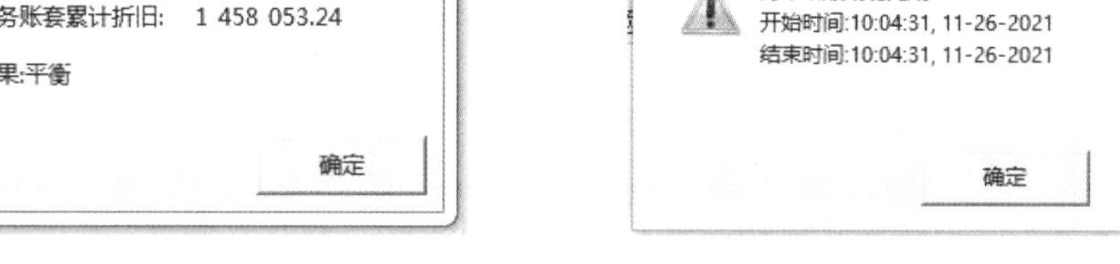

图 5-35　结账完成

提示：

- 只有设置账套参数时选择了“与财务系统进行对账”，本功能才能操作。
- 在固定资产管理系统完成了本月全部制单业务后，可以进行月末结账。月末结账每月进行一次，结账后当期数据不能修改。
- 本期不结账，将不能处理下期的数据。结账前一定要进行数据备份，否则，数据一旦丢失，将造成无法挽回的后果。
- 如果结账后发现有未处理的业务或者需要修改的事项，可以通过系统提供的“恢复月末结账前状态”功能进行反结账。但是，不能跨年度恢复数据，即本系统年末结账后，不能利用本功能恢复年末结账。
- 恢复到某个月月末结账前状态后，本账套对该结账后所做的所有工作都可以无痕迹删除。

三、账表管理

1. 查询固定资产原值一览表

操作步骤：

（1）选择“固定资产”—“账表”—“我的账表”选项，进入“报表”界面，如图 5-36 所示。

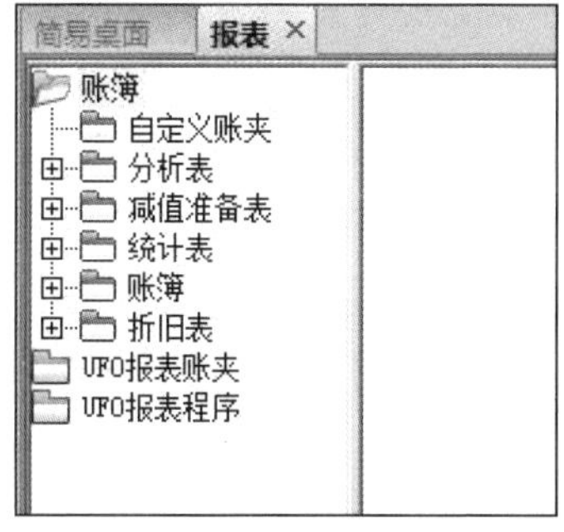

图 5-36　报表

（2）点击“账簿”中的“统计表”功能，双击“固定资产原值一览表”，打开窗口，如图 5-37 所示。

部门名称	合计			交通运输设备			电子设备及其他设备		
	原值	累计折旧	净值	原值	累计折旧	净值	原值	累计折旧	净值
人事部(1)	218 360.00	22 926.27	195 433.73	215 470.00	22 833.79	192 636.21	2 890.00	92.48	2 797.52
销售部(4)	3 510.00	280.80	3 229.20				3 510.00	280.80	3 229.20
生产部(5)	4 109 140.00	1 434 846.17	2 674 293.83				4 109 140.00	1 434 846.17	2 674 293.83
合计	4 331 010.00	1 458 053.24	2 872 956.76	215 470.00	22 833.79	192 636.21	4 115 540.00	1 435 219.45	2 680 320.55

图 5-37　固定资产原值一览表

提示：

- 在固定资产管理系统中提供了 9 种统计表，包括“固定资产原值一览表”“固定资产变动情况表”“固定资产到期提示表”“评估汇总表”“评估变动表”等，这些表从不同的侧面对固定资产进行统计分析，使管理者可以全面细致地了解企业对资产的管理、分布情况，为及时掌握资产的价值、数量以及新旧程度等指标提供依据。

2. 查询价值结构分析表

操作步骤：

（1）选择“固定资产”—“账表”—“我的账表”选项，进入“报表”界面。

（2）点击“账簿”中的“分析表”功能，双击“价值结构分析表”，打开窗口，如图 5-38 所示。

资产类别	数量	计量单位	期末原值	期末累计折旧	期末净值	累计折旧占原值百分比/%	净值率/%
交通运输设备(01)	1	辆	215 470.00	22 833.79	192 636.21	10.60	89.40
经营用设备(012)	1	辆	215 470.00	22 833.79	192 636.21	10.60	89.40
电子设备及其他设备(02)	6	台	4 115 540.00	1 435 219.45	2 680 320.55	34.87	65.13
生产用设备(021)	4	台	4 109 140.00	1 434 846.17	2 674 293.83	34.92	65.08
经营用设备(022)	2	台	6 400.00	373.28	6 026.72	5.83	94.17
合计	7		4 331 010.00	1 458 053.24	2 872 956.76	33.67	66.33

图 5-38　价值结构分析表

提示：

- 在固定资产管理系统中，分析表主要通过对固定资产的综合分析，为管理者提供管理和决策依据。系统提供了 4 种分析表，即“部门构成分析表”“价值结构分析表”“类别构成分析表”及“使用状况分析表”。管理者可以通过这些表，了解本企业资产计提折旧的程度和剩余价值的大小。

四、账套备份

操作步骤：

（1）在 D 盘中新建“账套备份＋项目五任务四”文件夹。

（2）将账套输出到“D:\账套备份＋项目五任务四”文件夹中。

项目六　应收款管理系统

应收款管理
系统初始化

任务一　应收款管理系统初始化

[任务准备]

将系统日期修改为“2020 年 1 月 1 日”，引入“项目二任务一　总账系统初始化”账套备份数据，以“001 陆可一”身份注册进入应收款管理系统，并给 002 李江红应收款管理权限。

[任务要求]

- 设置系统参数
- 基础设置
- 设置科目
- 坏账准备设置
- 账龄区间设置
- 报警级别设置
- 设置允许修改“销售专用发票”的编号
- 设置本单位开户银行
- 录入期初余额并与总账系统进行对账
- 账套备份

[任务资料]

231 账套应收系统的参数存货分类

应收款核销方式为“按单据”，单据审核日期依据为“单据日期”，坏账处理方式为“应收余额百分比法”，代垫费用类型为“其他应收单”，应收款核算类型为“详细核算”，受控科目制单依据为“明细到客户”，非受控科目制单方式为“汇总方式”；启用客户权限，并且按信用方式根据单据提前 7 天自动报警，核销操作不生成凭证。

1. 存货分类（表 6-1）

表 6-1　存货分类

存货分类编码	存货分类名称
1	原料及主要材料
2	辅助材料
3	库存商品
4	应税劳务

2. 计量单位(表 6-2)

表 6-2 计量单位

计量单位组	计量单位
基本计量单位(无换算率)	1 吨
	2 支
	3 匹
	4 公里
	5 台

3. 存货档案(表 6-3)

表 6-3 存货档案

存货编码	存货名称钢材	所属分类码	计量单位	税率/%	存货属性
001	染料	1	吨	13	外购、生产耗用
002	坯布	1	匹	13	外购、生产耗用
003	棉纱	1	支	13	外购、生产耗用自制、内销
004	甲产品	3	台	13	自制、内销
005	乙产品	3	台	13	自制、内销
006	运输费	4	公里	13	外购、内销、应税劳务

4. 基本科目

应收科目为“1122 应收账款”,预收科目为“2203 预收账款”,销售收入科目为“6001 主营业务收入”,应交增值税科目为“22210105 应交税费——应交增值税——销项税额”,销售退回科目为“6001 主营业务收入”,银行承兑科目为“1121 应收票据”,商业承兑科目为“1121 应收票据”,现金折扣科目为“6603 财务费用”,票据利息科目为“6603 财务费用”,票据费用科目为“6603 财务费用”,收支费用科目为“6601 销售费用”。

5. 结算方式科目

现金结算方式科目为“1001 库存现金”,现金支票结算方式科目为“100201 工行存款”,转账支票结算方式科目为“100201 工行存款”,信汇结算方式科目为“100201 工行存款”,电汇结算方式科目为“100201 工行存款”,银行汇票结算方式科目为“100201 工行存款”。

6. 坏账准备

坏账准备提取比率为“0.5%”,坏账准备期初余额为“0”,坏账准备科目为“1231 坏账准备”,坏账准备对方科目为“660206 管理费用——坏账准备”。(请在总账系统中自行添加一条新的会计科目 660206:管理费用——坏账准备。)

7. 账龄区间

账期内账龄区间设置总天数为 10 天、30 天、60 天、90 天。

预期账龄区间设置总天数分别为 30 天、60 天、90 天和 120 天。

8. 报警级别

A 级时的总比率为 10%，B 级时的总比率为 20%，C 级时的总比率为 30%，D 级时的总比率为 40%，E 级时的总比率为 50%，总比率在 50% 以上为 F 级。

9. 期初余额

存货税率均为 13%，开票日期均为 2019 年(表 6-4)。

表 6-4 期初余额

单据名称	方向	开票日期	票号	客户名称	销售部门	科目编码	货物名称	数量	无税单价/元	价税合计/元
销售专用发票	正	11.12	77771	杭州苏明服饰公司	销售一科	1122	甲产品(004)	3	3 100	10 509
销售专用发票	正	11.18	77772	台州张记服饰公司	销售一科	1122	甲产品(004)	97	3 100	339 791
销售专用发票	正	11.22	77773	温州天宇服饰公司	销售二科	1121	乙产品(005)	16	11 648.23	210 600
其他应收单	正	11.22	0061	台州张记服饰公司	销售一科	1122	运费			700

[任务指导]

选项设置

一、设置系统参数

操作步骤：

(1)在用友企业应用平台中，执行“系统服务”—“权限”—“数据权限控制设置”命令，打开“数据权限控制设置”对话框，选中“客户档案”选项(图 6-1)，单击“确定”按钮返回。

(2)在用友 ERP-U8 企业应用平台中，打开“业务工作”选项卡，执行“财务会计”—“应收款管理”—“设置”—“选项”命令，打开“账套参数设置”对话框。

(3)单击“编辑”按钮，打开“常规”选项卡，修改单据审核日期依据为“单据日期”；单击“坏账处理方式”栏的下三角按钮，选择“应收余额百分比法”，如图 6-2 所示。

(4)打开“凭证”选项卡，选择受控科目制单方式“明细到客户”，非控科目制单方式“汇总方式”，取消选中“核销生成凭证”复选框，如图 6-3 所示。

(5)打开“权限与预警”选项卡，选中“控制客户权限”复选框；单据报警选择“信用方式”，在“提前天数”栏选择“7”，如图 6-4 所示。

(6)单击“确定”按钮。

数据权限控制设置

可以设置以下业务对象是否进行权限控制

记录级 | 字段级

是否控制	业务对象
☑	仓库
☐	存货档案
☐	存货申请类型
☐	单据模板
☐	单据设计
☑	工资权限
☐	供应商档案
☐	货位
☐	集团企业目录
☑	科目
☑	客户档案
☐	客户申请类型
☐	凭证类别
☐	人事业务变动
☐	生产订单类别

说明：
限制用户能够对哪些客户的业务数据进行查询或录入，总账、应收、销售、客户关系管理系统提供客户权限控制。

定位 确定 取消 全选 全消 帮助

图 6-1 选中“客户档案”选项

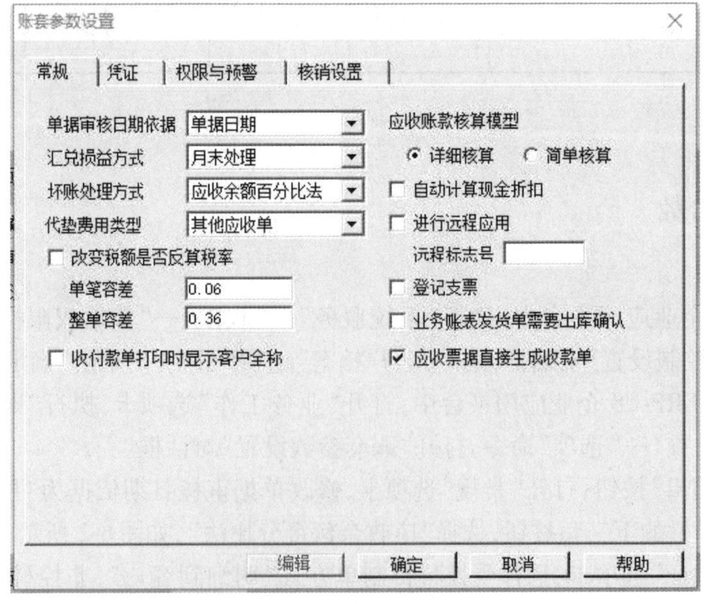

图 6-2 账套参数设置

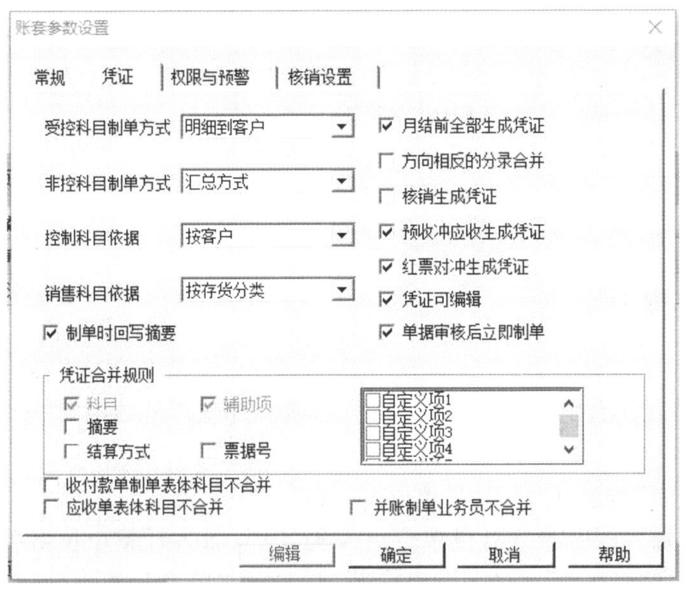

图 6-3　账套参数设置

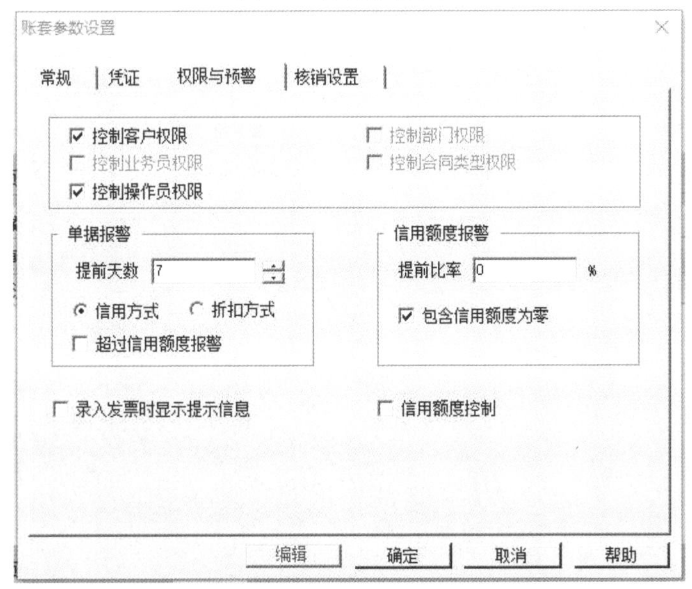

图 6-4　账套参数设置

提示：

- 在账套使用过程中可以随时修改账套参数。
- 如果选择单据日期为审核日期，则月末结账时单据必须全部审核。
- 如果当年已经计提过坏账准备，则坏账处理方式不能修改，只能下一年度修改。
- 关于应收账款核算模型，在系统启用时或者还没有进行任何业务处理的情况下才允许从简单核算改为详细核算；从详细核算改为简单核算随时可以进行。

二、设置存货分类

设置存货分类

操作步骤：

(1)在企业应用平台中，打开“基础设置”选项卡，执行“基础档案”—“存货”—“存货分类”命令，打开“存货分类”窗口。

(2)单击“增加”按钮，按任务资料录入存货分类情况。

三、设置计量单位

设置计量单位

操作步骤：

(1)在企业应用平台中，打开“基础设置”选项卡，执行“基础档案”—“存货”—“计量单位”命令，打开“计量单位”窗口。

(2)单击“分组”按钮，打开“计量单位组”窗口。

(3)单击“增加”按钮，录入计量单位组编码“01”，录入计量单位组名称“基本计量单位”，单击“计量单位组类别”栏的下三角按钮，选择“无换算率”，如图 6-5 所示。

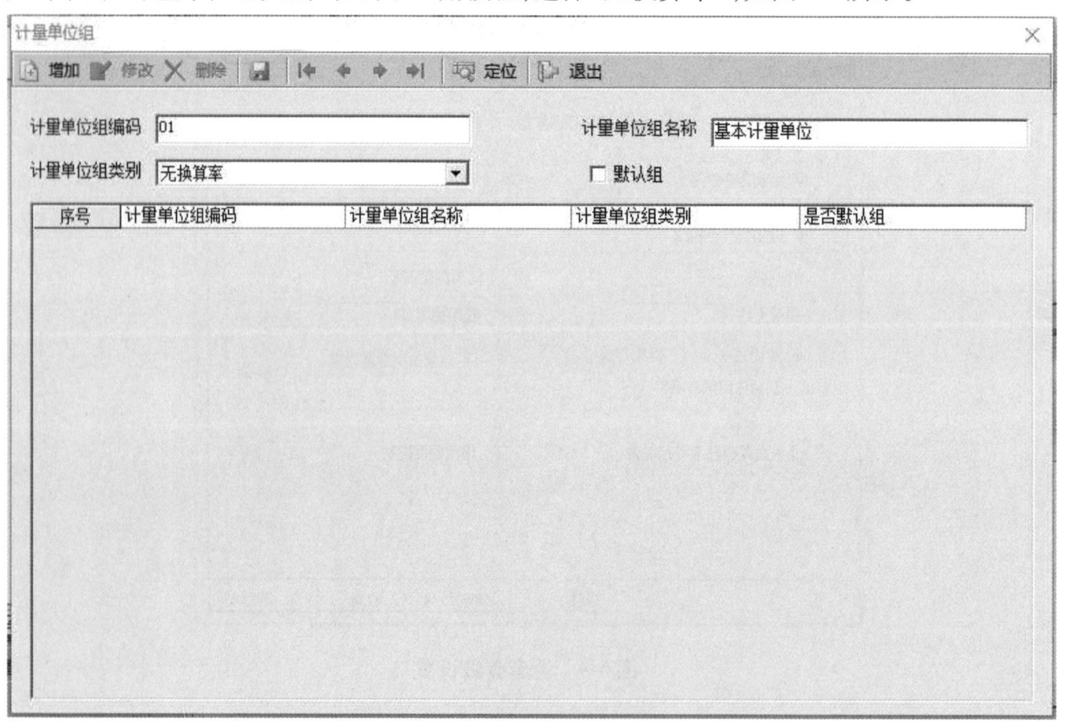

图 6-5　计量单位组

(4)单击“保存”按钮，再单击“退出”按钮。

(5)单击“单位”按钮，进入“计量单位设置”窗口。

(6)单击“增加”按钮，录入计量单位编码“1”，计量单位名称“吨”，单击“保存”按钮。

(7)继续录入其他的计量单位内容，录入完成所有的计量单位之后单击“退出”按钮，结果如图 6-6 所示。

计量单位

日·计量单位组
　(01) 基本计量单位<无换算率

序号	计量单位编码	计量单位名称	计量单位组编码	计量单位组名称	计量单位组类别
1	1	吨	01	基本计量单位	无换算率
2	2	支	01	基本计量单位	无换算率
3	3	匹	01	基本计量单位	无换算率
4	4	公里	01	基本计量单位	无换算率
5	5	台	01	基本计量单位	无换算率

图 6-6　计量单位

提示：

- 在设置存货档案之前必须先到企业应用平台的基础档案中设置计量单位，否则，存货档案中没有备选的计量单位，存货档案不能保存。
- 在设置计量单位时必须先设置计量单位分组，再设置各个计量单位组中的计量单位。
- 计量单位组分为无换算率、固定换算率和浮动换算率 3 种类型。如果需要换算，一般将财务计价单位作为主计量单位。
- 计量单位可以根据需要随时增加。

四、设置存货档案

设置存货档案

操作步骤：

(1)在企业应用平台中，打开“基础设置”选项卡，执行“基础档货”—“存货”—“存货档案”命令，打开“存货档案”对话框。

(2)单击存货分类中的“1-原料及主要材料”；再单击“增加”按钮，录入存货编号“001”，存货名称“染料”；单击“计量单位组”栏的参照按钮，选择“01-基本计量单位”；单击“主计量单位”栏的参照按钮，选择“1-吨”；单击选中“外购”和“生产耗用”复选框，如图 6-7 所示。

(3)单击“保存”按钮，以此方法继续录入其他的存货档案。录入完成后如图 6-8 所示。

提示：

- 存货档案在企业应用平台中录入。如果只启用财务系统且并不在应收、应付系统中填制发票则不需要设置存货档案。
- 在录入存货档案时，如果存货类别不符合要求应重新进行选择。
- 在录入存货档案时，如果直接列示的计量单位不符合要求，应先将不符合要求的计量单位删除，再单击参照按钮就可以在计量单位表中重新选择计量单位。
- 存货档案中的存货属性必须选择正确，否则，在填制相应单据时就不会在存货列表中出现。
- 存货档案中的有关成本资料可以在填制单据时列示，如果不录入成本资料，在单据中就不能自动列出存货的成本资料。

存货编码 001　　存货名称 染料

基本 | 成本 | 控制 | 其他 | 计划 | MPS/MRP | 图片 | 附件

存货编码	001	存货名称	染料	规格型号	
存货分类	1 - 原料及主要材料	存货代码		助记码	
计量单位组	01 - 基本计量单位	计量单位组类别	无换算率	英文名	
主计量单位	1 - 吨	生产计量单位		通用名称	
采购默认单位		销售默认单位			
库存默认单位		成本默认辅计量			
零售计量单...		海关编码			
海关计量单位		海关单位换算率	1.00		
销项税率%	13.00	进项税率%	13.00		
生产国别		生产企业			
生产地点		产地/厂牌			

编码	名称	换算率

存货属性

☐ 内销	☐ 外销	☑ 外购	☑ 生产耗用	☐ 委外
☐ 自制	☐ 在制	☐ 计划品	☐ 选项类	☐ 备件
☐ PTO	☐ ATO	☐ 模型	☐ 资产	☐ 工程物料
☐ 计件	☐ 应税劳务	☐ 服务项目	☐ 服务配件	☐ 服务产品
☐ 折扣	☐ 受托代销	☐ 成套件	☐ 保税品	

图 6-7　设置存货档案

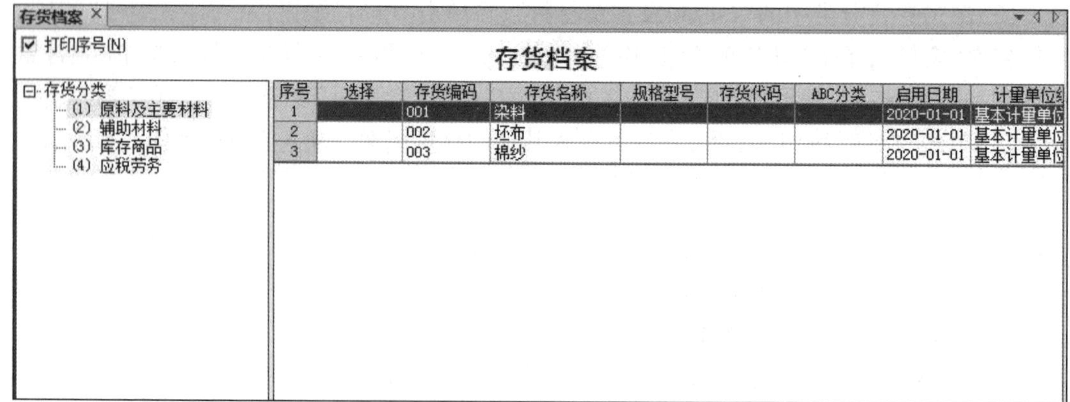

存货档案

☑ 打印序号(N)

存货分类
- (1) 原料及主要材料
- (2) 辅助材料
- (3) 库存商品
- (4) 应税劳务

序号	选择	存货编码	存货名称	规格型号	存货代码	ABC分类	启用日期	计量单位组
1		001	染料				2020-01-01	基本计量单位
2		002	坯布				2020-01-01	基本计量单位
3		003	棉纱				2020-01-01	基本计量单位

图 6-8　存货档案

五、设置基本科目

设置基本科目

操作步骤：

(1)在应收款管理系统中，执行“设置”—“初始设置”命令，打开“初始设置”窗口。

(2)选择“设置科目”—“基本科目设置”选项,单击“增加”按钮,从“基本科目种类”表中选择“应收科目”,科目选择“1122”;同理增加其他的基本科目,如图 6-9 所示。

设置科目
- 基本科目设置
- 控制科目设置
- 产品科目设置
- 结算方式科目设置

坏账准备设置
账期内账龄区间设置
逾期账龄区间设置
报警级别设置
单据类型设置
中间币种设置

基础科目种类	科目	币种
应收科目	1122	人民币
预收科目	2203	人民币
销售收入科目	6001	人民币
税金科目	22210105	人民币
销售退回科目	6001	人民币
银行承兑科目	1121	人民币
商业承兑科目	1121	人民币
现金折扣科目	6603	人民币
票据利息科目	6603	人民币
票据费用科目	6603	人民币
收支费用科目	6601	人民币

图 6-9　设置基本科目

提示:

- 在基本科目设置中所设置的应收科目“1122 应收账款”,预收科目“2203 预收账款”及“1121 应收票据”,应在总账系统中设置其辅助核算内容为“账户往来”,并且其受控系统为“应收系统”,否则在这里不能被选中。
- 只有在这里设置了基本科目,在生成凭证时才能直接生成凭证中的会计科目,否则凭证中将没有会计科目,相应的会计科目只能手工再录入。
- 如果应收科目、预收科目按不同的客户或客户分类分别设置,则可在“控制科目设置”中设置,在此可以不设置。
- 如果针对不同的存货分别设置销售收入核算科目,则在此不用设置,可以在“产品科目设置”中进行设置。

六、结算方式科目

结算方式科目

操作步骤:

(1)在“设置”窗口中,选择“结算方式科目设置”,进入“结算方式科目”设置窗口。

(2)单击“增加”按钮,选择“人民币”,在“结算方式”栏下拉列表中选择“现金”,单击“币种”科目栏录入或选择“1001”,回车。以此方法继续录入其他的结算方式科目,如图 6-10 所示。

提示:

- 结算方式科目设置是针对已经设置的结算方式设置相应的结算科目。即在收款或付款时只要告诉系统结算时使用的结算方式就可以由系统自动生成该种结算方式所使用的会计科目。
- 如果在此不设置结算方式科目,则在收款或付款时可以手工输入不同结算方式对应的会计科目。

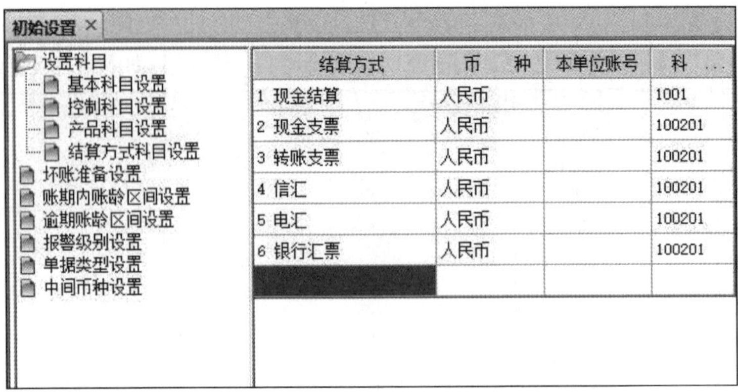

图 6-10　结算方式科目

七、设置坏账准备

设置坏账准备

操作步骤：

(1)在“初始设置”窗口中，选择“坏账准备设置”，打开“坏账准备设置”窗口，提取比率“0.5”，坏账准备期初余额“0”，坏账准备科目“1231”，坏账准备对方科目“660206”。

(2)单击“确定”按钮，如图 6-11 所示。

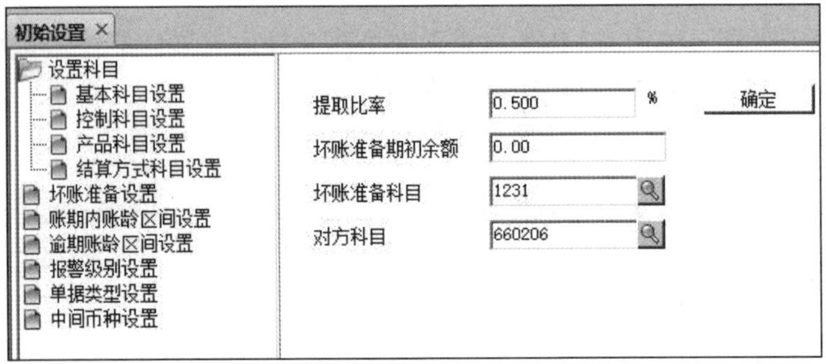

图 6-11　设置坏账准备

提示：

- 如果在选项中并未选中坏账处理的方式为“应收余额百分比法”，则在此处就不能录入“应收余额百分比法”所需要的初始设置，即此处的初始设置是与选项所选择的坏账处理方式相对应的。
- 坏账准备的期初余额应与总账系统中所录入的坏账准备的期初余额相一致，但是，系统没有坏账准备期初余额的自动对账功能，只能人工核对。坏账准备的期初余额如果在借方，则用“-”号表示；如果没有期初余额，应将期初余额录入“0”，否则，系统将不予确认。
- 坏账准备期初余额被确认后，只要进行了坏账准备的日常业务处理就不允许再修改。下一年度使用本系统时，可以修改提取比率、区间和科目。
- 如果在系统选项中默认坏账处理方式为直接转销，则不用进行坏账准备设置。

八、设置账龄区间

设置账龄区间

操作步骤：

(1)在“初始设置”窗口中，选择“账期内账龄区间设置”。

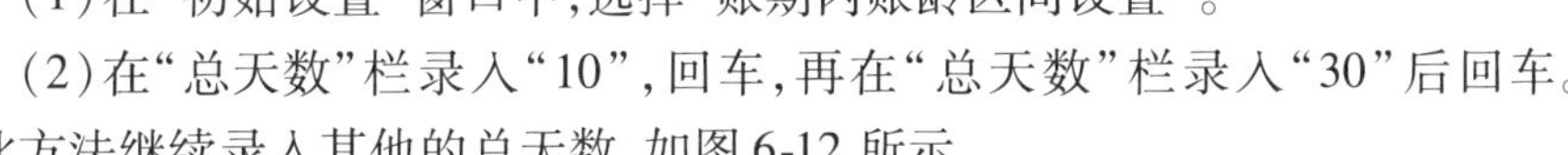

(2)在“总天数”栏录入“10”，回车，再在“总天数”栏录入“30”后回车。以此方法继续录入其他的总天数，如图 6-12 所示。

序号	起止天数	总天数
01	0~10	10
02	11~30	30
03	31~60	60
04	61~90	90
05	91以上	

图 6-12　账期内账龄区间设置

(3)同样的方法录入“逾期账龄区间设置”。

> **提示：**
> - 序号由系统自动生成，不能修改和删除。总天数直接输入截至该区间的账龄总天数。
> - 最后一个区间不能修改和删除。

九、设置报警级别

设置报警级别

操作步骤：

(1)在“初始设置”窗口中，选择“报警级别设置”。

(2)在“总比率”栏录入“10”，在“级别名称”栏录入“A”，回车。以此方法继续录入其他的总比率和级别名称，如图 6-13 所示。

序号	起止比率/%	总比率/%	级别名称
01	0~10	10	A
02	10~20	20	B
03	20~30	30	C
04	30~40	40	D
05	40~50	50	E
06	50以上		F

图 6-13　报警级别设置

(3)单击“退回”按钮。

> **提示：**
> - 序号由系统自动生成，不能修改、删除，应直接输入该区间的最大比率及级别名称。
> - 系统会根据输入的比率自动生成相应的区间。
> - 单击“增加”按钮，可以在当前级别之前插入一个级别。插入一个级别后，该级别后的各级别比率会自动调整。

- 删除一个级别后，该级别后的各级比率会自动调整。最后一个级别为某一比率之上，所以在“总比率”栏不能录入比率，否则将不能退出。
- 最后一个比率不能删除，如果录入错误则应先删除上一级比率，再修改最后一级比率。

十、单据设置

单据编号设置

(一)单据编号设置

操作步骤：

(1)在企业应用平台中，执行“基础设置”—“单据设置”—“单据编号设置”命令，进入“单据编号设置”窗口。

(2)执行左侧“单据类型”中的“销售管理”—“销售专用发票”命令，打开“单据编号设置—销售专用发票”窗口。

(3)在“单据编号设置—销售专用发票”窗口中，单击“修改”按钮，选中“手工改动，重号时自动重取”复选框，如图6-14所示。

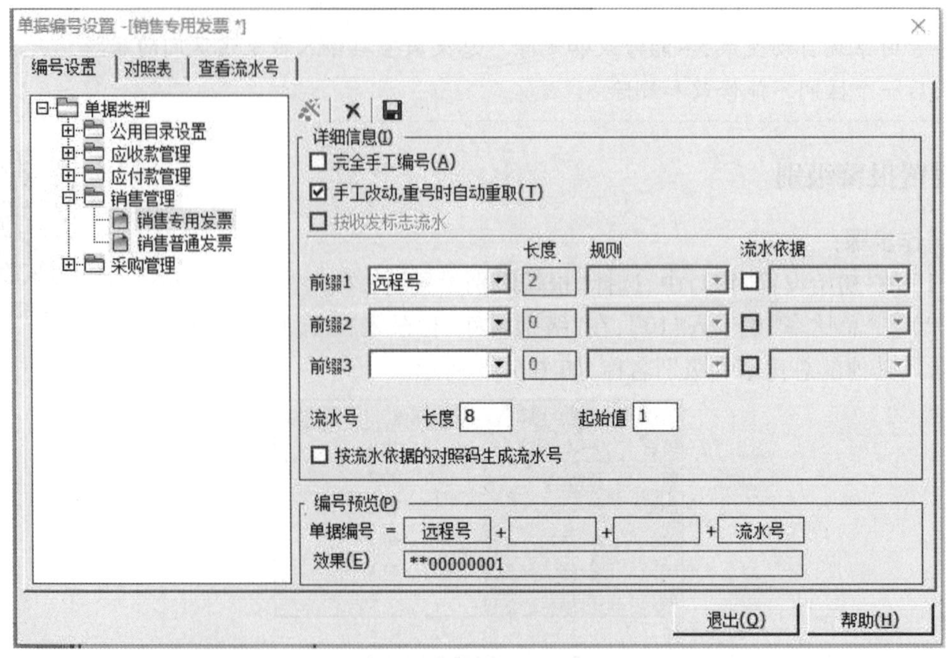

图6-14 单据编号设置

(4)单击“保存”按钮，再单击“退出”按钮退出。

(5)同理，设置对应收系统“其他应收单”—“收款单”编号允许手工修改。

(二)单据项目删除

(1)删除销售专用发票、销售普通发票表头项目“销售类型”。

操作步骤：

①在企业应用平台基础设置中，执行“单据设置”—“单据格式设置”命令，进入“单据格式设置”窗口。

②从左侧 U8 单据目录分类中展开“销售管理”—“销售专用发票”—“显示”—“销售专用发票显示模板”，在右侧窗口中选中表头项目“销售类型”，单击“删除”按钮，系统弹出“是否删除当前选择项目”信息提示框，如图 6-15 所示。

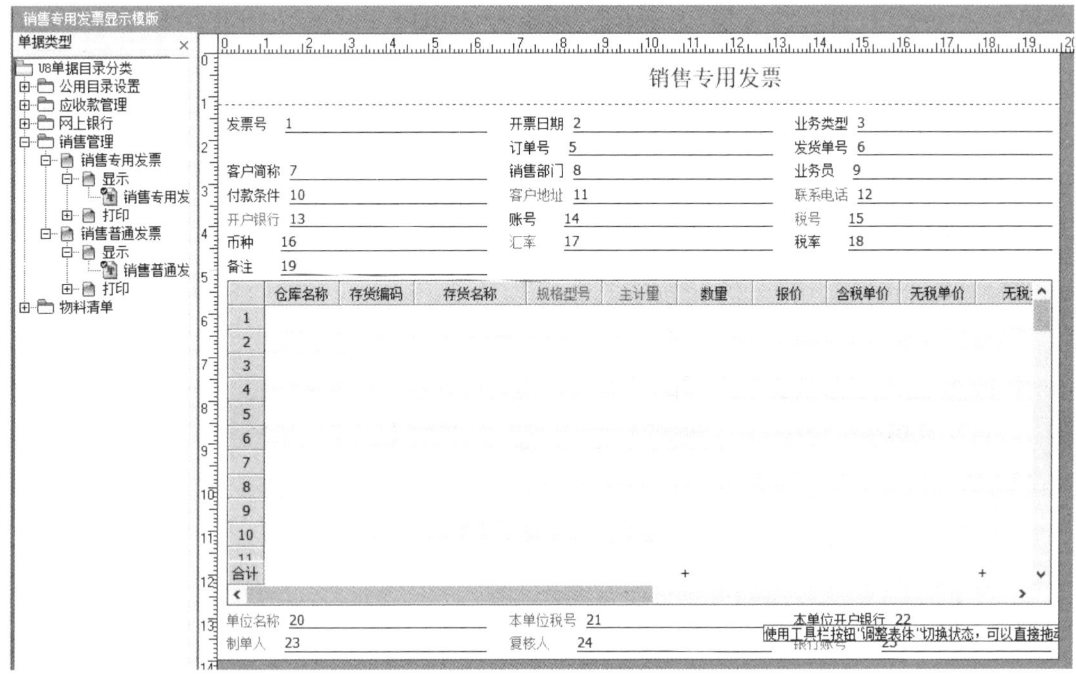

图 6-15　单据项目删除

③单击“是”按钮，再单击“保存”按钮。

④同理，删除销售普通发票该表头项目。

> **提示：**
> - 如果不在“单据编号设置”中设置“手工改动，重号时自动重取”，则在填制这一单据时其编号由系统自动生成而不允许手工修改。
> - 在单据编号设置中还可以设置“完全手工编号”及“按收发标志流水”等。

十一、录入期初销售发票

录入期初销售发票

操作步骤：

（1）在应收款管理系统中，执行“设置”—“期初余额”命令，进入“期初余额—查询”窗口。

（2）单击“确定”按钮，进入“期初余额明细表”窗口。

（3）单击“增加”按钮，打开“单据类别”对话框。

（4）选择单据名称为“销售发票”，单据类型为“销售专用发票”，然后单击“确定”按钮，进入“销售专用发票”窗口。

（5）单击“增加”按钮，修改开票日期为“2019-11-18”；录入发票号“77772”；在“客户名称”栏录入“03”,或单击“客户名称”栏的参照按钮,选择“张记公司”,系统自动带出客户相关信息;在“税率”栏录入“13”;在“科目”栏录入“1122”,或单击“科目”栏参照按钮,选择“1122 应收账款”;在“货物编号”栏录入“004”,或单击“货物编码”栏的参照按钮,选择“甲产品”;在“数量”栏录入“3”;在“无税单价”栏录入“3 100”,如图 6-16 所示。

销售专用发票

打印模板 期初专用发票打印模

表体排序

开票日期 2019-11-18	发票号 77772	订单号
客户名称 张记公司	客户地址	电话
开户银行	银行账号	税号 544003232432247
付款条件	税率(%) 13.00	科目 1122
币种 人民币	汇率 1	销售部门 销售2科
业务员 张天天	项目	备注

	货物编号	货物名称	规格型号	主计量单位	税率(%)
1	004	甲产品		台	13.00

图 6-16　销售专用发票

(6)单击“保存”按钮,以此方法继续录入第 2 张和第 3 张销售专用发票。

提示:

- 在初次使用应收系统时,应将启用应收系统时未处理完的所有客户的应收账款、预收账款、应收票据等数据录入本系统。当进入第二年度时,系统自动将上一年未处理完的单据转为下一年度的期初余额。在下一年度的第一个会计期间里,可以进行期初余额的调整。
- 如果退出了录入期初余额的单据,在“期初余额明细表”窗口中并没有看到新录入的期初余额,应单击“刷新”按钮,就可以列示出所有的期初余额的内容。
- 在录入期初余额时一定要注意期初余额的会计科目,比如销售发票的会计科目为“1121 应收票据”,应收系统的期初余额应与总账进行对账,如果科目错误将会导致对账错误。
- 如果并未设置允许修改销售专用发票的编号,则在填制销售专用发票时不允许修改销售专用发票的编号。其他单据的编号也一样,系统默认的状态为不允许修改。

十二、录入期初其他应收单

录入期初其他应收单

操作步骤:

(1)在应收款管理系统中,执行“设置”—“期初余额”命令,打开“期初余额—查询”窗口。

(2)单击“确定”按钮,打开“期初余额明细表”窗口。

(3)单击“增加”按钮,打开“单据类别”对话框。

（4）单击“单据名称”栏的下三角按钮，选择“应收单”，如图 6-17 所示。

图 6-17 应收单

（5）单击“确定”按钮，打开“应收单”窗口。

（6）单击“增加”按钮，修改单据日期为“2019-11-22”；在“客户名称”栏录入“03”，或单击“客户”栏的参照按钮，选择“张记公司”，系统自动带出相关信息；在“金额”栏录入“700”；在“摘要”栏录入“代垫运费”，如图 6-18 所示。

图 6-18 应收单

（7）单击“保存”按钮。

提示：

- 在录入应收单时只需录入表格上半部分的内容，表格下半部分的内容由系统自动生成。
- 应收单中的会计科目必须录入正确，否则将无法与总账进行对账。

十三、应收系统与总账系统对账

操作步骤：

（1）在“期初余额明细表”窗口中，单击“对账”按钮，打开“期初对账”窗口，如图 6-19 所示。

科目		应收期初		总账期初		差额	
编号	名称	原币	本币	原币	本币	原币	本币
1121	应收票据	0.00	0.00	210 600.00	210 600.00	-210 600.00	-210 600.00
1122	应收账款	561 600.00	561 600.00	351 000.00	351 000.00	210 600.00	210 600.00
2203	预收账款	0.00	0.00	0.00	0.00	0.00	0.00
	合计		561 600.00		561 600.00		0.00

图 6-19　期初对账

（2）单击“退出”按钮退出。

提示：

- 当完成全部应收款期初余额录入后，应通过“对账”功能将应收系统期初余额与总账系统期初余额进行核对。
- 当保存了期初余额结果，或在第二年使用需要调整期初余额时可以进行修改，当第一个会计期已结账后，期初余额只能查询不能再修改。
- 期初余额所录入的票据保存后自动审核。
- 应收系统与总账系统对账，必须要在总账与应收系统同时启用后才可以进行。

十四、账套备份

在“D:\231 账套备份”文件夹中新建“（6-1）应收系统初始化”文件夹，将账套输出至“（6-1）应收系统初始化”文件夹中。

单据处理

任务二　单据处理

［任务准备］

引入“项目六任务一　应收款管理系统初始化”的账套备份数据，将系统日期修改为“2020 年 1 月 31 日”，注册进入应收款管理系统。

［任务要求］

- 录入应收单据、收款单据
- 修改应收单据、收款单据
- 删除应收单据
- 2020 年 1 月 25 日，审核本月录入的应收单据、收款单据
- 对应收单据、收款单据进行账务处理
- 账套备份

［任务资料］

（1）2020 年 1 月 15 日，向杭州苏明服饰公司销售甲产品 2 台，无税单价为 3 100 元，增值税税率为 13%（销售专用发票号码:8878900）。

（2）2020 年 1 月 15 日，向台州张记服饰公司销售甲产品 5 台，无税单价为 3 100 元，增值税税率为 13%（销售专用发票号码:8878901）。

(3)2020 年 1 月 16 日,向温州天宇服饰公司销售乙产品 2 台,无税单价为 11 648 元,增值税税率为 13%(销售专用发票号码:8878902)。以转账支票代垫运费 120 元。

(4)2020 年 1 月 16 日,向杭州苏明服饰公司销售乙产品 1 台,无税单价为 11 648.23 元,增值税税率为 13%(销售专用发票号码:8878903)。以现金代垫运费 120 元。

(5)2020 年 1 月 18 日,发现 2020 年 1 月 16 日所填制的向温州天宇服饰公司销售乙产品 2 台,无税单价为 11 648 元,增值税税率为 13% 的"8878902"号销售专用发票中的无税单价应为 11 648.23 元。

(6)2020 年 1 月 18 日,发现 2020 年 1 月 15 日向杭州苏明服饰公司销售甲产品 2 台,无税单价为 3 100 元,增值税税率为 13% 的"8878900"号销售专用发票填制错误,应删除。

(7)2020 年 1 月 22 日,收到银行通知,收到温州天宇服饰公司以信汇方式支付购买乙产品 2 台,货税款及代垫运费款 27 000 元。

(8)2020 年 1 月 22 日,收到杭州苏明服饰公司交来转账支票一张,支付销售乙产品 1 台的货税款及代垫费用款 13 282 元。

(9)2020 年 1 月 23 日,发现 2020 年 1 月 22 日所填制的收到温州天宇服饰公司销售乙产品 2 台的货税款 2 700 元应为 26 445 元,其中 26 445 元用于归还货税款,余款 555 元作为预收款。

(10)2020 年 1 月 23 日,发现 2020 年 1 月 22 日所填制的收到杭州苏明服饰公司交来转账支票款 13 282 元有错误,需删除该张收款单。

(11)2020 年 1 月 24 日,向台州张记服饰公司收取预收款 20 000 元。

[任务指导]

一、填制第 1 笔业务的销售专用发票

填制第 1 笔业务的销售专用发票

操作步骤:

(1)在应收款管理系统中,执行"应收单据处理"对话框,单击"应收单据录入"命令,打开"单据类别"对话框。

(2)确认"单据名称"栏为"销售发票","单据类型"栏为"销售专用发票"后,单击"确定"按钮,打开"销售专用发票"窗口。

(3)单击"增加"按钮,录入发票号"8878900";修改开票日期为"2020-01-15";单击销售类型的参照按钮,进入"销售类型基本参照"窗口;单击"编辑"按钮,进入"销售类型"窗口;单击"增加"按钮,输入销售类型"普通销售";单击出库类别参照按钮,进入"收发类别档案基本参照"窗口;单击"编辑"按钮,进入"收发类别"窗口;单击"增加"按钮,录入收发类别编码"1",收发类别名称"出库",保存。同理,在出库类别下增加"101 销售出库",本例选择"销售出库"。在"客户简称"栏录入"01",或单击"客户简称"栏的参照按钮,选择"苏明公司"。

(4)在"存货编码"栏录入"004",或单击"存货名称"栏的参照按钮,选择"甲产品";在"数量"栏录入"2";在"无税单价"栏录入"3 100",如图 6-20 所示。

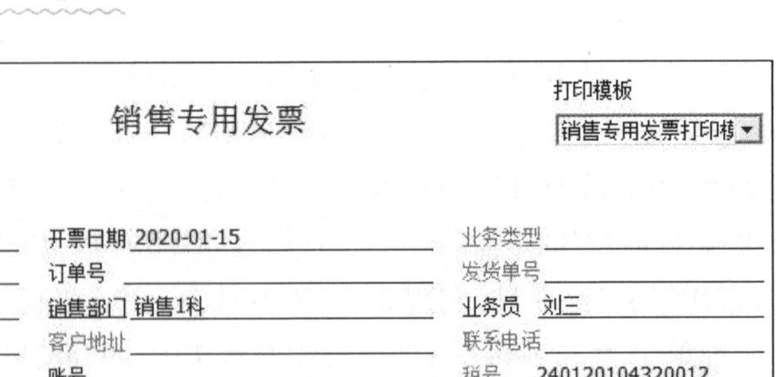

销售专用发票

打印模板 销售专用发票打印模

表体排序

发票号 8878900　开票日期 2020-01-15　业务类型

销售类型 普通销售　订单号　发货单号

客户简称 苏朋公司　销售部门 销售1科　业务员 刘三

付款条件　客户地址　联系电话

开户银行　账号　税号 240120104320012

币种 人民币　汇率 1　税率 13.00

备注

	仓库名称	存货编码	存货名称	规格型号	主计量	数量	报价	含税单价	无税单价
1		004	甲产品		台	2.00	0.00	3 503.00	3 100.00

图 6-20　销售发票

(5)单击“保存”按钮，再单击“增加”按钮，继续录入第 2 笔和第 3 笔业务的销售专用发票。

提示：

- 销售发票与应收单是应收款管理系统日常核算的单据。如果应收系统与销售系统集成使用，销售发票和代垫费用在销售系统中录入，在应收系统中可以对这些单据进行查询、核销、制单等操作，此时应收系统需要录入的只限于应收单。
- 如果没有使用销售系统，则所有发票和应收单均需在应收系统中录入。
- 在不启用供应链的情况下，在应收系统中只能对销售业务的资金流进行会计核算，即可以进行应收款、已收款和收入实现情况的核算；而其物流的核算，即存货出库成本的核算还需在总账系统中手工进行结转。
- 已审核的单据不能修改或删除，已生成凭证或进行过核销的单据在单据界面中不再显示。
- 在录入销售发票后可以直接进行审核，在直接审核后系统会提示“是否立即制单”，此时可以直接制单。如果录入销售发票后不直接审核，可以在审核功能中审核，再到制单功能中制单。
- 已审核的单据在未进行其他处理之前应取消审核后再修改。

二、填制第 3 笔业务的应收单

填制第 3 笔业务的应收单

操作步骤：

(1)在应收款管理系统中，执行“应收单据处理”—“应收单据录入”命令，打开“单据类别”对话框。单击“单据名称”栏的下三角按钮，选择“应收单”，单击“确定”按钮，打开“应收单”窗口。

(2)修改单据日期为“2020-01-16”；在“客户”栏录入“02”，或单击“客户”栏的参照按钮，选择“天宁公司”；在“金额”栏录入“120”；在“摘要”栏录入“代垫运费”；在“应收单”窗口中单击“科目”栏的参照按钮，选择“100201”，如图 6-21 所示。

(3)单击“保存”按钮，再单击“退出”按钮，继续录入第 4 笔业务的增值税专用发票及其他应收单。

显示模板 应收单显示模板

应收单

表体排序

单据编号 0000000002　单据日期 2020-01-16　客户 天宇公司

科目 1121

金额 120.00　本币金额 120.00　数量

部门 销售2科　业务员 张天天　项目

付款条件　摘要 代垫运费

	方向	科目	币种	汇率	金额	本币金额	部门	业务员	项目	摘要
1	贷	100201	人民币	1.000...	120.00	120.00	销售2科	张天天		代垫运费
2										
3										
4										

图 6-21　应收单

提示：

- 在填制应收单时，只需录入上半部分的内容，下半部分的内容除对方科目外均由系统自动生成。下半部分的对方科目如果不录入可以在生成凭证后手工录入。
- 应收单和销售发票一样可以在保存后直接审核，也可以在"应收单据审核"功能中审核。如果直接审核系统会问是否制单，如果在审核功能中审核则只能到制单功能中制单。
- 如果同时使用销售系统，在应收系统中只能录入应收单而不能录入销售发票。

三、修改销售专用发票

修改销售专用发票

操作步骤：

(1)在应收款管理系统中，执行"应收单据处理"—"应收单据录入"命令，打开"单据类别"对话框。

(2)单击"确定"按钮，打开"销售专用发票"窗口。

(3)单击"下张"按钮，找到"8878902"号销售专用发票。

(4)单击"修改"按钮，将无税单价修改为"11 648.23"，如图 6-22 所示。

打印模板 销售专用发票打印模

销售专用发票

表体排序

发票号 8878902　开票日期 2020-01-16　业务类型

销售类型 普通销售　订单号　发货单号

客户简称 天宇公司　销售部门 销售2科　业务员 张天天

付款条件　客户地址　联系电话

开户银行　账号　税号 330533249543899

币种 人民币　汇率 1　税率 13.00

备注

	仓库名称	存货编码	存货名称	规格型号	主计量	数量	报价	含税单价	无税单价
1		005	乙产品		台	2.00	0.00	13 162.50	11 648.23
2									
3									
4									
5									

图 6-22　修改无税单价

(5)单击“保存”按钮,再单击“退出”按钮退出。

> **提示:**
> - 销售发票被修改后必须保存。保存的销售发票在审核后才能制单。

四、删除销售专用发票

(1)在应收账款管理系统中,执行“应收单据处理”—“应收单据录入”命令,打开“单据类别”对话框。

(2)单击“确定”按钮,打开“销售专用发票”窗口。

(3)找到“8878900”号销售专用发票。

(4)单击“删除”按钮,系统提示“单据删除后不能恢复,是否继续?”如图6-23所示。

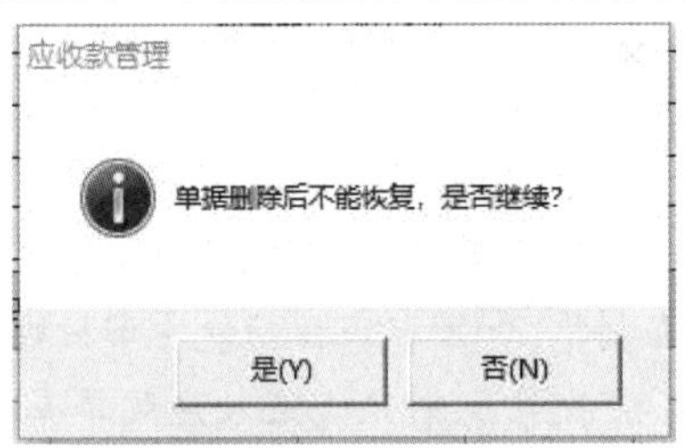

图6-23　删除单据

(5)单击“是”按钮,再单击“退出”按钮退出。

五、审核应收单据

审核应收单据

操作步骤:

(1)在应收款管理系统中,执行“应收单据处理”—“应收单据审核”命令,打开“应收单查询条件”对话框。

(2)单击“确定”按钮,进入“应收单据列表”窗口。

(3)单击“全选”按钮,如图6-24所示。

应收单据列表

记录总数：5

选择	审核人	单据日期	单据类型	单据号	客户名称	部门
Y		2020-01-15	销售专...	8878901	台州张记服饰公司	销售2科
Y		2020-01-16	其他应收单	8878902	温州天宇服饰公司	销售2科
Y		2020-01-16	其他应收单	8878903	杭州苏明服饰公司	销售1科
Y		2020-01-16	销售专...	8878902	温州天宇服饰公司	销售2科
Y		2020-01-16	销售专...	8878903	杭州苏明服饰公司	销售1科
合计						

图6-24　应收单据列表

(4)单击“审核”按钮,系统提示“本次审核成功单据5张”。

(5)单击“确定”按钮,再单击“退出”按钮退出。

六、制单

操作步骤：

(1)在应收款管理系统中，执行“制单处理”命令打开“制单查询”对话框。

(2)在“制单查询”对话框中，选择“发票制单”和“应收单制单”复选框，如图 6-25 所示。

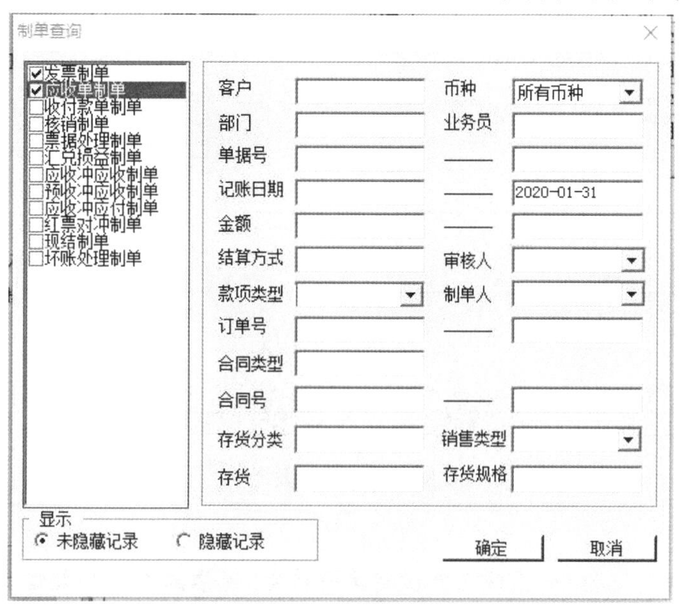

图 6-25 制单

(3)单击“确定”按钮，进入“应收制单”窗口。

(4)单击“全选”按钮，单击“凭证类别”栏的下三角按钮，选择“转账凭证”，如图 6-26 所示。

应收制单

凭证类别 转账凭证　　制单日期 2020-01-31

选择标志	凭证类别	单据类型	单据号	日期	客户编码	客户名称	部门	业务员	金额
1	转账凭证	销售专...	8878901	2020-01-15	03	台州张...	销售2科	张天天	17,515.00
2	转账凭证	销售专...	8878902	2020-01-16	02	温州天...	销售2科	张天天	26,325.00
3	转账凭证	销售专...	8878903	2020-01-16	01	杭州苏...	销售1科	刘三	13,162.50
4	转账凭证	其他应收单	0000000002	2020-01-16	02	温州天...	销售2科	张天天	120.00
5	转账凭证	其他应收单	0000000003	2020-01-16	01	杭州苏...	销售1科	刘三	120.00

图 6-26 应收制单

(5)单击“制单”按钮，生成第 1 张转账凭证。

(6)单击“保存”按钮，如图 6-27 所示。

(7)单击“下张”按钮，再单击“保存”按钮。

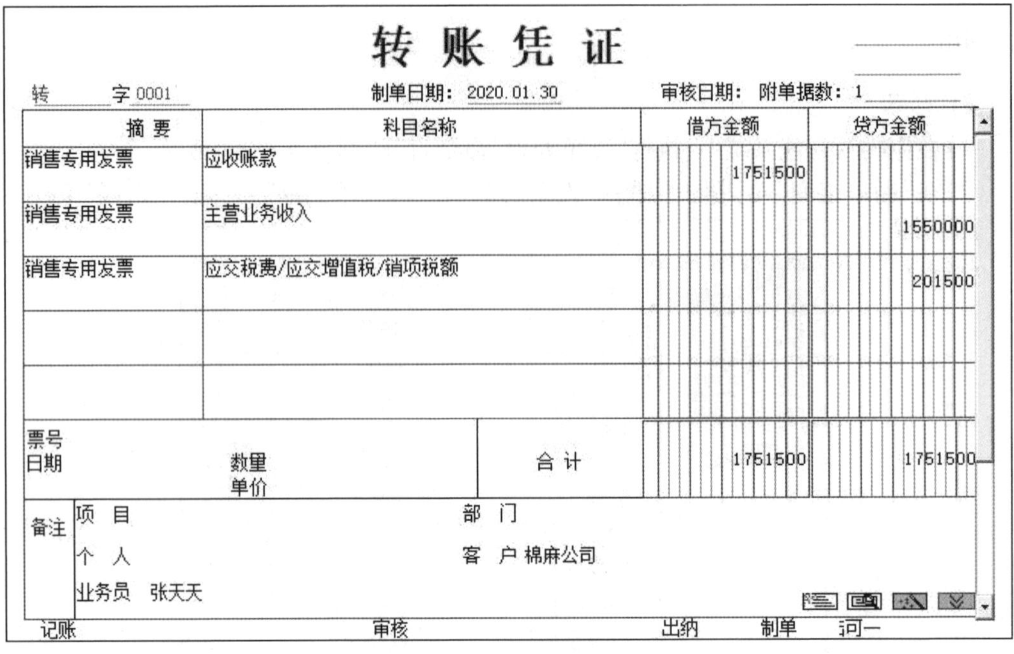
转 账 凭 证

转 字 0001　　制单日期：2020.01.30　　审核日期：　附单据数：1

摘 要	科目名称	借方金额	贷方金额
销售专用发票	应收账款	1751500	
销售专用发票	主营业务收入		1550000
销售专用发票	应交税费/应交增值税/销项税额		201500
票号 日期 数量 单价	合 计	1751500	1751500

备注　项 目　　部 门
个 人　　客 户 棉麻公司
业务员 张天天

记账　审核　出纳　制单 河一

图 6-27　转账凭证

提示：

- 在"制单查询"对话框中，系统已默认制单内容为"发票制单"，如果需要选中其他内容制单，可以选中要制单内容前的复选框。
- 在以上例子中，由应收单所生成的凭证，其贷方是"现金"或"银行存款"，则应修改凭证类别为"付款凭证"，否则系统将不予保存。
- 凭证一经保存就传递到总账系统，再在总账系统中进行审核和记账等。

七、填制收款单

填制收款单

操作步骤：

(1)在应收款管理系统中，执行"收款单据处理"—"收款单据录入"命令，打开"收款单"窗口。

(2)单击"增加"按钮，修改开票日期为"2020-01-22"；在客户栏录入"02"，或单击"客户"栏参照按钮，选择"天宇公司"；在"结算方式"栏录入"4"，或单击"结算方式"栏的下三角按钮，选择"信汇"；在"金额"栏录入"27 000"；在"摘要"栏录入"收到货款及运费"，如图6-28 所示。

(3)单击"保存"按钮，再单击"增加"按钮，继续录入第 2 张收款单。

收款单

表体排序

单据编号 0000000001	日期 2020-01-22	客户 天宇公司
结算方式 信汇	结算科目 100201	币种 人民币
汇率 1	金额 27 000.00	本币金额 27 000.00
客户银行	客户账号	票据号
部门 销售2科	业务员 张天天	项目
摘要 收到货款及运费		

	款项类型	客户	部门	业务员	金额	本币金额	
1	应收款	天宇公司	销售2科	张天天	27 000.00	27 000.00	112
2							
3							

图 6-28　收款单

提示：

- 单击收款单的“保存”按钮后，系统会自动生成收款单表体的内容。
- 表体中的款项类型系统默认为“应收款”，可以修改款项类型还包括“预收款”和“其他费用”。
- 若一张收款单中，表头客户与表体客户不同，则视表体客户的款项为代付款。
- 在填制收款单后，可以直接单击“核销”按钮进行单据核销操作。
- 如果是退款给客户，则可以单击“切换”按钮，填制红字收款单。

八、修改收款单

修改收款单

操作步骤：

(1)在应收款管理系统中，执行“收款单据处理”—“收款单据录入”命令，进入“收款单”窗口。

(2)单击“下张”按钮，找到要修改的收款单，在要修改的收款单中，单击“修改”按钮，将表头中的金额修改为“26 445”；在表体第 2 行中单击款项类型选择“预收款”，该行其他内容由系统自动生成，如图 6-29 所示。

收款单

表体排序

单据编号 0000000001	日期 2020-01-22	客户 天宇公司
结算方式 信汇	结算科目 100201	币种 人民币
汇率 1	金额 27 000.00	本币金额 27 000.00
客户银行	客户账号	票据号
部门 销售2科	业务员 张天天	项目
摘要 收到货款及运费		

	款项类型	客户	部门	业务员	金额	本币金额
1	应收款	天宇公司	销售2科	张天天	26 445.00	26 445.00
2	预收款	天宇公司	销售2科	张天天	555.00	555.00
3						
4						

图 6-29　修改收款单

(3)单击“保存”按钮，再单击“退出”按钮退出。

九、录入预收款单

录入预收款单

操作步骤：

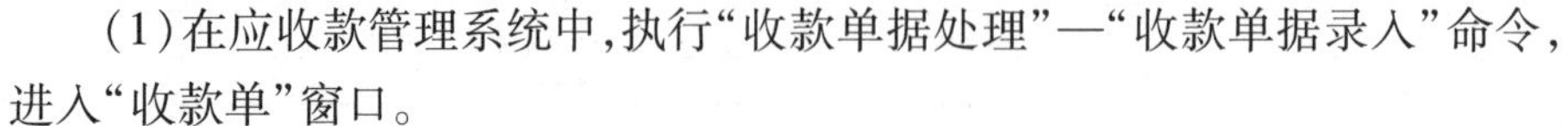

(1)在应收款管理系统中，执行“收款单据处理”—“收款单据录入”命令，进入“收款单”窗口。

(2)单击增加按钮，修改日期为“2020-01-24”；在“客户”栏录入“03”，或单击“客户”栏参照按钮，选择“张记公司”；在“结算方式”栏录入“6”，或单击“结算方式”栏的参照按钮，选择“银行汇票”；在“金额”栏录入“20 000”；在“摘要”栏录入“预收货款”；在表体第 1 行中单击款项类型选择“预收款”，如图 6-30 所示。

收款单

显示模板 应收收款单显示模板

表体排序

单据编号 0000000003　　日期 2020-01-24　　客户 张记公司

结算方式 银行汇票　　结算科目 100201　　币种 人民币

汇率 1.00000000　　金额 20 000.00　　本币金额 20 000.00

客户银行　　客户账号　　票据号

部门 销售2科　　业务员 张天天　　项目

摘要 预收货款

	款项类型	客户	部门	业务员	金额	本币金额
1	预收款	张记公司	销售2科	张天天	20 000.00	20 000.00
2						

图 6-30　预收款

十、删除收款单

删除收款单

操作步骤：

(1)在应收款管理系统中，执行“收款单据处理”—“收款单据录入”命令，打开“收款单”窗口。

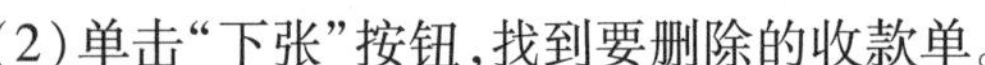

(2)单击“下张”按钮，找到要删除的收款单。

(3)单击“删除”按钮，系统提示“单据删除后不能恢复，是否继续？”

(4)单击“是”按钮。

十一、审核收款单

审核收款单

操作步骤：

(1)在应收款管理系统中，执行“收款单据处理”—“收款单据审核”命令，打开“收款单过滤条件”对话框。

(2)单击“确定”按钮，打开“收付款单列表”窗口。

(3)单击“全选”按钮。

(4)单击“审核”按钮，系统提示“本次审核成功单据 2 张”。

(5)单击“确定”按钮，再单击“退出”按钮退出。

十二、核销收款单

操作步骤：

（1）在应收款管理系统中，执行“核销处理”—“手工核销”命令，打开“核销条件”对话框。

（2）在“客户”栏录入“02”，或单击“客户”栏的参照按钮，选择“天宇公司”。

（3）单击“确定”按钮，进入“单据核销”窗口。在“单据核销”窗口中，将上半部分款项类型为“应收款”的收款单的“本次结算金额”栏的数据修改为“26 445”，在下半部分的“本次结算”栏的第一行录入 120，第三行录入“26 325”，如图 6-31 所示。

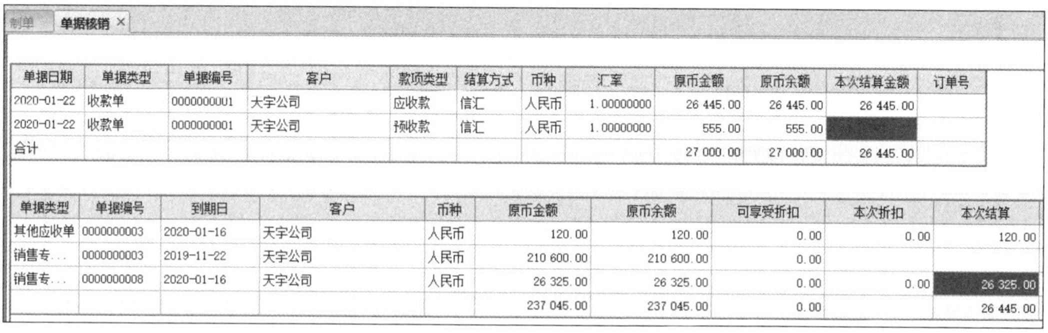

制单　单据核销

单据日期	单据类型	单据编号	客户	款项类型	结算方式	币种	汇率	原币金额	原币余额	本次结算金额	订单号
2020-01-22	收款单	0000000001	大宇公司	应收款	信汇	人民币	1.00000000	26 445.00	26 445.00	26 445.00	
2020-01-22	收款单	0000000001	天宇公司	预收款	信汇	人民币	1.00000000	555.00	555.00		
合计								27 000.00	27 000.00	26 445.00	

单据类型	单据编号	到期日	客户	币种	原币金额	原币余额	可享受折扣	本次折扣	本次结算
其他应收单	0000000003	2020-01-16	天宇公司	人民币	120.00	120.00	0.00	0.00	120.00
销售专...	0000000003	2019-11-22	天宇公司	人民币	210 600.00	210 600.00	0.00		
销售专...	0000000008	2020-01-16	天宇公司	人民币	26 325.00	26 325.00	0.00	0.00	26 325.00
					237 045.00	237 045.00	0.00		26 445.00

图 6-31　核销收款单

（4）单击“保存”按钮，再单击“退出”按钮退出。

提示：

- 在保存核销内容后，“单据核销”窗口中将不再显示已被核销的内容。
- 结算单列表显示的是款项类型为应收款和预收款的记录，而款项类型为其他费用的记录不允许在此作为核销记录。
- 核销时，结算单列表中款项类型为应收款的记录默认本次结算金额为该记录上的原币金额；款项类型为预收款的记录默认本次结算金额为空。核销时可以修改本次结算金额，但是不能大于该记录的原币金额。
- 在结算单列表中，单击“分摊”按钮，系统将当前结算单列表中的本次结算金额合计自动分摊到被核销单据列表的“本次结算”栏中，核销顺序依据被核销单据的排序顺序。
- 手工核销时一次只能显示一个客户的单据记录，且结算单列表根据表体记录明细显示。当结算单有代付处理时，只显示当前所选客户的记录。若需要对代付款进行处理，则需要在过滤条件中输入该代付单位，进行核销。
- 一次只能对一种结算单类型进行核销，即手工核销的情况下需要将收款单和付款单分开核销。
- 手工核销保存时，若结算单列表的本次结算金额大于或小于被核销单据列表的本次结算金额合计，系统将提示结算金额不相等，不能保存。
- 若发票中同时存在红蓝记录，则核销时先进行单据的内部对冲。
- 如果核销后未进行其他处理，可以在期末处理中的“取消操作”功能中取消核销操作。

十三、制单

操作步骤:

(1)在应收款管理系统中,执行"制单处理"命令,进入"制单查询"对话框。

(2)在"制单查询"对话框中,选中"收付款单制单"。

(3)单击"确定"按钮,进入"制单"窗口。

(4)在"制单"窗口中,单击"全选"按钮,如图6-32所示。

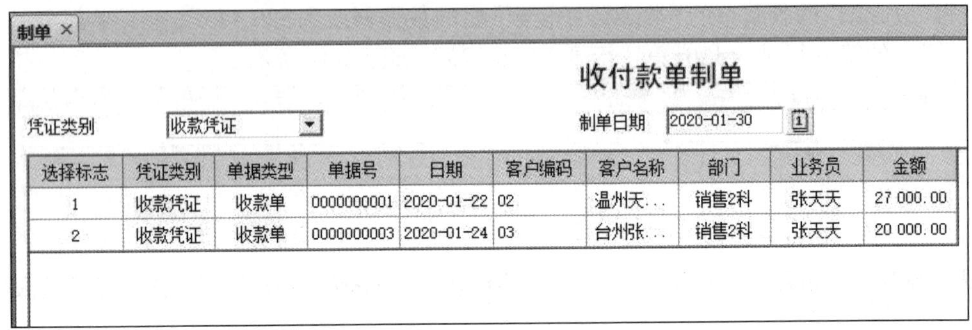

制单 ×

收付款单制单

凭证类别 收款凭证

制单日期 2020-01-30

选择标志	凭证类别	单据类型	单据号	日期	客户编码	客户名称	部门	业务员	金额
1	收款凭证	收款单	0000000001	2020-01-22	02	温州天...	销售2科	张天天	27 000.00
2	收款凭证	收款单	0000000003	2020-01-24	03	台州张...	销售2科	张天天	20 000.00

图6-32 制单

(5)单击"制单"按钮,生成记账凭证。

(6)单击"保存"按钮,结果如图6-33所示。

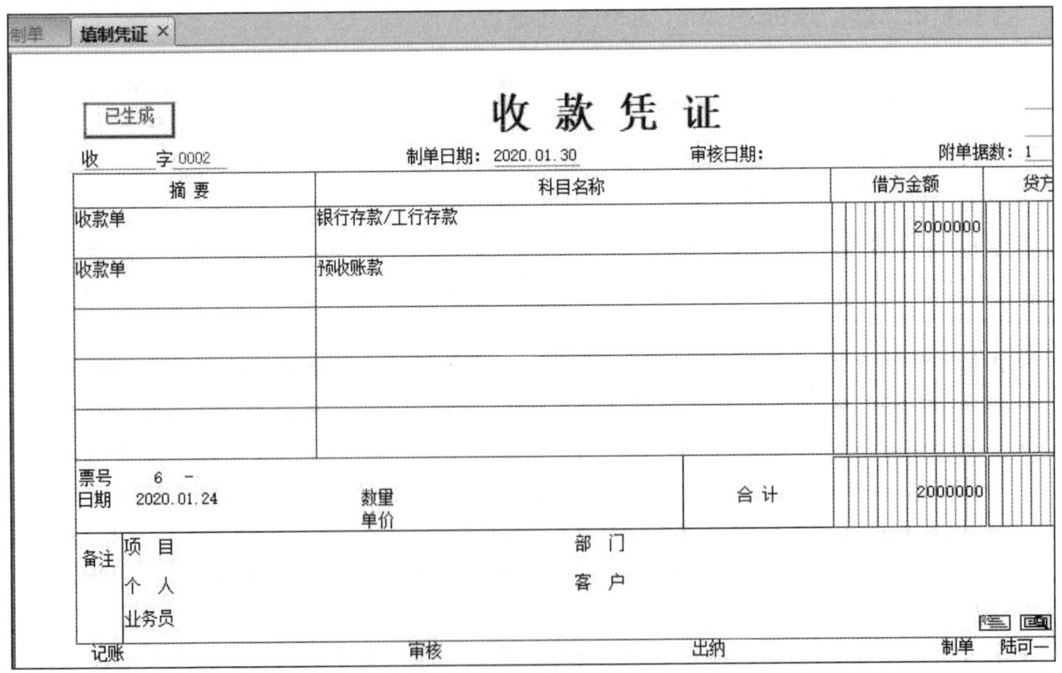

制单 填制凭证 ×

已生成

收款凭证

收 字 0002 制单日期: 2020.01.30 审核日期: 附单据数: 1

摘要	科目名称	借方金额	贷方
收款单	银行存款/工行存款	2000000	
收款单	预收账款		

票号 6 -
日期 2020.01.24
数量
单价
合计 2000000

备注 项目 部门
个人 客户
业务员

记账 审核 出纳 制单 陆司一

图6-33 收款凭证

(7)单击"退出"按钮退出。

> 提示：
> - 在制单功能中还可以根据需要进行合并制单。

十四、账套备份

在“D:\300 账套备份”文件夹中新建“(6-2)单据处理”文件夹，将账套输出至“(6-2)单据处理”文件夹中。

票据管理

任务三　票据管理

[任务准备]

引入“项目六任务二　单据处理”的账套备份数据，将系统日期修改为“2020 年 1 月 31 日”，注册进入应收款管理系统。

[任务要求]

- 增加结算方式
- 填制商业承兑汇票，暂不制单
- 商业承兑汇票贴现并制单
- 结算商业承兑汇票并制单
- 制单
- 账套备份

[任务资料]

(1)新增结算方式“商业承兑汇票”和“银行承兑汇票”。

(2)2020 年 1 月 10 日，收到杭州苏明服饰公司签发并承兑的商业承兑汇票一张(No. 345612)，面值为 11 000 元，到期日为 2020 年 3 月 10 日。

(3)2020 年 1 月 20 日，收到温州天宇服饰公司签发并承兑的商业承兑汇票一张(No. 367809)，面值为 200 000 元，到期日为 2020 年 3 月 20 日。

(4)2020 年 1 月 31 日，将 2020 年 1 月 10 日收到的杭州苏明服饰公司签发并承兑的商业承兑汇票(No. 345612)到银行贴现，贴现率为 6%。

(5)2020 年 1 月 23 日，将 2020 年 1 月 20 日收到的温州天宇服饰公司签发并承兑的商业承兑汇票(No. 367809)结算。

[任务指导]

增加结算方式

一、增加结算方式

操作步骤：

(1)在企业应用平台中，打开“基础设置”选项卡，执行“基础档案”—“收付结算”—“结算方式”命令，进入“结算方式”窗口。

(2)单击“增加”按钮，在“结算方式编码”栏录入“7”，在“结算方式名称”栏录入“商业

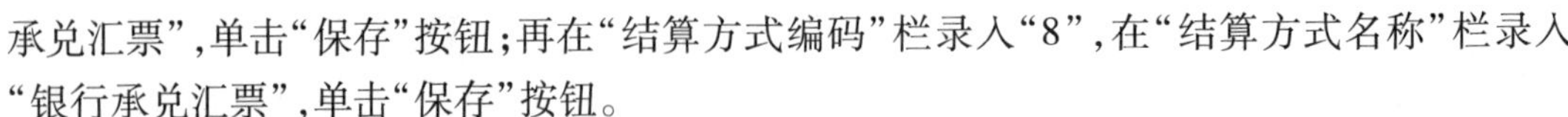

承兑汇票”，单击“保存”按钮；再在“结算方式编码”栏录入“8”，在“结算方式名称”栏录入“银行承兑汇票”，单击“保存”按钮。

(3)单击“退出”按钮提出。

二、填制商业承兑汇票

填制商业承兑汇票

(1)在应收款管理系统中，执行“票据管理”命令，打开“查询条件选择”对话框。

(2)单击“确定”按钮，进入“票据管理”窗口。

(3)单击“增加”按钮，打开票据增加窗口。

(4)在“收到日期”栏选择“2020-01-10”；单击“结算方式”栏的下三角按钮，选择“商业承兑汇票”；在“票据编号”栏录入“345612”；在“承兑单位”栏录入“01”，或单击“出票人”栏的参照按钮，选择“杭州苏明服饰公司”；在“金额”栏录入“11 000”；在“出票日期”栏选择“2020-01-10”，在“到期日”栏选择“2020-03-10”；在“票据摘要”栏录入“收到商业承兑汇票”，如图6-34 所示。

打印模板组 30657 商业汇票打印模板

商业汇票

银行名称		票据类型 商业承兑汇票
方向 收款	票据编号 345612	结算方式 商业承兑汇票
收到日期 2020-01-10	出票日期 2020-01-10	到期日 2020-03-10
出票人 杭州苏明服饰公司	出票人账号	付款人银行
收款人 绍兴柯鲁纺织品有限公司	收款人账号	收款人开户银行
币种 人民币	金额 11 000.00	票面利率 0.00000000
汇率 1.000000	付款行行号	付款行地址
背书人	背书金额	备注
业务员 刘三	部门 销售1科	票据摘要 收到商业承兑汇票
交易合同号码	制单人 陆可一	

图 6-34 填制票据

(5)单击“保存”按钮，返回“票据管理”窗口，以此方法继续录入第 2 张商业承兑汇票。

提示：

- 在实际工作中可以根据需要随时增加需要的结算方式。
- 保存一张商业票据之后，系统会自动生成一张收款单，这张收款单还需经过审核，之后才能生成记账凭证。
- 由票据生成的收款单不能修改。
- 在“票据管理”功能中可以对商业承兑汇票和银行承兑汇票进行日常业务处理，包括票据的收入、结算、贴现、背书、转出、计息等。
- 商业承兑汇票不能有承兑银行，银行承兑汇票必须有承兑银行。

三、商业承兑汇票贴现

商业承兑汇票贴现

操作步骤：

（1）在应收款管理系统中，执行“票据管理”命令，打开“票据查询”对话框。

（2）单击“确定”按钮，进入“票据管理”窗口。

（3）在“票据管理”窗口中，选中2020年1月10日填制的商业承兑汇票，如图6-35所示。

图6-35　选中填制的商业承兑汇票

（4）单击“贴现”按钮，打开“票据贴现”对话框。

（5）在“贴现率”栏录入“6”，在“结算科目”栏录入“100201”，或单击“结算科目”栏的参照按钮，选择“100201 工行存款”，如图6-36所示。

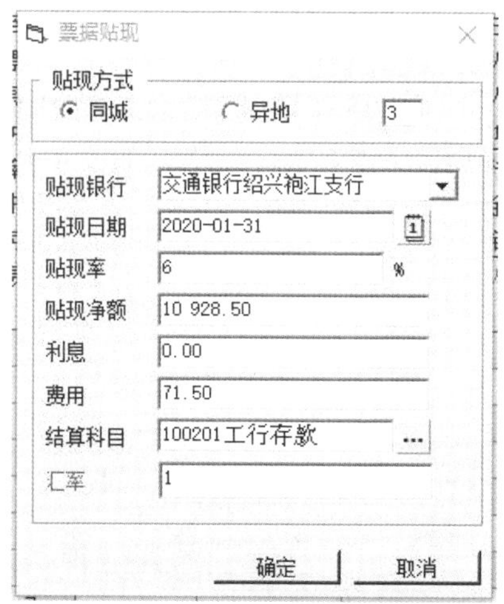

图6-36　“票据贴现”对话框

(6)单击“确定”按钮,系统弹出“是否立即制单”信息提示框。

(7)单击“是”按钮,生成贴现的记账凭证,单击“保存”按钮,如图6-37所示。

(8)单击“退出”按钮退出。

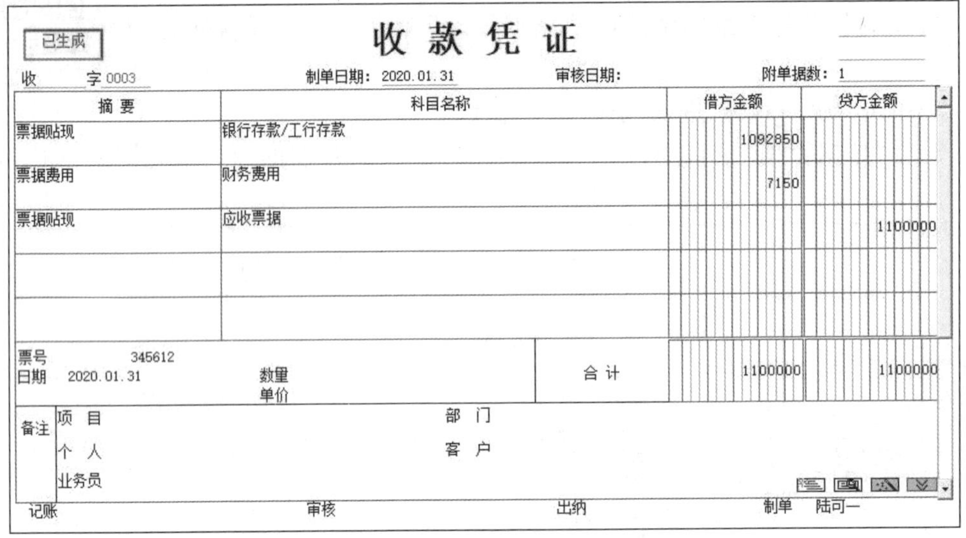
已生成
收款凭证
收 字 0003 制单日期:2020.01.31 审核日期: 附单据数:1

摘要	科目名称	借方金额	贷方金额
票据贴现	银行存款/工行存款	1092850	
票据费用	财务费用	7150	
票据贴现	应收票据		1100000
票号 345612 日期 2020.01.31	数量 单价 合计	1100000	1100000

备注 项目 部门
个人 客户
业务员

记账 审核 出纳 制单 陆司一

图6-37 贴现记账凭证生成

提示:

- 如果贴现净额大于票据余额,系统自动将其差额作为利息,不能修改;如果贴现净额小于票据余额,系统自动将其差额作为费用,不能修改。
- 票据贴现后,将不能对其进行其他处理。

四、商业承兑汇票结算

商业承兑汇票结算

操作步骤:

(1)在“票据管理”窗口中,单击选中2020年1月20日填制的收到天宇公司签发并承兑的商业承兑汇票(No.367809)。

(2)单击“结算”按钮,打开“票据结算”对话框。修改结算日期为“2020-01-23”,录入结算金额“200 000”,在“结算科目”栏录入“100201”,在“结算科目”栏录入或单击结算科目栏的参照按钮选择“100201 工行存款”,如图6-38所示。

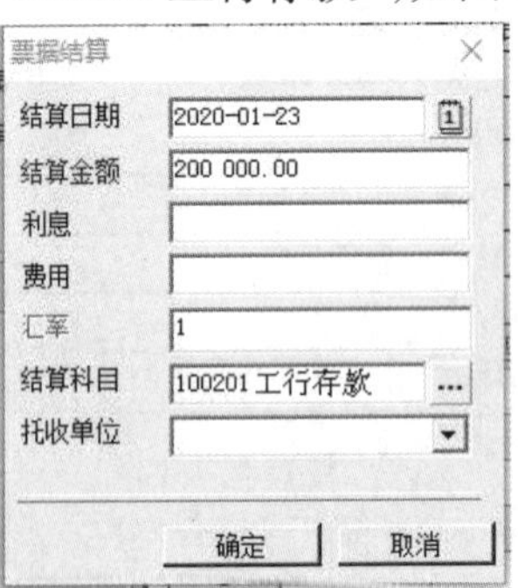

图6-38 设置票据结算信息

(3)单击“确定”按钮，出现“是否立即制单”提示。

(4)单击“是”按钮，生成结算的记账凭证，单击“保存”按钮，结果如图6-39所示。

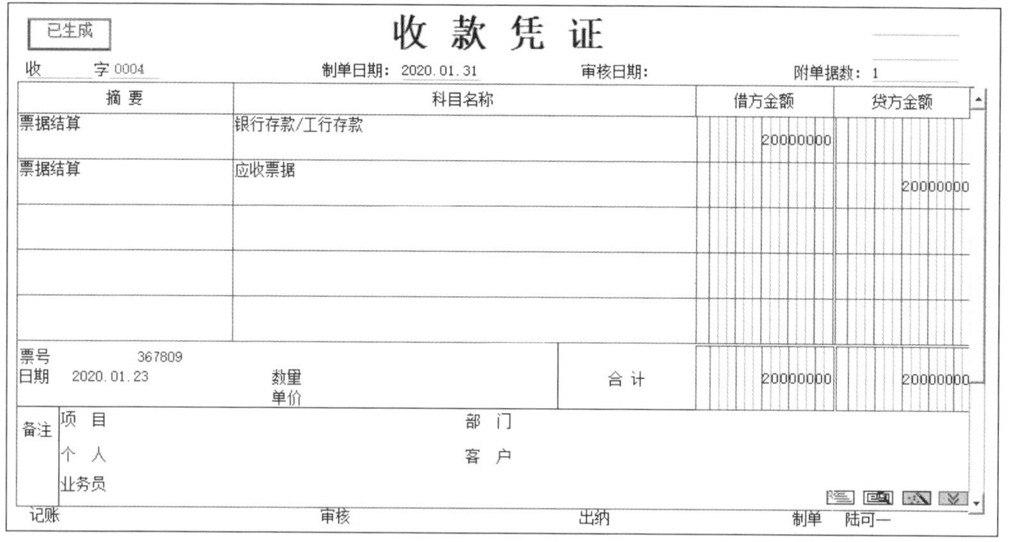

图6-39 票据结算记账凭证生成

(5)单击“退出”按钮退出。

> **提示：**
> - 当票据到期持票收款时，执行票据结算处理。
> - 进行票据结算时，结算金额应是通过结算实际收到的金额。
> - 结算金额减去利息加上费用的金额要小于等于票据余额。
> - 票据结算后，不能再进行其他与票据相关的处理。

五、审核收款单

审核收款单

操作步骤：

(1)在应收款管理系统中，执行“收款单据处理”—“收款单据审核”命令，打开“结算单过滤条件”对话框。

(2)单击“确定”按钮，进入“收付款单列表”窗口。

(3)单击“全选”按钮，再单击“审核”按钮，系统弹出“本次审核成功单据[2]”信息提示框，如图6-40所示。

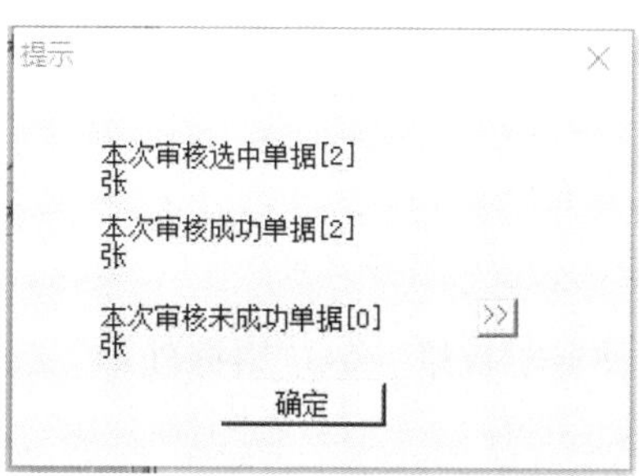

图6-40 审核成功提示

（4）单击“确定”按钮，在“审核人”栏出现了审核人的签字。

（5）单击“退出”按钮退出。

> **提示：**
>
> - 在票据保存后由系统自动生成了一张收款单，这张收款单应在审核后再生成记账凭证，才完成了应收账款转为应收票据的核算过程。

六、制单

制单

操作步骤：

（1）在应收款管理系统中，执行“制单处理”命令，打开“制单查询”对话框。

（2）单击选中“收付款单制单”复选框。

（3）单击“确定”按钮，打开“收付款单制单”窗口，单击“全选”按钮。

（4）单击“制单”按钮，出现第1张记账凭证，修改凭证类别为“转账凭证”，单击“保存”按钮，保存第1张记账凭证。单击“下张”按钮，修改凭证类别为“转账凭证”，单击“保存”按钮，保存第2张记账凭证，如图6-41所示。

转 账 凭 证

转　　字　　　制单日期：2020.01.31　　　审核日期：　　　附单据数：

摘要	科目名称	借方金额	贷方金额
收到商业承兑汇票	应收票据	1100000	
收到商业承兑汇票	应收账款		1100000
票号 日期　2020.01.10　数量 单价	合计	1100000	1100000

备注　项目　　部门

个人　　客户　杭州苏明服饰公司

业务员　刘三

记账　　审核　　出纳　　制单　陆司一

图6-41　转账凭证生成

（5）单击“退出”按钮退出。

七、账套备份

在“D:\300账套备份”文件夹中新建“（6-3）票据处理”文件夹，将账套输出至“（6-3）票据处理”文件夹中。

任务四　转账处理及单据查询

转账处理及单据查询

[任务准备]

引入“项目六任务三　票据管理”的账套备份数据，将系统日期修改为“2020 年 1 月 31 日”，注册进入应收款管理系统。

[任务要求]

- 应收冲应收暂不制单
- 预收冲应收暂不制单
- 红票对冲并制单
- 应收冲应收、预收冲应收制单
- 账套备份

[任务资料]

(1)2020 年 1 月 31 日，经三方同意将 2019 年 11 月 12 日形成的应向“杭州苏明服饰公司”收取的货税款及代垫费用款 10 629 元转为向温州天宇服饰公司的应收账款。

(2)2020 年 1 月 31 日经双方同意，将台州张记服饰公司 2020 年 1 月 15 日购买“甲产品”5 台的货税款 17 515 元用预收款冲抵。

(3)2020 年 1 月 31 日，经双方同意，将期初余额中应向台州张记服饰公司收取的运费 700 元用红票冲抵。

[任务指导]

一、将应收账款冲抵应收账款

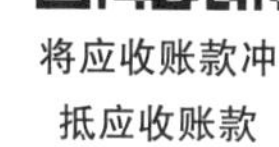

将应收账款冲抵应收账款

操作步骤：

(1)在应收款管理系统中，执行“转账”—“应收冲应收”命令，打开“应收冲应收”对话框。

(2)在“客户”栏录入“01”，或单击“客户”栏的参照按钮，选择“苏明公司”，再在“转入”下的“客户”栏录入“02”，或单击参照按钮选择“天宇公司”，如图 6-42 所示。

日期 <= 2020-01-31

单据类型：☑货款 ☑应收款 ☐预收款

转入：☑客户 02 - 温州天宇服饰　☐部门　☐业务员　合同类型　☐合同　项目大类　☐项目

客户 01 - 杭州苏明服饰　部门　业务员

币种 人民币　汇率 1

项目大类　项目　合同类型　合同号

来源　订单号　发(销)货单

自定义项

单据日期	单据类型	单据编号	方向	原币金额	原币余额	部门编号	业务...	合同号	合同名称	项目编码

图 6-42　应收冲应收

(3)单击“查询”按钮,在第1行“并账金额”栏录入“10 509”,再在第3行“并账金额”栏录入“120”,如图6-43所示。

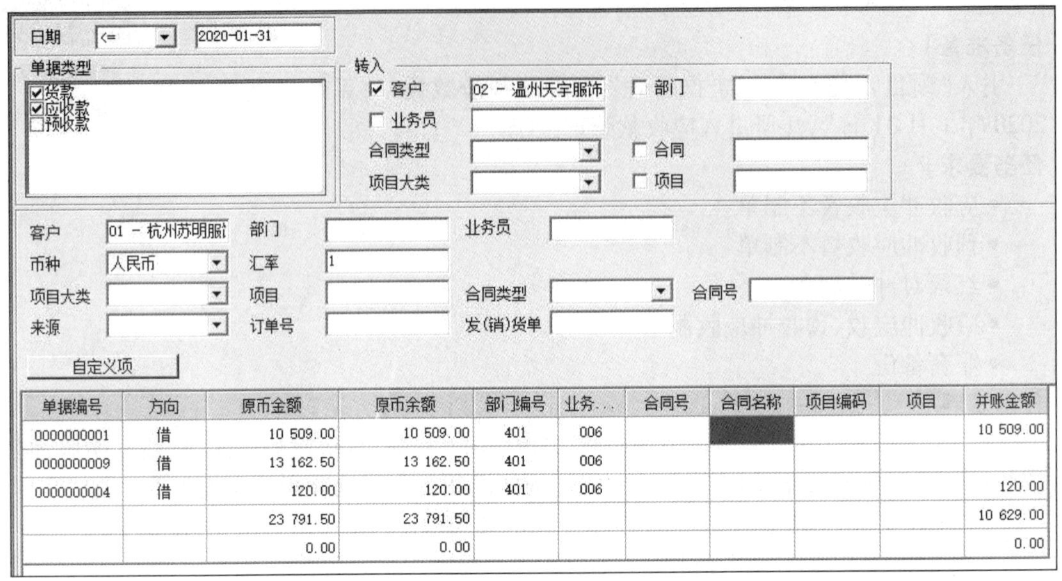

图 6-43 应收冲应收

(4)单击保存按钮,出现“是否立即制单”提示,单击“是”按钮,修改凭证类别为“转账凭证”,单击保存按钮,如图6-44和图6-45所示。

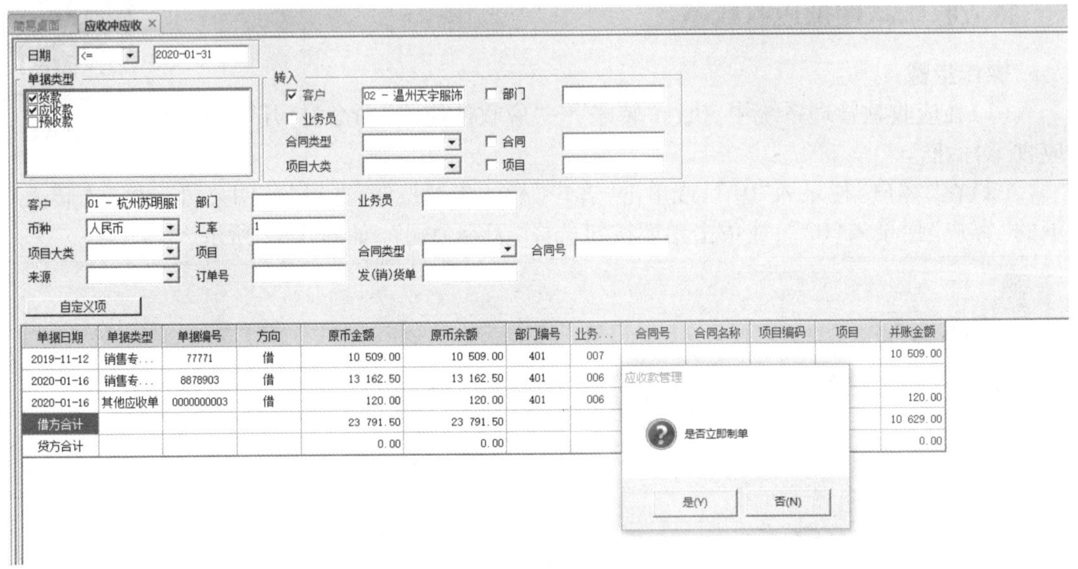

图 6-44 修改凭证类别

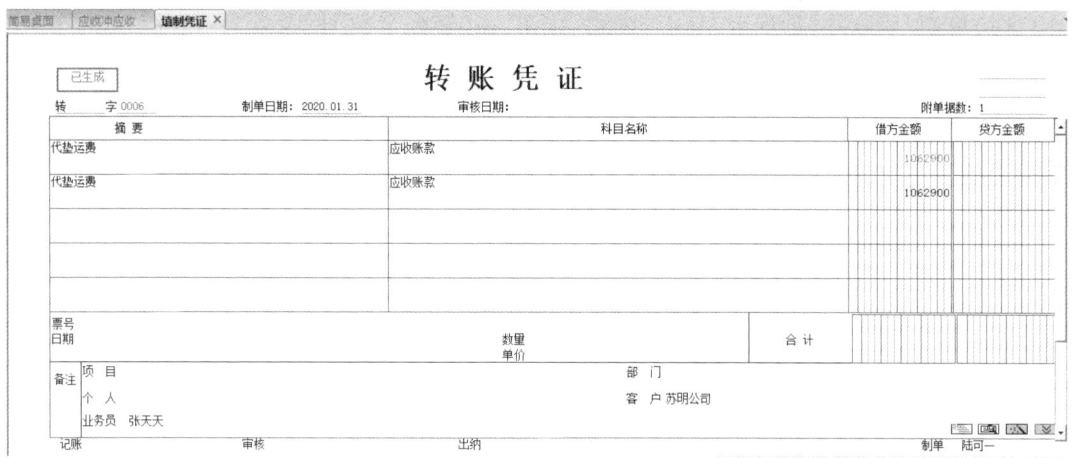

图 6-45　转账凭证

提示：

- 每一笔应收款的转账金额不能大于其余额。
- 每次只能选择一个转入单位。

二、将预收账款冲抵应收账款

操作步骤：

（1）在应收款管理系统中，执行“转账”—“预收冲应收”命令，打开“预收冲应收”对话框。

（2）在“客户”栏录入“03”，或单击“客户”栏的参照按钮，选择“张记公司”。

（3）单击“过滤”按钮，在“金额”栏录入“17 515”，如图 6-46 所示。

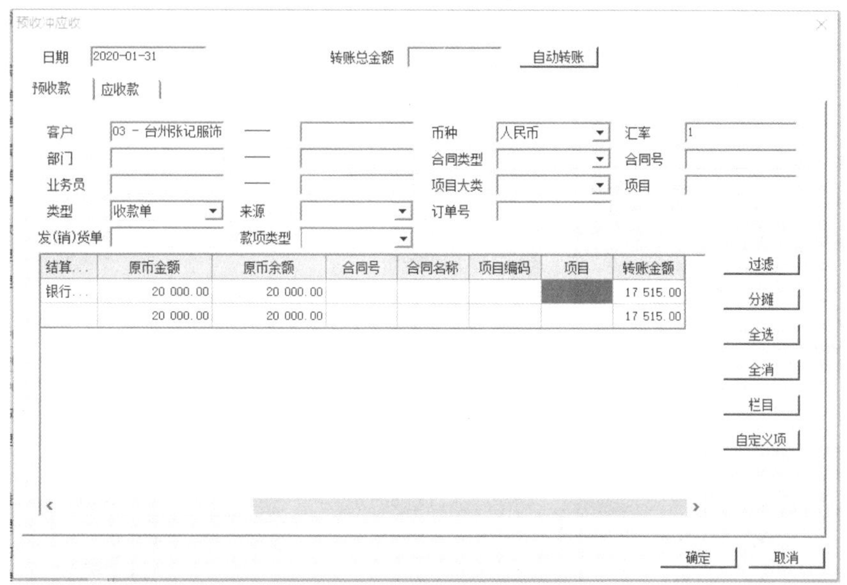

图 6-46　预收冲应收

（4）单击“应收款”选项卡，单击“过滤”按钮，在“转账金额”栏录入“17 515”，如图 6-47 所示。

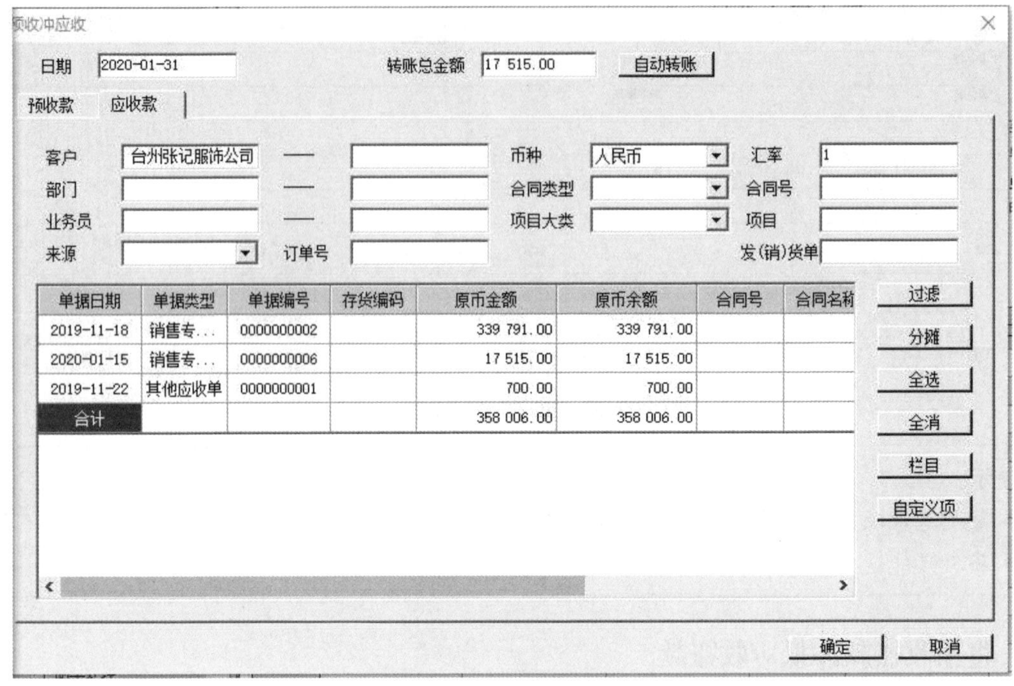

图 6-47　预收冲应收

（5）单击保存按钮，出现“是否立即制单”提示，单击“是”按钮，修改凭证类别为“转账凭证”，单击保存按钮，如图 6-48 和图 6-49 所示。

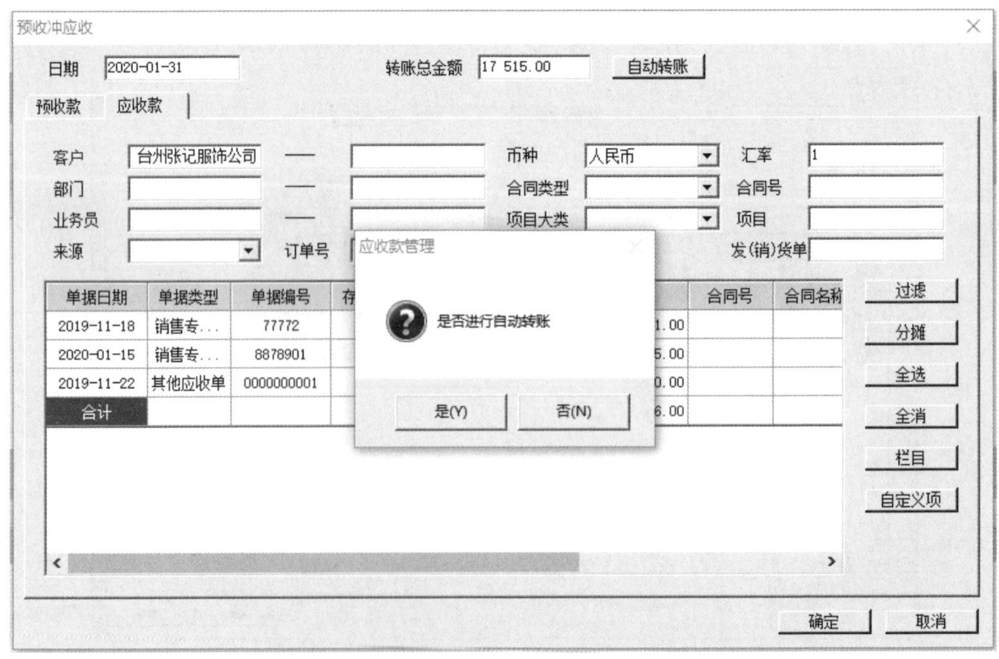

图 6-48　修改凭证类别

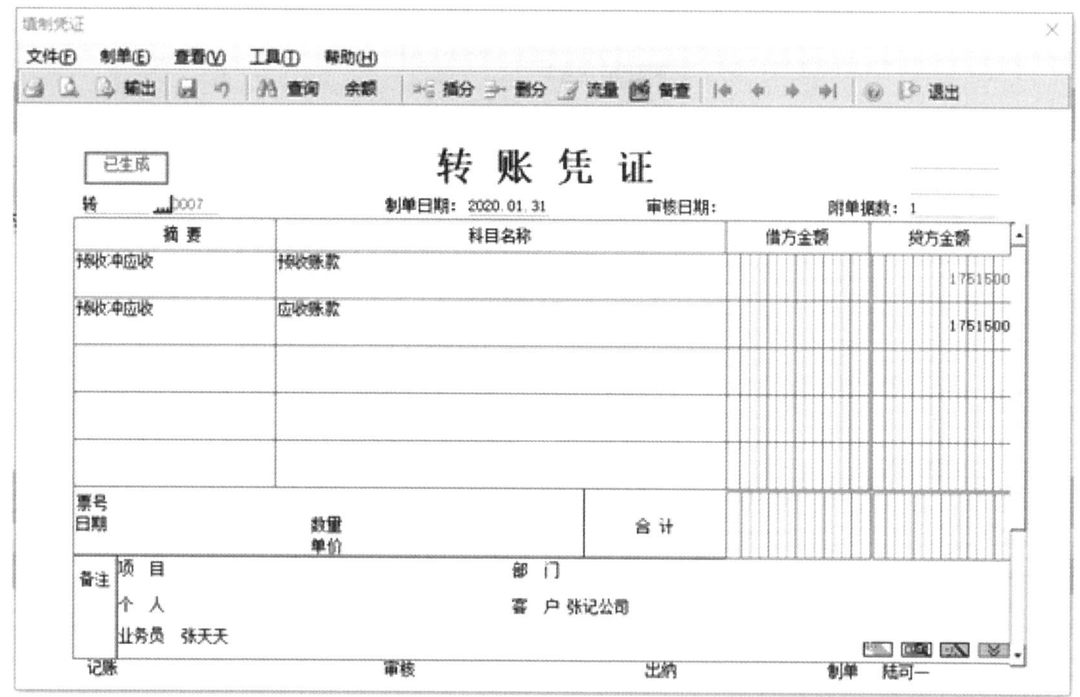

图 6-49　转账凭证

提示:

- 可以在输入转账总金额后单击“自动转账”按钮,系统自动根据过滤条件进行成批的预收冲抵应收款工作。
- 每一笔应收款的转账金额不能大于其余额。
- 应收款的转账金额合计应该等于预收款的转账金额合计。
- 如果是红字预收款和红字应收单进行冲销,要把过滤条件中的“类型”选为“付款单”。

三、填制红字应收单并制单

操作步骤:

(1)在应收款管理系统中,执行“应收单据处理”—“应收单据录入”命令,打开“单据类别”窗口。

(2)单击“单据名称”栏的下三角按钮,选择“应收单”,单击“方向”栏的下三角按钮,选择“负向”,如图 6-50 所示。

(3)单击“确定”按钮,进入红字“应收单”窗口。在“客户”栏录入“03”,或单击“客户”栏参照按钮,选择“张记公司”;在“科目”栏录入“1122”,或单击“科目”的参照按钮选择“1122 应收账款”;在“金额”栏录入“700”,如图 6-51 所示。

(4)单击“保存”按钮,单击“审核”按钮,系统弹出“是否立即制单”信息提示对话框,单击“是”按钮,生成红字凭证。

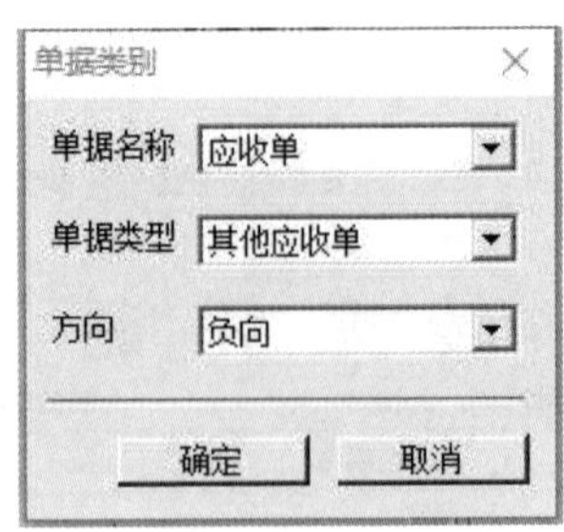
单据类别

单据名称 应收单

单据类型 其他应收单

方向 负向

确定 取消

图 6-50　单据类别

应收单

表体排序

单据编号 0000000005　单据日期 2020-01-31　客户 张记公司

科目 1122

金额 700.00　本币金额 700.00　数量 0.00

部门 销售2科　业务员 张天天　项目

付款条件　摘要

	方向	科目	币种	汇率	金额	本币金额	部门	业务员	项目	摘要
1	贷		人民币	1.000...	-700.00	-700.00	销售2科	张天天		
2										
3										

图 6-51　应收单

(5)在红字凭证的第二行“科目名称”栏录入“100201”,或单击“科目”栏参照按钮,选择“100201 工行存款”;选择结算方式为“信汇”,单击“保存”按钮,如图 6-52 所示。

已生成

付 款 凭 证

付　字 0003　制单日期: 2020.01.31　审核日期:　附单据数: 1

摘 要	科目名称	借方金额	贷方金额
其他应收单	应收账款	70000	
其他应收单	银行存款/工行存款		70000
票号 4 - 日期 2020.01.31　数量 单价	合 计	70000	70000

备注　项 目　部 门

个 人　客 户

业务员

记账　审核　出纳　制单 陆司一

图 6-52　付款凭证

(6)单击“退出”按钮退出。

四、红票对冲

红票对冲

操作步骤：

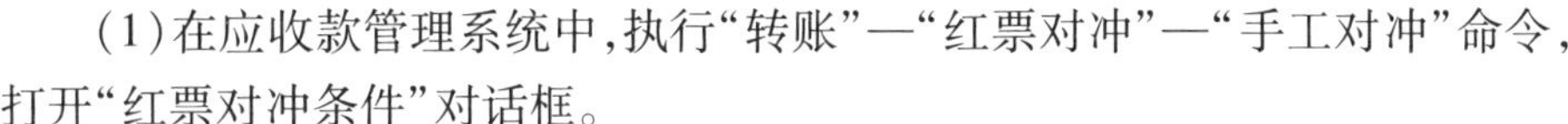

(1)在应收款管理系统中，执行“转账”—“红票对冲”—“手工对冲”命令，打开“红票对冲条件”对话框。

(2)在“客户”栏录入“03”，或单击“客户”栏的参照按钮，选择“张记公司”。

(3)单击“确定”按钮，进入“红票对冲”窗口。

(4)在“2019-11-22”所填制的其他应收单“对冲金额”栏中录入“700”，如图6-53所示。

单据日期	单据类型	单据编号	客户	币种	原币金额	原币余额	对冲金额	部门	业务员	合同名称
2020-01-31	其他应收单	0000000005	张记公司	人民币	700.00	700.00	700.00	销售2科	张天天	
合计					700.00	700.00	700.00			

单据日期	单据类型	单据编号	客户	币种	原币金额	原币余额	对冲金额	部门	业务员	合同名称
2019-11-18	销售专...	77772	张记公司	人民币	3 390.00	3 390.00		销售1科	张天天	
2019-11-22	其他应收单	0000000001	张记公司	人民币	700.00	700.00	700.00	销售2科	张天天	
合计					4 090.00	4 090.00	700.00			

图6-53 红票对冲

(5)单击“保存”按钮，系统自动将选中的红字应收单和蓝字应收单对冲完毕。

(6)单击“退出”按钮退出。

提示：

- 红票对冲可以实现客户的红字应收单据与其蓝字应收单据、收款单与付款单之间进行冲抵操作，可以自动对冲或手工对冲。
- 自动对冲可以同时对多个客户依据对冲原则进行红票对冲，提高红票对冲的效率。
- 手工对冲只能对一个客户进行红票对冲，可以自行选择红票对冲的单据，提高红票对冲的灵活性。

任务五 账表管理与其他处理

[任务准备]

引入“项目六任务五 坏账处理与单据查询”的账套备份数据，将系统日期修改为“2020年1月31日”，注册进入应收款管理系统。

[任务要求]

- 对全部客户进行包括所有条件的欠款分析
- 查询2020年1月的业务总账
- 查询应收账款科目余额表
- 取消对杭州苏明服饰公司的转账操作
- 将未制单的单据制单

- 结账
- 账套备份

[任务指导]

欠款分析

一、欠款分析

操作步骤：

（1）在应收款管理系统中，单击“账表管理”—“统计分析”—“欠款分析”选项，打开“欠款分析”窗口。

（2）选中所有条件。

（3）单击“确认”按钮，打开“欠款分析”窗口。

（4）单击“退出”按钮退出。

> **提示：**
> - 在“统计分析”功能中，可以按定义的账龄区间，进行一定期间内应收款账龄分析、往来账龄分析，了解各个客户应收款周转天数、周转率，了解各个账龄区间内应收账款往来情况，能及时发现问题，加强对往来款项动态的监督管理。
> - 欠款分析是分析截至一定日期，客户、部门或业务员的欠款金额，以及欠款组成情况。

二、查询业务总账

查询业务总账

操作步骤：

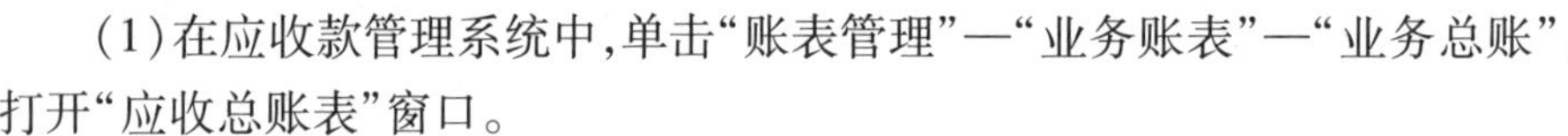

（1）在应收款管理系统中，单击“账表管理”—“业务账表”—“业务总账”，打开“应收总账表”窗口。

（2）单击“过滤”按钮，打开“应收总账表”窗口。

（3）单击“退出”按钮退出。

> **提示：**
> - 通过业务账表查询，可以及时地了解一定期间内期初应收款结存汇总情况、应收款发生的汇总情况、累计情况及期末应收款结存汇总情况；还可以了解各个客户期初应收款结存明细情况，应收款发生的明细情况、累计情况及期末应收款结存明细情况，及时发现问题，加强对往来款项的监督管理。
> - 业务总账查询是对一定期间内应收款汇总情况的查询。在业务总账查询的应收总账表中不仅可以查询本期应收账款金额，还可以查询本期已收回的应收账款金额及期末应收账款余额。

三、查询科目余额表

查询科目余额表

操作步骤：

（1）在应收款管理系统中，单击“账表管理”—“科目账查询”—“科目余额表”选项，打开“客户往来科目余额表”对话框。

(2)单击“确认”按钮，打开“科目余额表”窗口。

(3)单击“退出”按钮退出。

> **提示：**
> - 科目账查询包括科目明细账查询和科目余额表查询。
> - 科目余额表查询可以查询应收受控科目各个客户的期初余额、本期借方发生额合计、本期贷方发生额合计、期末余额。细分为科目余额表、客户余额表、三栏余额表、部门余额表、项目余额表、业务员余额表、客户分类余额表及地区分类余额表。

四、取消转账操作

取消转账操作

操作步骤：

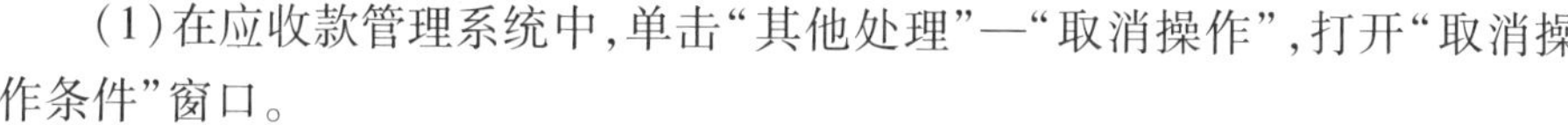

(1)在应收款管理系统中，单击“其他处理”—“取消操作”，打开“取消操作条件”窗口。

(2)在客户栏录入“01”，或单击客户栏参照按钮，选择“杭州苏明服饰公司”，单击操作类型栏的下三角按钮，选择“票据结算”。

(3)单击“确认”按钮，打开“取消操作”窗口。

(4)双击“选择标志”栏。

(5)单击“确认”按钮。

(6)单击“退出”按钮退出。

> **提示：**
> - 取消操作类型包括取消核销、取消坏账处理、取消转账、取消汇兑损益、取消票据处理、取消并账等几类。
> - 取消操作必须在未进行后序操作的情况下进行，如果已经进行了后序操作则应在恢复后序操作后再取消操作。

五、结账

结账

操作步骤：

(1)在应收款管理系统中，单击“其他处理”—“期末处理”中的“月末结账”，打开“月末处理”窗口。

(2)双击1月结账标志栏。

(3)单击“下一步”按钮，出现“月末处理—处理情况表”。

(4)单击“确认”按钮，出现“1月份结账成功”提示。

(5)单击“确定”按钮。

提示：

- 如果当月业务已经全部处理完毕，应进行月末结账。只有当月结账后，才能开始下月的工作。
- 进行月末处理时，一次只能选择一个月进行结账，前一个月未结账，则本月不能结账。
- 在执行了月末结账后，该月将不能再进行任何处理。

六、账套备份

操作步骤：

(1)在D盘中“850账套备份”文件夹中新建“(6-6)账表管理与其他处理”文件夹。

(2)将账套输出至“(6-6)账表管理与其他处理”文件夹中。

项目七　应付款管理系统

应付款管理
系统初始化

任务一　应付款管理系统初始化

［任务准备］

将系统日期修改为“2020 年 1 月 1 日”，引入“项目二任务一　总账系统初始化”账套备份数据，以“001 陆可一”的身份注册进入企业应用平台中的应付款管理系统，并给“002 李江红”应付款管理系统相应的权限。

［任务要求］

- 系统控制参数设置
- 初始设置
- 科目设置
- 账龄区间设置
- 报警级别设置
- 设置允许修改“采购专用发票”“其他应付单”“付款单”的编号
- 录入期初余额并与总账系统进行对账
- 账套备份

［任务资料］

引入“项目二任务一　总账系统初始化”账套，以账套主管“001 陆可一”的身份进行应付款管理初始设置。

1. 系统控制参数设置（表 7-1）

表 7-1　设置系统控制参数

选项卡	参数设置
常规	单据审核日期依据:业务日期 汇总损益方式:月末处理 应付款核算类型:详细核算 其他采用系统默认设置
凭证	受控科目制单方式:明细到供应商 非受控科目制单方式为“汇总方式”启用供应商权限 采购科目依据:按存货分类

续表

选项卡	参数设置
权限与预警	采用系统默认设置
核销设置	应付款核销方式:按单据

2. 科目设置(表 7-2)

表 7-2　科目设置

设置内容	项目名称	科目编码	会计科目	备注
基本科目设置	应付科目	2202	应付账款	
	预付科目	1123	预付账款	
	采购科目	1402	在途物资	
	现金折扣科目	660304	财务费用——现金折扣	
	汇兑损益科目	660303	财务费用——汇兑损益	
结算方式科目设置	现金	1001	库存现金	
	现金支票	100201	银行存款——工行存款	
	转账支票	100201	银行存款——工行存款	
	银行汇票	1012	其他货币资金	
	银行本票	1012	其他货币资金	
	信用证	1012	其他货币资金	
	信用卡	1012	其他货币资金	

3. 账龄区间设置(表 7-3)

表 7-3　账龄区间设置

序号	起止天数	总天数
01	0～30	30
02	31～60	60
03	61～90	90
04	91～120	120
05	121 以上	

4. 报警级别设置

总比率在 10% 以内为 A 级,10% 以上为 B 级。

5. 单据编号设置

设置采购专用发票票号可“手工改动,重号时自动重取”。

6. 应付款项期初余额

会计科目:2201 应付票据。余额:借 40 950 元,见表 7-4。

表 7-4 应付票据期初余额

单位:元

签发日期	票据编号	开票单位	票据面值	票据余额	科目	到期日	摘要
2019-11-23	sc0001	嘉兴立人棉纺公司购棉纱 40 950 元	40 950	40 950	应付票据	2020-01-10	签发票据

会计科目:2202 应付账款。余额:贷 275 740 元,见表 7-5。

表 7-5 应付账款期初余额

单位:元

日期	票号	供应商	摘要	方向	金额	含税单价	业务员	备注	发票类型
2019-11-15	198	宁波彩虹棉纺厂	购买棉纱	贷	275 740.00		李伟	购买织造布 5 000 匹	普通发票

会计科目:1123 预付账款。余额:借 20 000 元,见表 7-6。

表 7-6 预付账款期初余额

单位:元

签发日期	票据编号	开票单位	票据面值	票据余额	科目	到期日	摘要
2019-11-23	sc0002	宁波彩虹棉纺厂	20 000	20 000	应付票据	2020-01-10	用转账支票购买棉纺

[任务指导]

一、系统控制参数设置

系统控制参数设置

操作步骤:

(1)以“001 陆可一”的身份注册进入“新道教育—UFIDAU8”窗口。

(2)选择“业务工作”—“财务会计”,双击“应付款管理”选项,执行“设置”—“选项”。

(3)单击“编辑”按钮,系统提示“选项修改需要重新登录才能生效”,点击“确定”,分别单击各页签修改控制参数,如图 7-1 所示。

(4)修改完成,点击“确定”按钮退出。

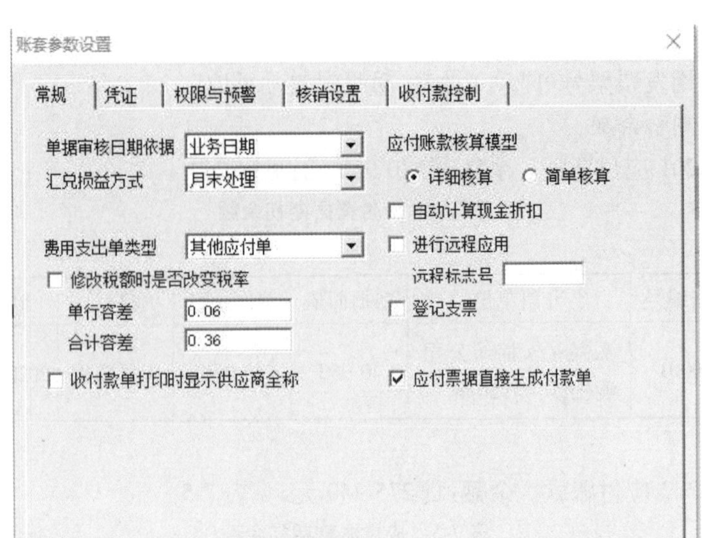

图 7-1　账套参数设置

二、基本科目设置

基本科目设置

操作步骤：

（1）在应付款管理中，执行“设置”—“初始设置”命令，打开“初始设置”对话框，如图7-2 所示。

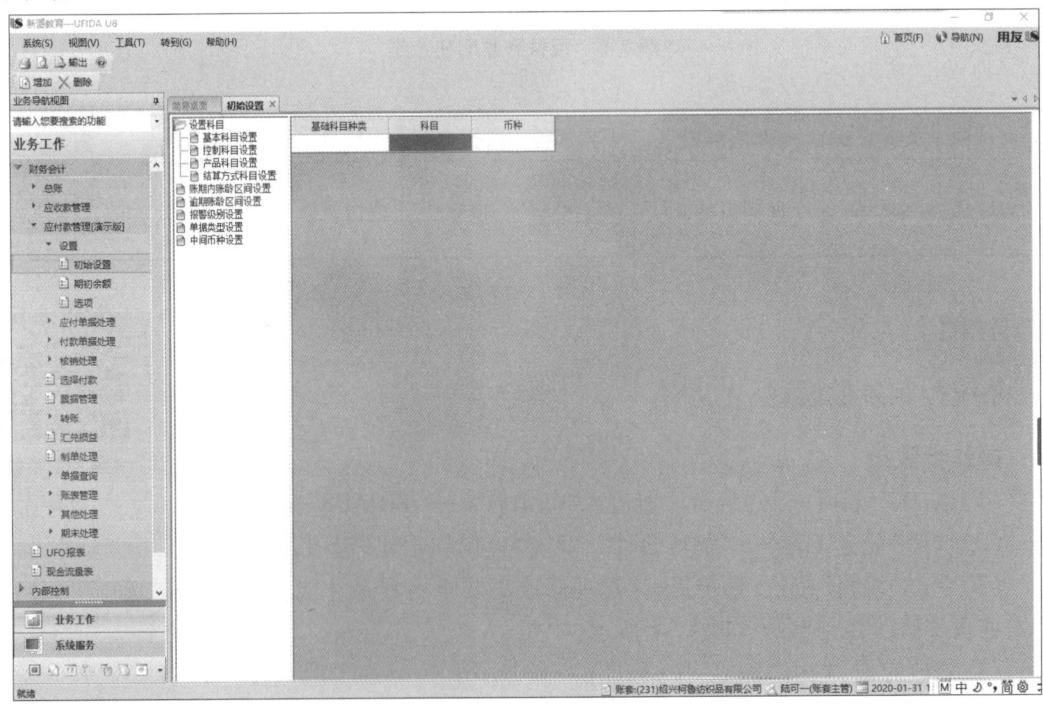

图 7-2　初始设置

（2）点击“设置科目”—“基本科目设置”，单击“增加”按钮，选择录入基础科目种类“应付科目”、科目“2202”、币种“人民币”，并按资料分别录入其他基本科目，如图 7-3 所示。

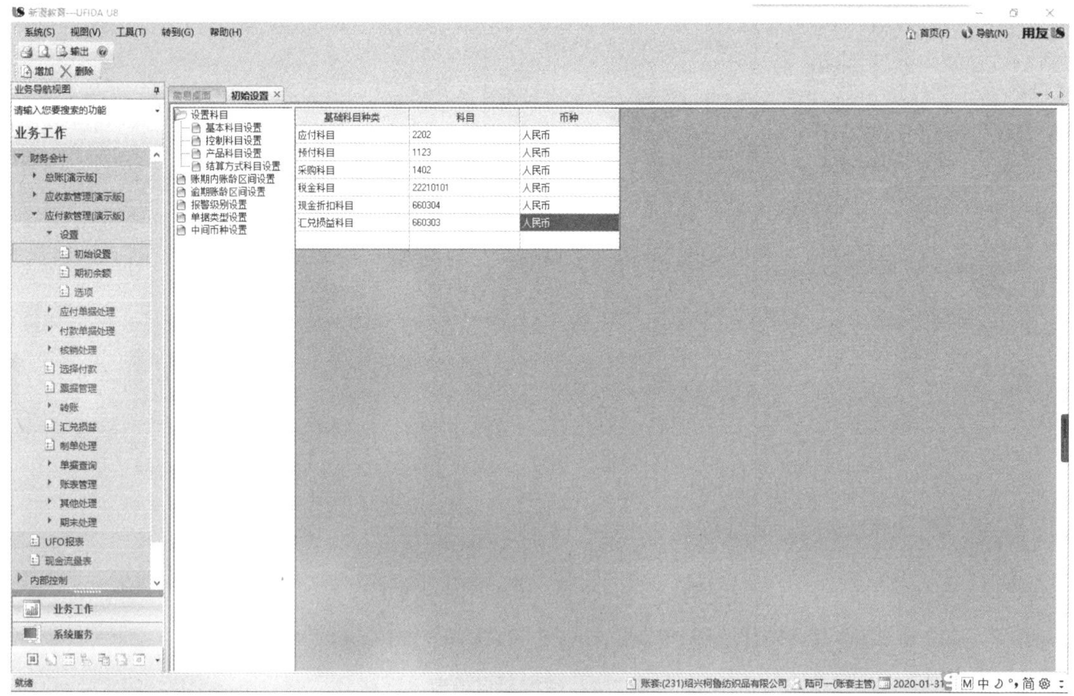

图 7-3 基本科目设置

> **提示：**
> - 在基本科目设置中所设置的应付科目“2202 应付账款”、预收科目“1123 预付账款”及“2201 应付票据”，应在“基础档案”—“财务”—“会计科目”中设置其辅助核算内容为“供应商往来”，并且其受控系统为“应付系统”，否则，此处不能被选中。
> - 只有在这里设置了基本科目，在生成凭证时才能直接生成凭证中的会计科目，否则，凭证中将没有会计科目，相应的会计科目只能手工录入。
> - 基本科目设置时，输入的科目必须是总账系统中的末级科目。

三、结算方式科目设置

操作步骤：

（1）在应付款管理中，执行“设置”—“初始设置”命令，打开“初始设置”对话框。

（2）点击“设置科目”—“结算方式科目设置”，单击“增加”按钮，选择录入结算方式“1 现金结算”、币种“人民币”、科目“1001”，按资料依次录入其他结算方式，如图 7-4 所示。

> **提示：**
> - 结算科目必须是最明细科目。
> - 结算科目不能带有客户往来和供应商往来辅助核算。

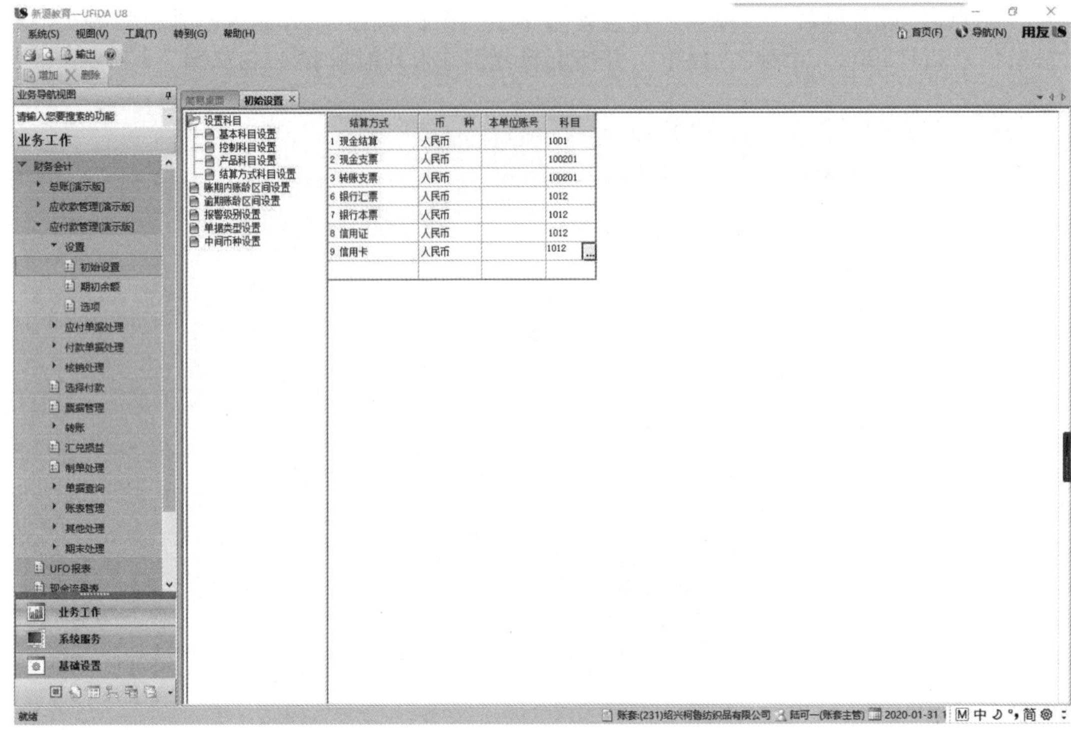

图 7-4　结算科目设置

四、报警级别设置

报警级别设置

操作步骤：

（1）在应付款管理中，执行“设置”—“初始设置”命令，打开“初始设置”对话框。

（2）点击“报警级别设置”，录入总比率“10%”，级别名称“A 级”，10% 以上的级别名称“B 级”，如图 7-5 所示。

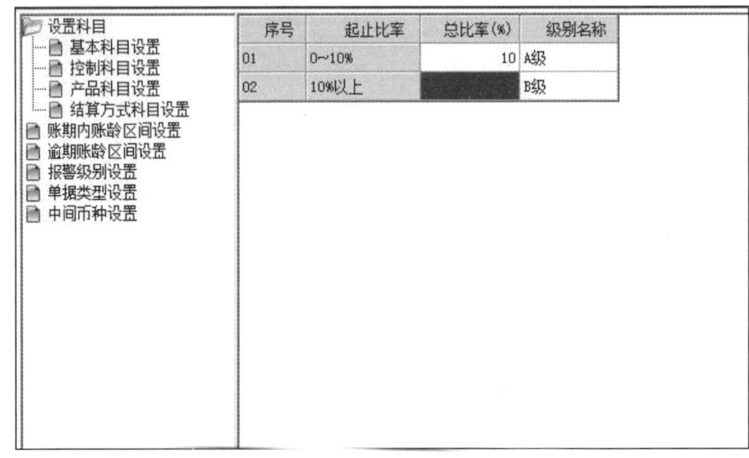

图 7-5　报警级别设置

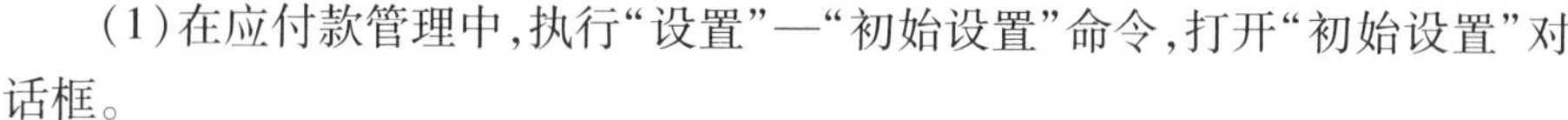

五、账龄区间设置

账龄区间设置

操作步骤：

（1）在应付款管理中，执行“设置”—“初始设置”命令，打开“初始设置”对话框。

（2）点击“账期内账龄区间设置”，录入总天数“30”后按回车键，以此方法继续录入其他区间的总天数，如图 7-6 所示。

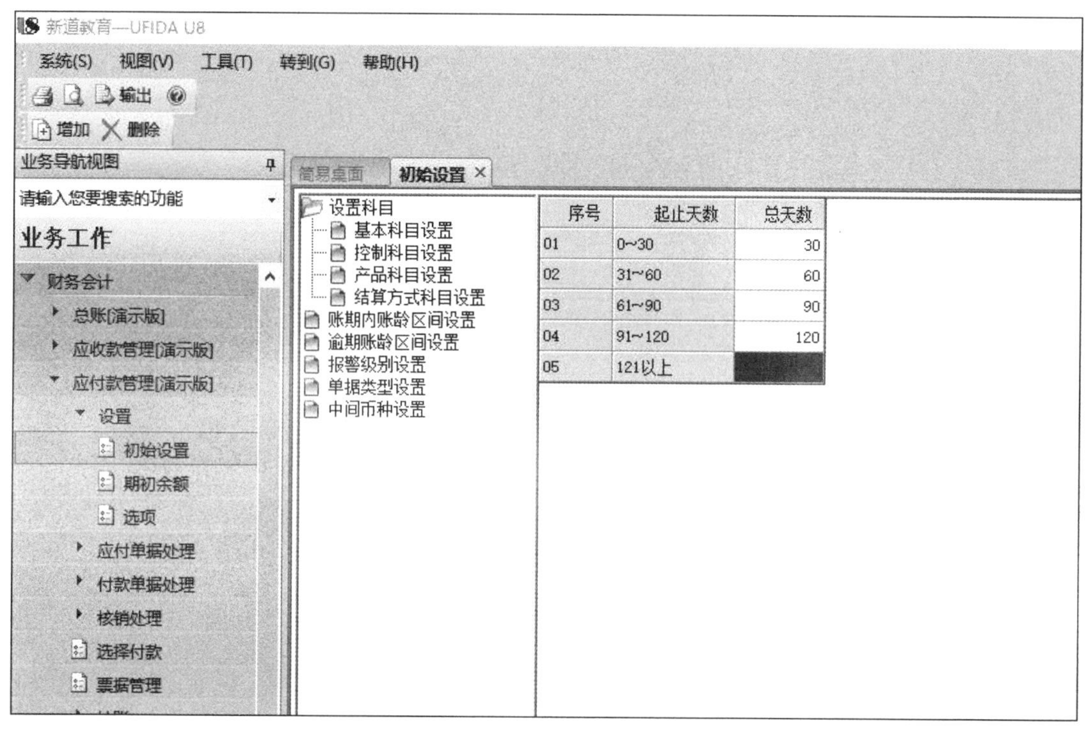

图 7-6　账期内账龄区间设置

> **提示：**
> - 序号由系统自动生成，不能修改和删除。总天数直接输入截至该区间的账龄总天数。
> - 最后一个区间不能修改和删除。

六、单据编号设置

单据编号设置

操作步骤：

（1）执行“基础设置”—“基础档案”—“单据设置”—“单据编号设置”命令，打开“单据编号设置”对话框。

（2）单击左侧“单据类型”窗口中的“采购管理”—“采购专用发票”。

（3）在“单据编号设置—采购专用发票”窗口中，单击“修改”按钮，选中“手工改动，重号时自动重取”前的复选框，单击“保存”按钮后退出，如图 7-7 所示。

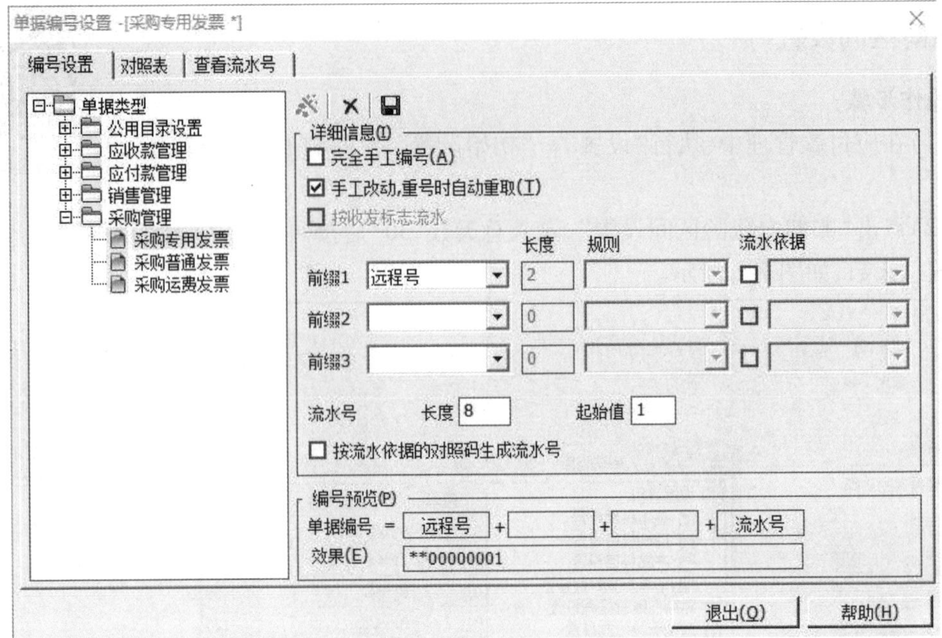

图 7-7　单据编号设置

（4）同理，设置应付系统中的其他应付单、付款单“完全手工编号”，单击“退出”按钮退出。

> **提示：**
>
> - 如果不在“单据编号设置”中设置采购专用发票采用“手工改动，重号时自动重取”，则在填制采购专用发票时其编号由系统自动生成，而不允许手工录入编号。
> - 在单据编号设置中还可以设置“完全手工编号”及“按收发标志流水”等。

七、录入期初采购发票

录入期初采购发票

操作步骤：

（1）选择“应付款管理”—“设置”—“期初余额”选项，弹出“期初余额—查询”对话框，如图 7-8 所示。

（2）单击“确定”按钮，进入“期初余额明细表”界面。

（3）单击“增加”按钮，打开“单据类别”对话框。

（4）选择单据名称“应付票据”，单据类型“商业承兑汇票”，单击“确定”按钮，如图 7-9 所示。

（5）单击“确定”按钮，进入“期初单据录入”界面，单击“增加”按钮，录入期初票据的票据编号为“sc0001”，收票单位为“嘉兴立人棉纺公司”，票据面值为“40 950”，票据余额为“40 950”，科目为“2201 应付票据”，签发日期为“2019-11-23”，到期日为“2020-01-10”，摘要为“签发票据”，如图 7-10 所示。

(6)单击“保存”按钮,退出返回“期初余额明细表”界面,如图 7-11 所示。

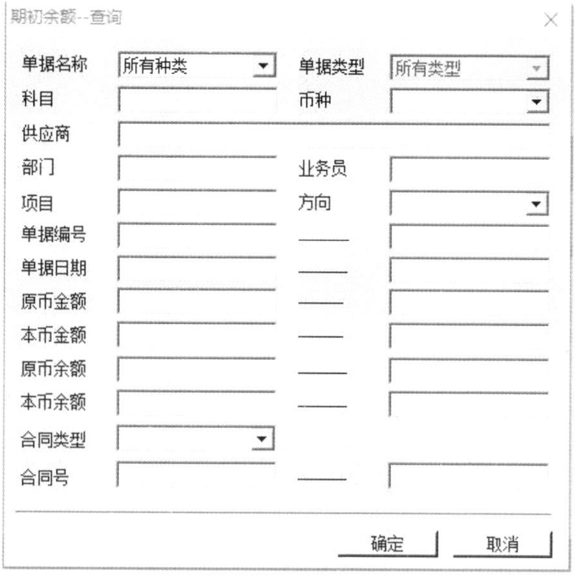

期初余额--查询
单据名称
所有种类
单据类型
所有类型
科目
币种
供应商
部门
业务员
项目
方向
单据编号
单据日期
原币金额
本币金额
原币余额
本币余额
合同类型
合同号
确定
取消

图 7-8　查询条件

请输入您要搜索的功能
业务工作
财务会计
总账[演示版]
应收款管理
应付款管理[演示版]
设置
初始设置
期初余额
选项
应付单据处理
付款单据处理
核销处理
选择付款
票据管理
转账
汇兑损益
制单处理
单据查询
账表管理
其他处理
期末处理
UFO报表
期初余额明细表
本币合计 0.00
单据类型
单据编号
单据日期
供应商
部门
业务员
币种
科目
方向
原币金额
原币余额
本币金额
本币余额
单据类别
单据名称
应付票据
单据类型
商业承兑汇票
方向
正向
确定
取消

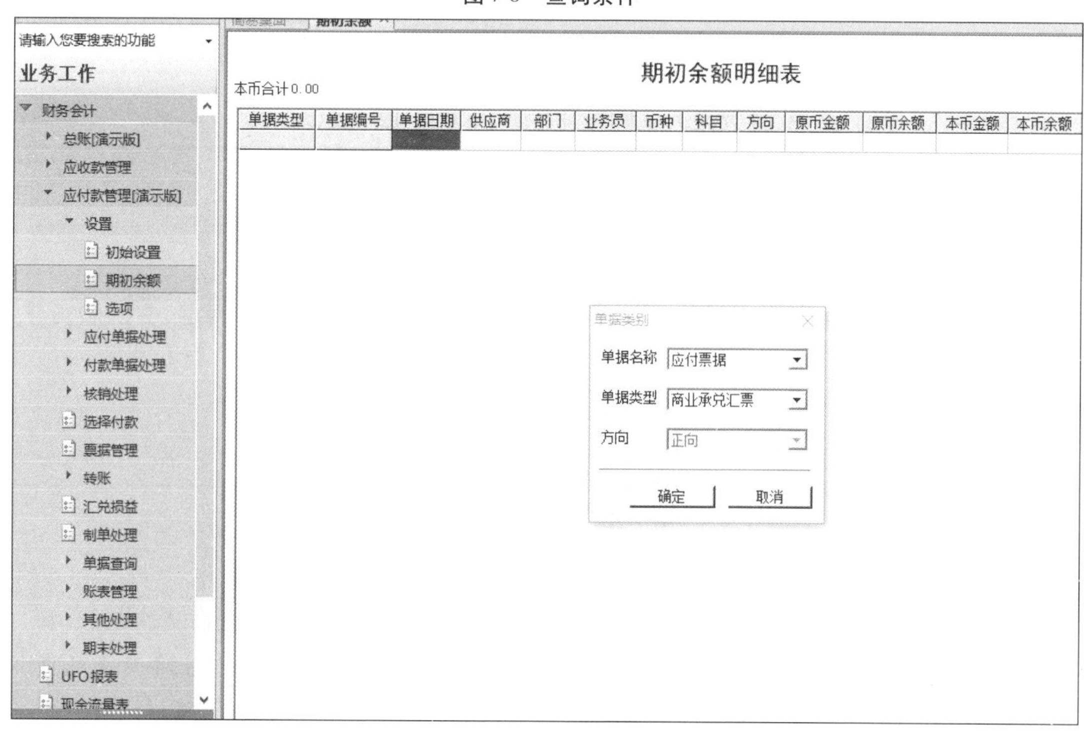

图 7-9　单据类别

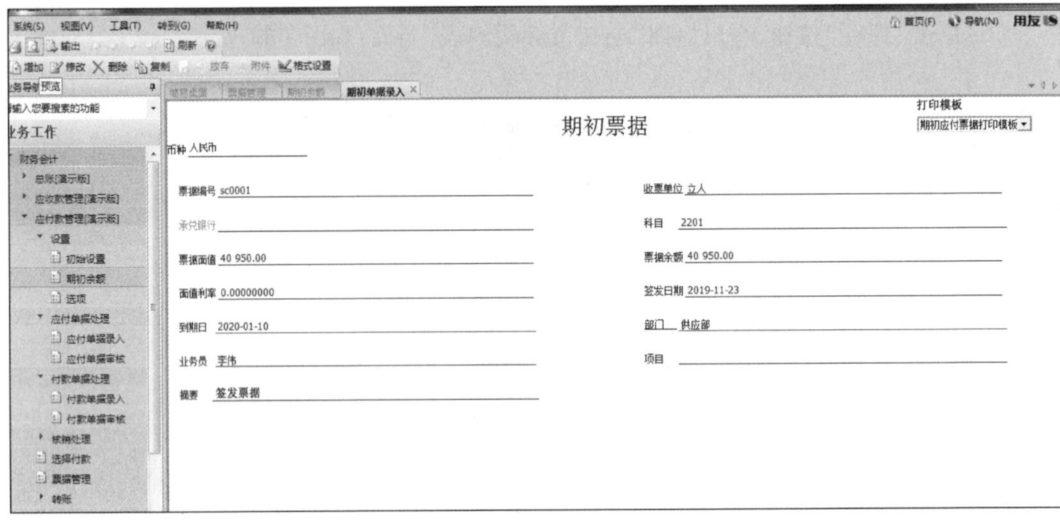

图 7-10　期初单据录入

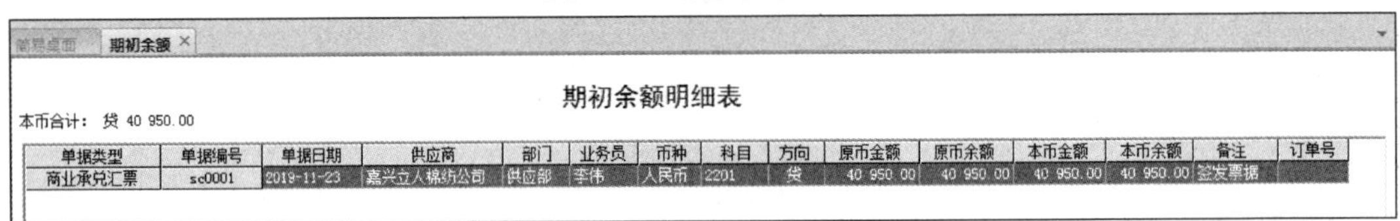

期初余额明细表

本币合计：贷 40 950.00

单据类型	单据编号	单据日期	供应商	部门	业务员	币种	科目	方向	原币金额	原币余额	本币金额	本币余额	备注	订单号
商业承兑汇票	sc0001	2019-11-23	嘉兴立人棉纺公司	供应部	李伟	人民币	2201	贷	40 950.00	40 950.00	40 950.00	40 950.00	签发票据	

图 7-11　期初余额明细表

(7)单击“增加”按钮，继续录入采购普通发票，如图 7-12 所示。

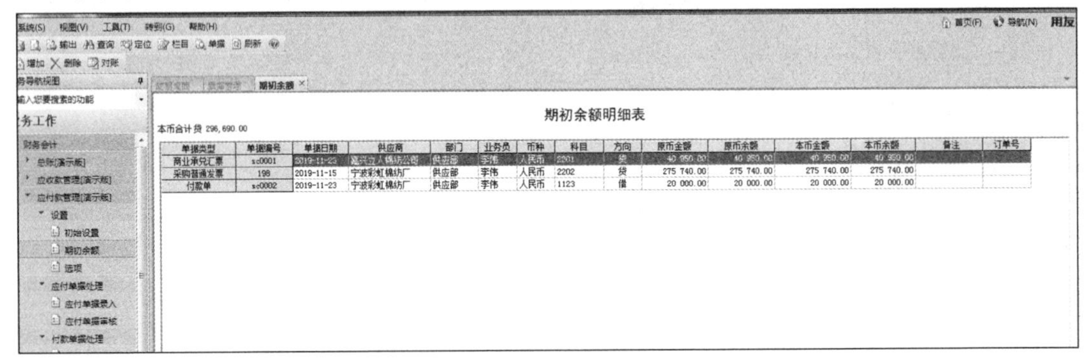

期初余额明细表

本币合计 贷 296,690.00

单据类型	单据编号	单据日期	供应商	部门	业务员	币种	科目	方向	原币金额	原币余额	本币金额	本币余额	备注	订单号
商业承兑汇票	sc0001	2019-11-23	嘉兴立人棉纺公司	供应部	李伟	人民币	2201	贷	40 950.00	40 950.00	40 950.00	40 950.00		
采购普通发票	198	2019-11-15	宁波彩虹棉纺厂	供应部	李伟	人民币	2202	贷	275 740.00	275 740.00	275 740.00	275 740.00		
付款单	sc0002	2019-11-23	宁波彩虹棉纺厂	供应部	李伟	人民币	1123	借	20 000.00	20 000.00	20 000.00	20 000.00		

图 7-12　期初余额明细表

提示：

- 在初次使用应付系统时，应将启用应付系统时未处理完的所有供应商的应付账款、预付账款、应付票据等数据录入本系统。当进入第二年度时，系统自动将上年度未处理完的单据转为下一年度的期初余额。在下一年度的第一个会计期间里，可以进行期初余额的调整。
- 如果退出了录入期初余额的单据，在“期初余额明细表”窗口中并没有看到新录入的期初余额，应单击“刷新”按钮，就可以列示所有的期初余额的内容。
- 录入预付款的单据类型仍然是“付款单”，但是款项类型为“预付款”。

八、应付系统与总账对账

操作步骤：

（1）在“期初余额明细表”窗口中，单击“对账”按钮，打开“期初对账”窗口。

（2）显示对账结果，差额为 0 表示对账结果正确，如图 7-13 所示。

科目		应付期初		总账期初		差额	
编号	名称	原币	本币	原币	本币	原币	本币
1123	预付账款	-20 000.00	-20 000.00	-20 000.00	-20 000.00	0.00	0.00
2201	应付票据	40 950.00	40 950.00	40 950.00	40 950.00	0.00	0.00
2202	应付账款	275 740.00	275 740.00	275 740.00	275 740.00	0.00	0.00
	合计		296 690.00		296 690.00		0.00

图 7-13　期初对账

提示：

- 当完成全部应付款期初余额录入后，应通过对账功能将应付系统期初余额与总账系统期初余额进行核对。
- 当保存了期初余额结果，或在第二年使用需要调整期初余额时可以进行修改。当第一个会计期间已结账后，期初余额只能查询不能再修改。
- 期初余额所录入的票据保存后自动审核。
- 应付系统与总账系统对账，必须要在总账与应付系统同时启用后才可以进行。

九、账套备份

操作步骤：

（1）在 D 盘中新建“账套备份 + 项目七任务一”文件夹。

（2）将账套输出到“D:\账套备份 + 项目七任务一”文件夹中。

应付款管理系统日常业务处理

任务二　应付款管理系统日常业务处理

［任务准备］

引入“项目七任务一　应付款管理系统初始化”的账套备份数据，将系统日期修改为“2020 年 1 月 1 日”，注册进入应付款管理系统。

［任务要求］

- 录入应付单据和付款单据
- 修改应付单据和付款单据
- 删除应付单据
- 2021 年 1 月 31 日，审核本月录入的应付单据和付款单据，核销付款单据
- 对应付单据和付款单据进行账务处理
- 账套备份

［任务资料］

绍兴柯鲁纺织品有限公司 2020 年 1 月发生如下经济业务，以“001 陆可一”（口令：1）的身份进行业务操作，业务单据日期为业务日期，记账凭证填制日期为 1 月 31 日。

（1）1 月 8 日，李伟从宁波彩虹棉纺厂购入 1600K 乙产品 10 台，单价 1 500 元（不含税单价），作为外购商品入库，收到一张增值税专用发票，该货款暂欠。

（2）1 月 10 日，以转账支票（票号：ZZR121yifuy）支付已到期商业承兑汇票 40 950 元，系前欠嘉兴立人棉纺公司购棉纱款。

（3）1 月 16 日，李伟从宁波彩虹棉纺厂购入甲产品 3 000 套，不含税单价 30 元，货税款以转账支票方式支付（专用发票号：C111，支票号：ZZR117，税率：13%），商品已验收入库。

（4）1 月 17 日，李伟从宁波彩虹棉纺厂购入甲产品 1 000 套，不含税单价 29 元，货税款以转账支票方式支付（专用发票号：C222，支票号：ZZR118，税率：13%），商品已验收入库。

（5）1 月 17 日，支付给宁波彩虹棉纺厂转账支票一张（票号：ZZR182），金额为 21 950 元，其中，16 950 元用于归还前欠款，另外 5 000 元作为预付款。

（6）1 月 18 日，支付给宁波彩虹棉纺厂转账支票一张，票号为 ZZR120，金额为30 000 元作为预付款。

（7）1 月 20 日，经协商将所欠宁波彩虹棉纺厂 50 000 元账款转入嘉兴立人棉纺公司。

（8）1 月 20 日，将预付宁波彩虹棉纺厂 5 000 元账款冲抵其所欠的应付款项。

注意：

增加修改存货档案操作，增加甲产品和乙产品的外购属性。

操作步骤：

（1）在企业应用平台中，打开“基础设置”选项卡，执行“基础档货”—“存货”—“存货档案”命令，打开“存货档案”对话框。

（2）选择甲产品那栏点击修改，选择存货属性中的外购选项。同理，修改乙产品的存货属性，如图 7-14 和图 7-15 所示。

存货编码 004　　存货名称 甲产品

基本 | 成本 | 控制 | 其他 | 计划 | MPS/MRP | 图片 | 附件

存货编码	004	存货名称	甲产品	规格型号	
存货分类	1 - 原料及主要材料	存货代码		助记码	
计量单位组	1 - 基本计量单位	计量单位组类别	无换算率	英文名	
主计量单位	5 - 台	生产计量单位		通用名称	
采购默认单位		销售默认单位			
库存默认单位		成本默认辅计量			
零售计量单...		海关编码			
海关计量单位		海关单位换算率	1.00		
销项税率%	13.00	进项税率%	13.00		
生产国别		生产企业			
生产地点		产地/厂牌			

编码	名称	换算率

存货属性

☑ 内销	☐ 外销	☑ 外购	☐ 生产耗用	☐ 委外
☑ 自制	☐ 在制	☐ 计划品	☐ 选项类	☐ 备件
☐ PTO	☐ ATO	☐ 模型	☐ 资产	☐ 工程物料
☐ 计件	☐ 应税劳务	☐ 服务项目	☐ 服务配件	☐ 服务产品
☐ 折扣	☐ 受托代销	☐ 成套件	☐ 保税品	

图 7-14　修改甲产品存货属性

存货编码 005　　存货名称 乙产品

基本 | 成本 | 控制 | 其他 | 计划 | MPS/MRP | 图片 | 附件

存货编码	005	存货名称	乙产品	规格型号	
存货分类	1 - 原料及主要材料	存货代码		助记码	
计量单位组	1 - 基本计量单位	计量单位组类别	无换算率	英文名	
主计量单位	5 - 台	生产计量单位		通用名称	
采购默认单位		销售默认单位			
库存默认单位		成本默认辅计量			
零售计量单...		海关编码			
海关计量单位		海关单位换算率	1.00		
销项税率%	13.00	进项税率%	13.00		
生产国别		生产企业			
生产地点		产地/厂牌			

编码	名称	换算率

存货属性

☑ 内销	☐ 外销	☑ 外购	☐ 生产耗用	☐ 委外
☑ 自制	☐ 在制	☐ 计划品	☐ 选项类	☐ 备件
☐ PTO	☐ ATO	☐ 模型	☐ 资产	☐ 工程物料
☐ 计件	☐ 应税劳务	☐ 服务项目	☐ 服务配件	☐ 服务产品
☐ 折扣	☐ 受托代销	☐ 成套件	☐ 保税品	

图 7-15　修改乙产品存货属性

[任务指导]

填制采购发票

一、填制采购发票

操作步骤:以任务资料第一笔业务为例。

(1)以“001 陆可一”的身份进入应付款管理系统窗口。

(2)选择“应付款管理”—“应付单据处理”—“应付单据录入”选项,打开“单据类别”对话框。

(3)单据名称“采购发票”,单据类型选择“采购专用发票”,单击“确定”按钮,进入“专用发票”界面,如图 7-16 所示。

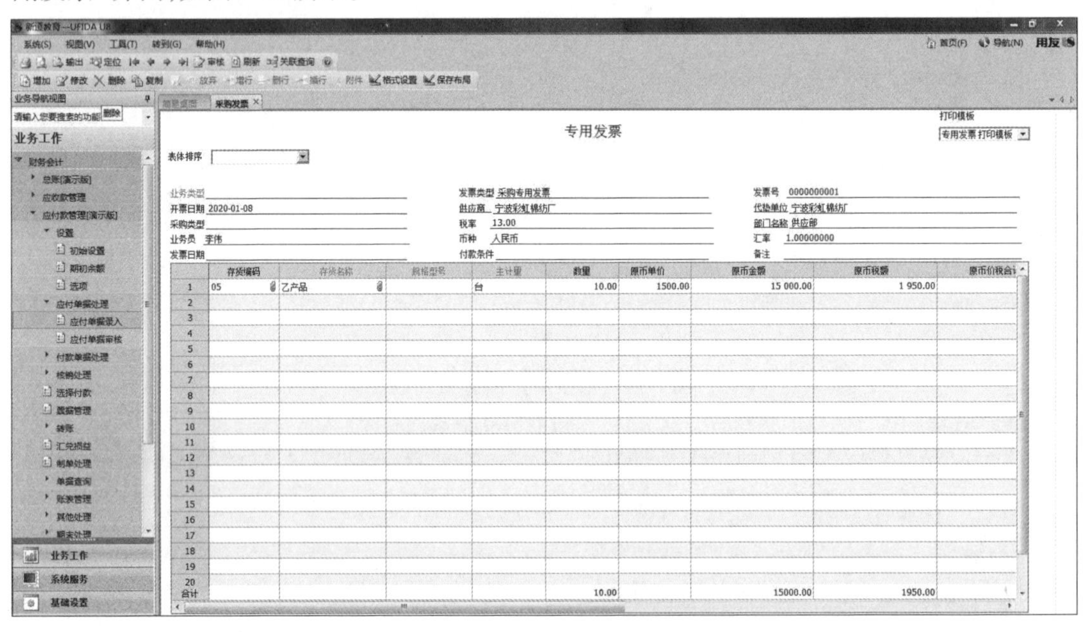

图 7-16 销售专用发票

(4)单击“增加”按钮,录入发票信息。

(5)点击“保存”按钮。

按此方法,增加任务资料第三笔、第四笔业务的采购专用发票。

填制付款单

二、填制付款单

操作步骤:以任务资料第三笔业务为例。

(1)选择“付款单据处理”—“付款单据录入”选项,打开“收付款单录入”对话框。

(2)点击“增加”按钮,录入付款单信息,如图 7-17 所示。

(3)单击“保存”按钮。根据资料,录入任务资料第四笔业务的付款单。

付款单

显示模版 应付付款单显示模版

表体排序

单据编号
结算方式 转账支票
汇率 1.00000000
供应商银行
部门 供应部
摘要 支付棉纱款

日期 2020-01-10
结算科目 100201
金额 40 950.00
供应商账号
业务员 李伟

供应商 立人
币种 人民币
本币金额 40 950.00
票据号
项目

	款项类型	供应商	科目	金额	本币金额	部门	业务员
1	应付款	立人	2202	40 950.00	40 950.00	供应部	李伟
2							
3							
4							

图 7-17　录入付款单信息

三、审核采购发票

审核采购发票

操作步骤:以任务资料第一笔业务、第三笔业务和第四笔业务为例。

(1)以“001 陆可一”的身份重新注册系统,进入企业应用平台。

(2)选择“应付款管理”—“应付单据处理”—“应付单据审核”选项,打开“应付单查询条件”对话框,单据名称选择“采购发票”,点击“确定”按钮,打开“应付单据列表”对话框,如图 7-18 所示。

收付款单列表　单据处理

应付单据列表

记录总数:1

选择	审核人	单据日期	单据类型	单据号	供应商名称	部门	业务员	制单人	币种	汇率
Y		2020-01-08	采购专...	0000000001	宁波彩虹棉纺厂	供应部	李伟	陆可一	人民币	1.00000
合计										

图 7-18　应付单据列表

(3)单击“全选”按钮,或者单击业务所在行,单击“审核”按钮,如图 7-19 所示。

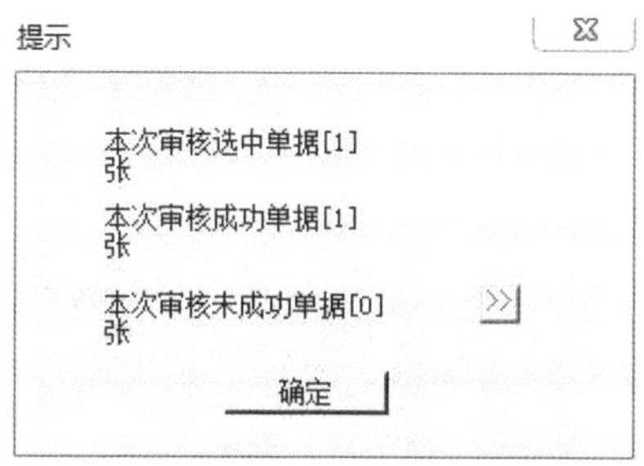

图 7-19　审核

(4)单击“确定”按钮,审核完成。

四、审核付款单

审核付款单

操作步骤:以任务资料第三笔业务和第四笔业务为例。

(1)以“001 陆可一”的身份重新注册系统,进入企业应用平台。

(2)选择“应付款管理”—“付款单据处理”—“付款单据审核”选项,打开“付款单查询条件”对话框,打开“收付款单列表”对话框,如图 7-20 所示。

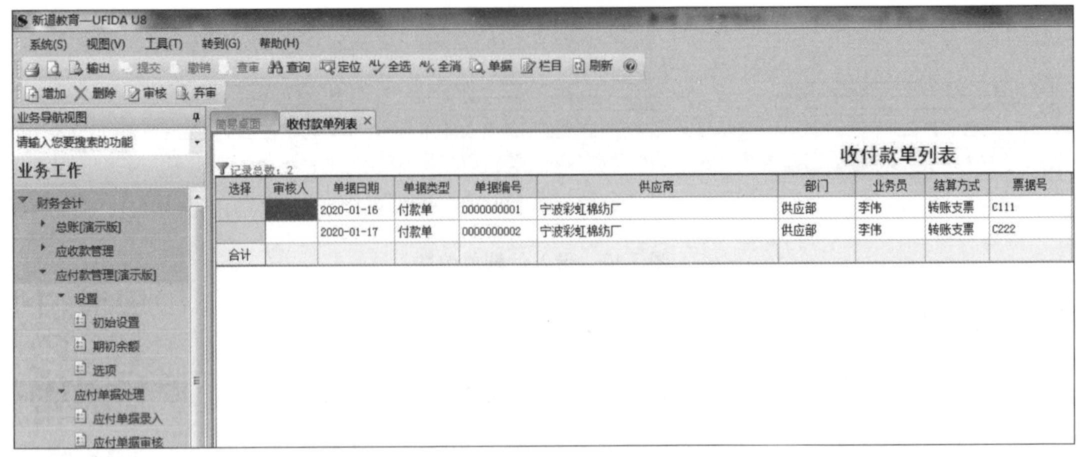

图 7-20　收付款单列表

(3)单击“全选”按钮,或双击付款单所在栏目,单击“审核”按钮,如图 7-21 所示。

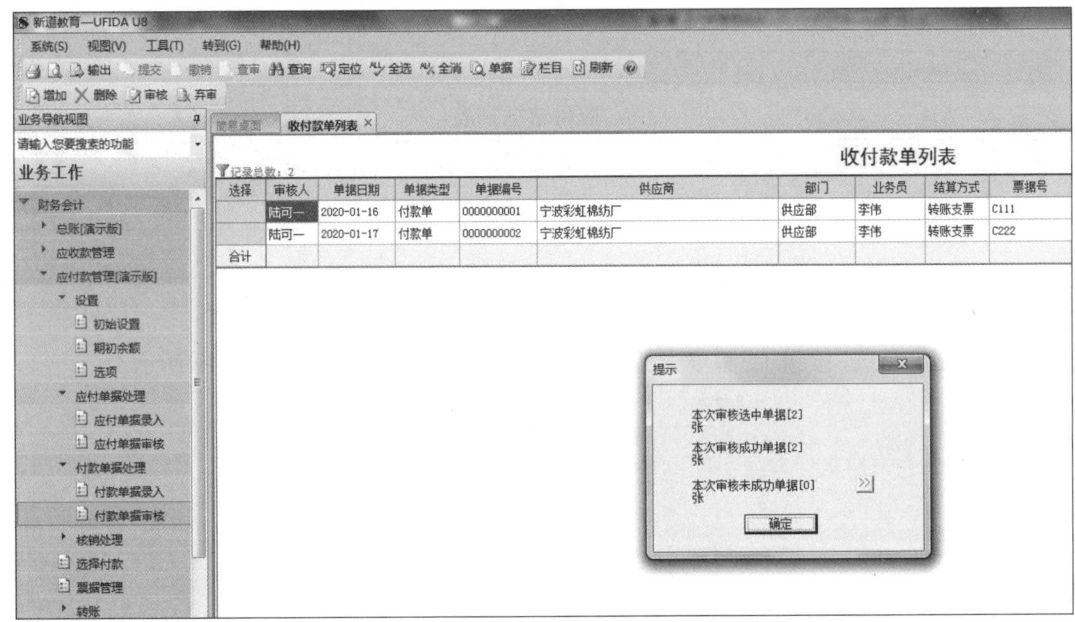

图 7-21　审核

(4)单击“确定”按钮,审核完成。

五、制单

制单

1. 发票制单

操作步骤:以任务资料第一笔业务、第三笔业务和第四笔业务为例。

(1)以“001 陆可一”的身份重新注册系统,进入企业应用平台。

(2)选择“应付款管理”—“制单”选项,打开“制单查询”对话框,如图 7-22 所示。

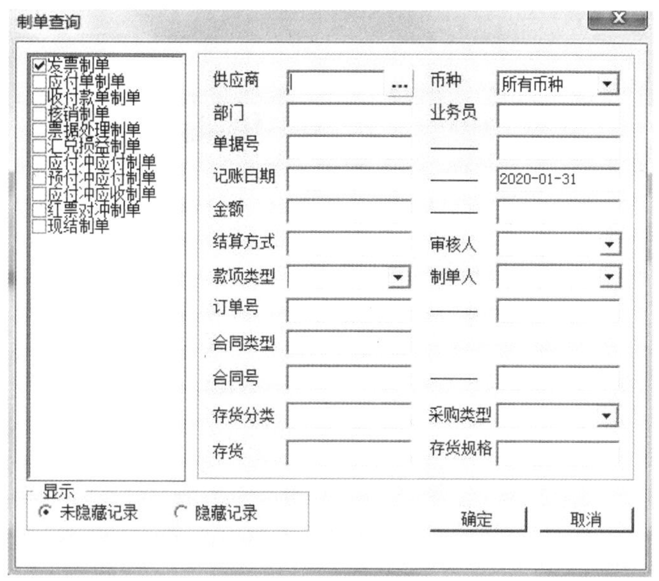

图 7-22 制单查询

（3）选择“发票制单”，单击“确定”按钮，进入“采购发票制单”界面，可选择单笔业务生成凭证，也可“全选”生成 3 张凭证，凭证类别选择“转账凭证”，如图 7-23 所示。

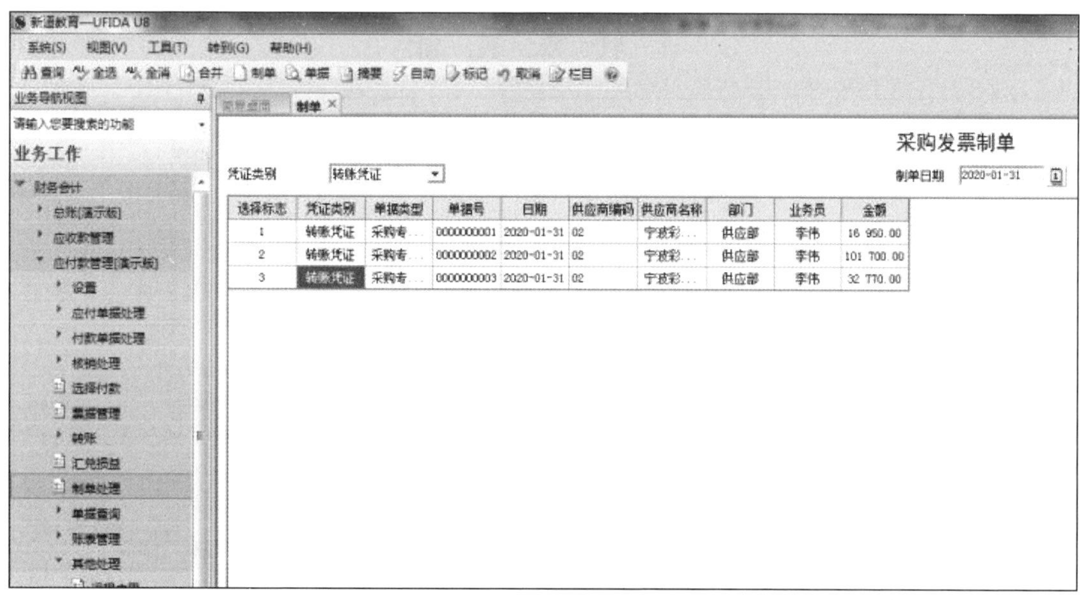

图 7-23 采购发票制单

（4）单击“制单”按钮，补全凭证，保存，如图 7-24 至图 7-26 所示。

已生成

转 账 凭 证

转 字 0003　制单日期：2020.01.31　审核日期：　附单据数：1

摘 要	科目名称	借方金额	贷方金额
采购专用发票	在途物资	1500000	
采购专用发票	应交税费/应交增值税/进项税额	195000	
采购专用发票	应付账款		1695000
票号 日期	数量 单价	合 计 1695000	1695000

备注　项 目　部 门
个 人　客 户
业务员

记账　审核　出纳　制单 陆可一

图 7-24　业务 1 制单

已生成

转 账 凭 证

转 字 0001　制单日期：2020.01.31　审核日期：　附单据数：1

摘 要	科目名称	借方金额	贷方金额
采购专用发票	在途物资	9000000	
采购专用发票	应交税费/应交增值税/进项税额	1170000	
采购专用发票	应付账款		10170000
票号 日期	数量 单价	合 计 10170000	10170000

备注　项 目　部 门
个 人　客 户
业务员

记账　审核　出纳　制单 陆可一

图 7-25　业务 3 制单

已生成

转 账 凭 证

转 字 0002 制单日期：2020.01.31 审核日期： 附单据数：1

摘要	科目名称	借方金额	贷方金额
采购专用发票	在途物资	2900000	
采购专用发票	应交税费/应交增值税/进项税额	377000	
采购专用发票	应付账款		3277000
票号 日期	数量 单价 合计	3277000	3277000

备注 项目 部门

个人 客户

业务员

记账 审核 出纳 制单 陆司一

图 7-26 业务 4 制单

2. 付款单制单

操作步骤：以任务资料第三笔业务和第四笔业务为例。

(1)选择“应付款管理”—“制单”选项，打开“制单查询”对话框。

(2)选择“收付款单制单”，单击“确定”按钮，进入“收付款单制单”界面，可选择单笔业务生成凭证，也可“全选”生成两张凭证，凭证类别选择“付款凭证”，如图 7-27 所示。

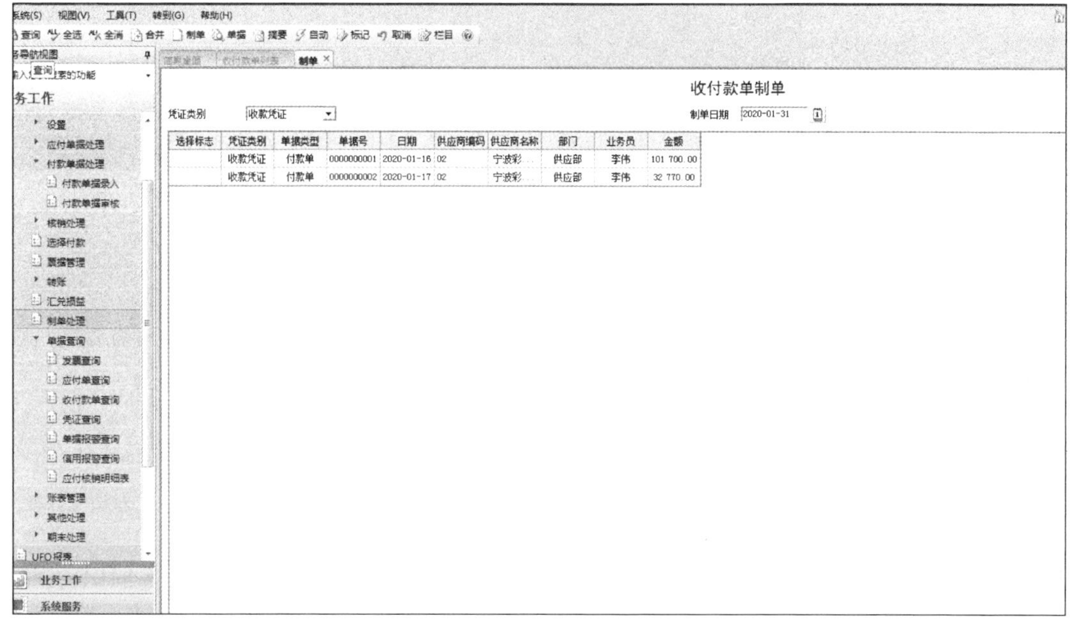

图 7-27 收付款单制单

(3)单击“制单”按钮，保存，如图 7-28 和图 7-29 所示。

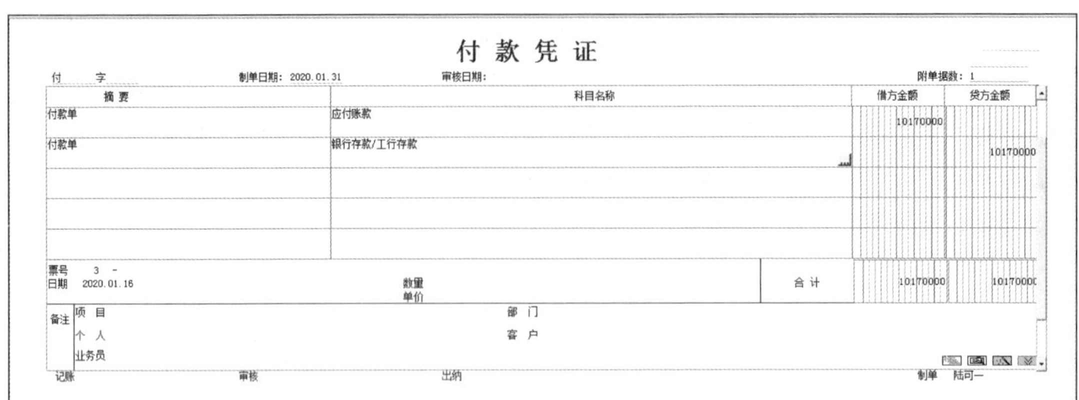
付款凭证
付 字 制单日期：2020.01.31 审核日期： 附单据数：1

摘要	科目名称	借方金额	贷方金额
付款单	应付账款	10170000	
付款单	银行存款/工行存款		10170000

票号 3 -
日期 2020.01.16 数量 单价 合计 10170000 10170000
备注 项目 部门
个人 客户
业务员
记账 审核 出纳 制单 陆司一

图 7-28 业务 3 制单

付款凭证
付 制单日期：2020.01.31 审核日期： 附单据数：1

摘要	科目名称	借方金额	贷方金额
付款单	应付账款	3277000	
付款单	银行存款/工行存款		3277000

票号 -
日期 数量 单价 合计 3277000 3277000
备注 项目 部门
个人 供应商 彩虹
业务员 李伟
记账 审核 出纳 制单 陆司一

图 7-29 业务 4 制单

提示：

- 如果在"单据查询"窗口中，在选中"收付款单制单"后，再去掉"发票制单"的选项，则会打开"收付款单制单"窗口。如果不去掉"发票制单"选项，虽然制单窗口显示的是"应付制单"，但两种待制的单据都会显示出来。
- 在制单功能中还可以根据需要进行合并制单。

六、核销付款单

核销付款单

操作步骤：以任务资料第五笔业务为例。

(1)选择"应付款管理"—"核销处理"—"手工核销"选项，打开"核销条件"对话框，选择"供应商"为"02"，如图 7-30 所示。

(2)单击"确定"按钮，进入"单据核销"界面，在"本次结算"栏，分别录入"101 700""32 770"。

(3)点击"保存"按钮。

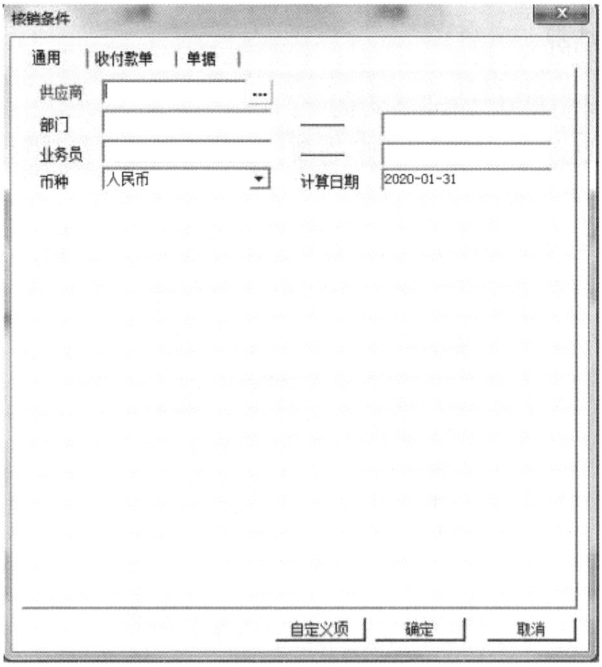

核销条件

通用 | 收付款单 | 单据

供应商

部门

业务员

币种 人民币 计算日期 2020-01-31

自定义项 确定 取消

图 7-30 供应商

提示：

- 系统提供手工核销和自动核销两种核销方式，手工核销比较灵活。
- 在保存核销内容后，单据核销窗口中将不再显示已被核销的内容。
- 结算单列表显示的是款项类型为应付款和预付款的记录，而款项类型为其他费用的记录不允许在此作为核销记录。
- 核销时，结算单列表中款项类型为应付款的记录默认本次结算金额为该记录上的原币金额；款项类型为预付款的记录默认本次结算金额为空。核销时可以修改本次结算金额，但是不能大于该记录的原币金额。
- 在结算单列表中，单击“分摊”按钮，系统将当前结算单列表中的本次结算金额合计自动分摊到被核销单据列表的本次结算栏中。核销顺序依据被核销单据的排序顺序。
- 一次只能对一种结算单类型进行核销，即手工核销的情况下需要将收款单和付款单分开核销。
- 手工核销保存时，若结算单列表的本次结算金额大于或小于被核销单据列表的本次结算金额合计，系统将提示结算金额不相等，不能保存。
- 如果在执行核销处理过程中操作有误，可通过执行“其他处理”—“取消操作”命令将其恢复到操作前状态。如果该处理已经制单，应先删除其对应的凭证，再进行恢复。

七、商业承兑汇票结算

商业承兑汇票结算

操作步骤：以任务资料第二笔业务为例。

(1)选择“应付款管理”—“票据管理”选项，打开“查询条件选择”对话框，点击“确定”按钮，打开“票据管理”对话框。

(2)双击选择向嘉兴立人棉纺公司签发并承兑的商业承兑汇票，点击“结算”按钮，打开“票据结算”对话框。选择“100201 工行存款”，如图 7-31 所示。

图 7-31　商业汇票结算

(3)点击“确定”按钮，系统提示“是否立即制单”，点击“确定”，生成一张付款凭证，如图 7-32 所示。

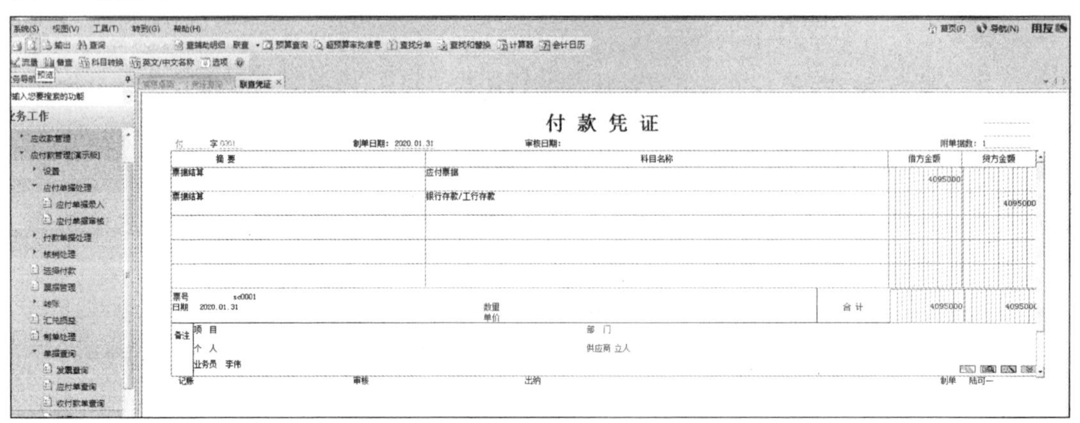

图 7-32　商业承兑汇票生成凭证

八、预付款业务处理

预付款业务处理

操作步骤：以任务资料第五笔业务为例。

(1)选择“付款单据处理”—“付款单据录入”选项，打开“收付款单录入”对话框。

(2)点击“增加”按钮，录入付款单信息(表体列明应付款和预付款)，如图 7-33 所示。

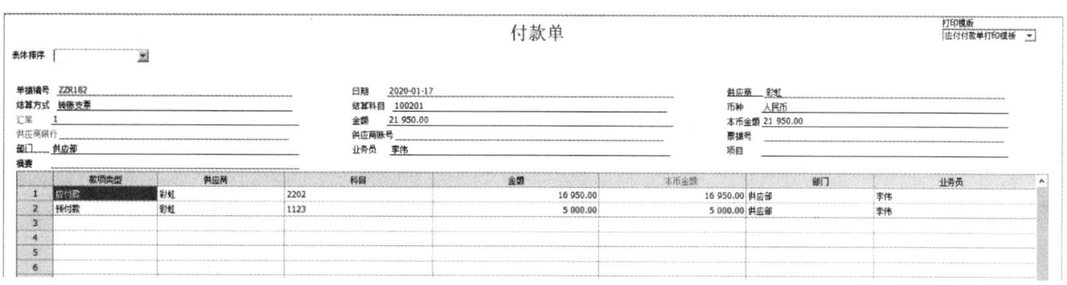

付款单

打印模版：应付付款单打印模板

表体排序

单据编号 ZZR182　　日期 2020-01-17　　供应商 彩虹
结算方式 转账支票　　结算科目 100201　　币种 人民币
汇率 1　　金额 21 950.00　　本币金额 21 950.00
供应商银行　　供应商账号　　票据号
部门 供应部　　业务员 李伟　　项目
摘要

	款项类型	供应商	科目	金额	本币金额	部门	业务员
1	应付款	彩虹	2202	16 950.00	16 950.00	供应部	李伟
2	预付款	彩虹	1123	5 000.00	5 000.00	供应部	李伟
3							
4							
5							
6							

图 7-33　付款单填制

（3）单击“保存”按钮保存。

（4）同理，录入任务资料第六笔业务的预付业务付款单，并保存，如图 7-34 所示。

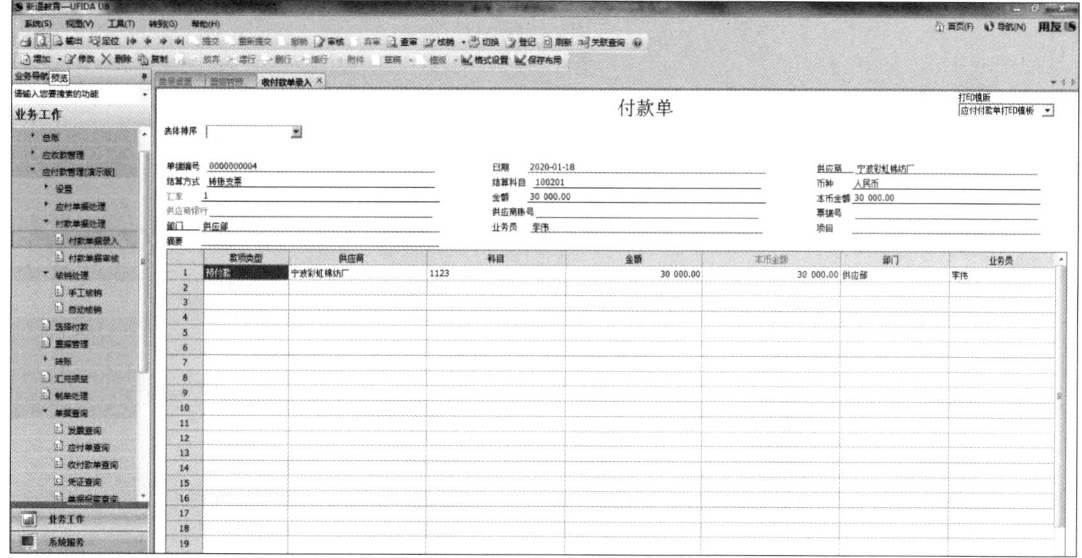

付款单

打印模版：应付付款单打印模板

表体排序

单据编号 0000000004　　日期 2020-01-18　　供应商 宁波彩虹棉纺厂
结算方式 转账支票　　结算科目 100201　　币种 人民币
汇率 1　　金额 30 000.00　　本币金额 30 000.00
供应商银行　　供应商账号　　票据号
部门 供应部　　业务员 李伟　　项目
摘要

	款项类型	供应商	科目	金额	本币金额	部门	业务员
1	预付款	宁波彩虹棉纺厂	1123	30 000.00	30 000.00	供应部	李伟

图 7-34　付款单

（5）对任务资料第五笔和第六笔业务进行付款单据审核，并制单生成凭证，如图 7-35 所示。

付款凭证

付　字 0003　　制单日期：2020.01.31　　审核日期：　　附单据数：1

摘要	科目名称	借方金额	贷方金额
付款单	应付账款	1695000	
付款单	预付账款	500000	
付款单	银行存款/工行存款		2195000
票号 日期	数量 单价　　合计	2195000	2195000

备注　项目　　部门
个人　　供应商 彩虹
业务员 李伟

记账　　审核　　出纳　　制单 陆司一

图 7-35　付款凭证

九、将应付账款冲抵应付账款

操作步骤：以任务资料第七笔业务为例。

（1）选择“应付款管理”—“转账”—“应付冲应付”选项，打开“应付冲应付”对话框。

（2）在供应商栏录入“02 宁波彩虹棉纺厂”，再在转入供应商栏录入“003”，如图 7-36 所示。

日期 <= 2020-01-31
单据类型：☑货款 ☑应付款 ☐预付款
转入：☑供应商 03 - 嘉兴立人棉纺 ☐部门 ☐业务员 合同类型 ☐合同 项目大类 ☐项目
供应商 02 - 宁波彩虹棉纺 部门 业务员
币种 人民币 汇率 1
项目大类 项目 合同类型 合同号
来源 订单号
自定义项

单据日期	单据类型	单据编号	方向	原币金额	原币余额	部门编号	业务...	合同号	合同名称	项目编码	项目	并账金额

图 7-36　应付冲应付

（3）单击“查询”按钮。

（4）在第 2 行“并账金额”栏录入“50 000”，如图 7-37 所示。

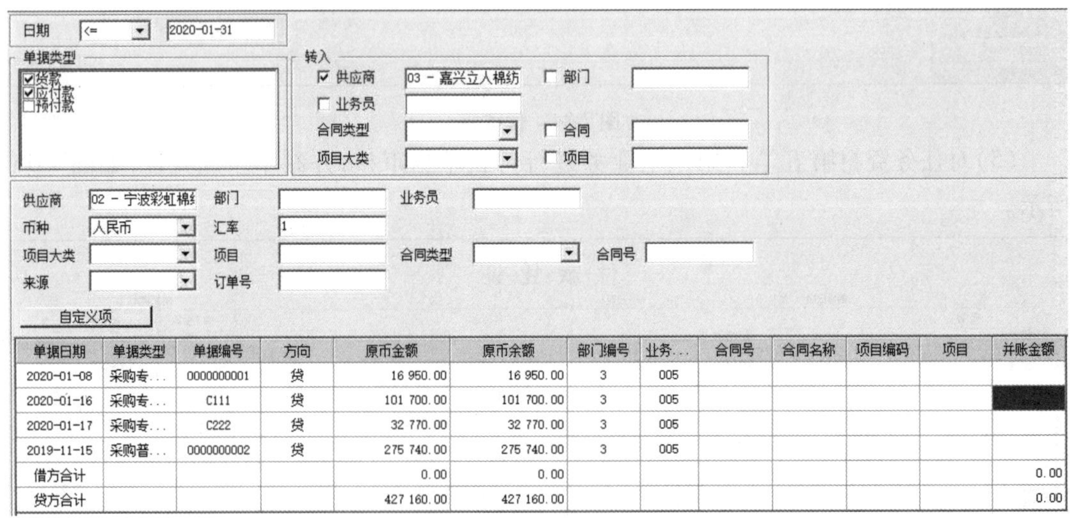
日期 <= 2020-01-31
单据类型：☑货款 ☑应付款 ☐预付款
转入：☑供应商 03 - 嘉兴立人棉纺 ☐部门 ☐业务员 合同类型 ☐合同 项目大类 ☐项目
供应商 02 - 宁波彩虹棉纺 部门 业务员
币种 人民币 汇率 1
项目大类 项目 合同类型 合同号
来源 订单号
自定义项

单据日期	单据类型	单据编号	方向	原币金额	原币余额	部门编号	业务...	合同号	合同名称	项目编码	项目	并账金额
2020-01-08	采购专...	0000000001	贷	16 950.00	16 950.00	3	005					
2020-01-16	采购专...	C111	贷	101 700.00	101 700.00	3	005					
2020-01-17	采购专...	C222	贷	32 770.00	32 770.00	3	005					
2019-11-15	采购普...	0000000002	贷	275 740.00	275 740.00	3	005					
借方合计				0.00	0.00							0.00
贷方合计				427 160.00	427 160.00							0.00

图 7-37　应付冲应付并账

（5）单击“保存”按钮，出现“是否立即制单”提示，单击“是”，即可生成一张转账凭证，点击“保存”按钮，如图 7-38 所示。

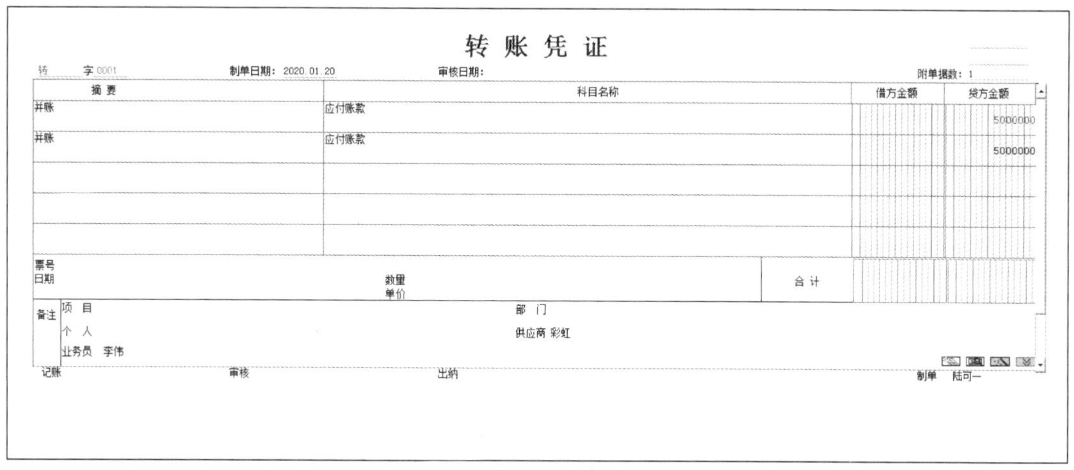

图 7-38 应付冲应付制单

十、将预付账款冲抵应付账款

将预付账款冲抵应付账款

操作步骤：以任务资料第八笔业务为例。

（1）在应付款管理系统中，执行“转账”—“预付冲应付”命令，进入“预付冲应付”窗口。

（2）在“预付款”选项卡中，选择供应商为“宁波彩虹棉纺”，单击“过滤”按钮，系统列出该供应商的预付款，输入转账金额为“5 000”，如图 7-39 所示。

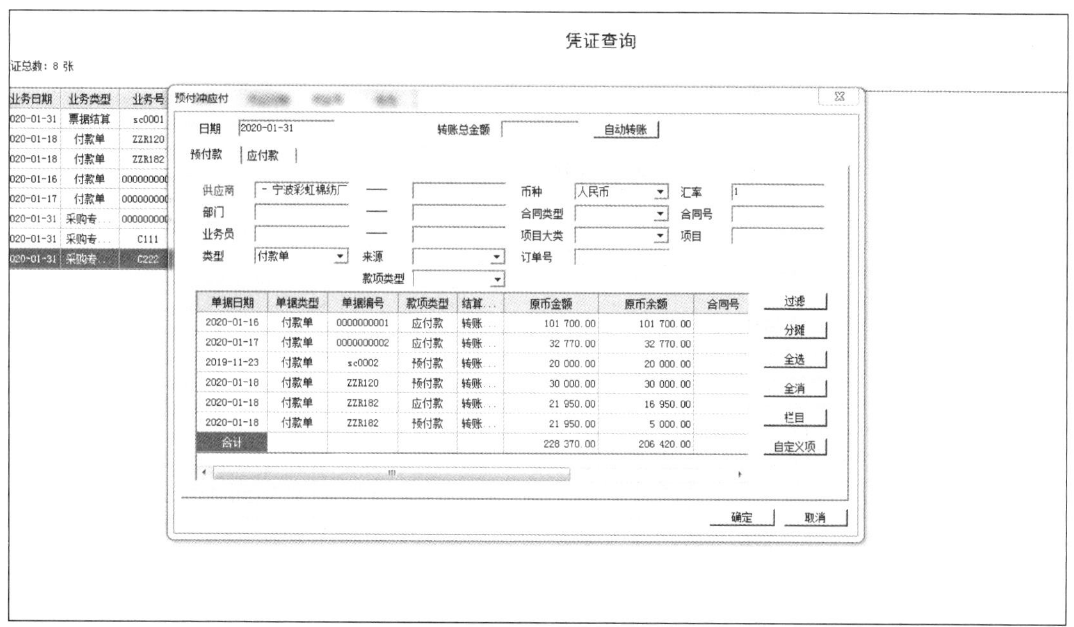

图 7-39 预付冲应付

（3）单击打开“应付款”选项卡，单击“过滤”按钮，系统列出该供应商的应付款，如图 7-40 所示。

预付冲应付

日期 2020-01-20　　转账总金额 5,000.00　　自动转账

预付款 | 应付款

供应商 - 宁波彩虹棉纺厂 —— 　币种 人民币　汇率 1

部门 ——　合同类型　合同号

业务员 ——　项目大类　项目

类型 付款单　来源　订单号

款项类型

单据日期	单据类型	单据编号	款项类型	结算…	原币金额	原币余额	合同号
2020-01-18	付款单	0000000001	应付款	转账…	30 000.00	30 000.00	
2019-11-23	付款单	sc002	预付款	转账…	20 000.00	15 000.00	
2020-01-01	付款单	ZZR117	应付款	转账…	01 700.00	101 700.00	
2020-01-01	付款单	ZZR118	应付款	转账…	32 770.00	32 770.00	
2020-01-18	付款单	ZZR182	应付款	转账…	21 950.00	16 950.00	
2020-01-18	付款单	ZZR182	预付款	转账…	21 950.00	5 000.00	
合计					:28 370.00	201 420.00	

过滤　分摊　全选　全消　栏目　自定义项

确定　取消

图 7-40　预付冲应付

(4)单击“确定”按钮,系统弹出“是否立即制单?”信息提示框,单击“是”按钮,生成凭证,如图 7-41 所示。

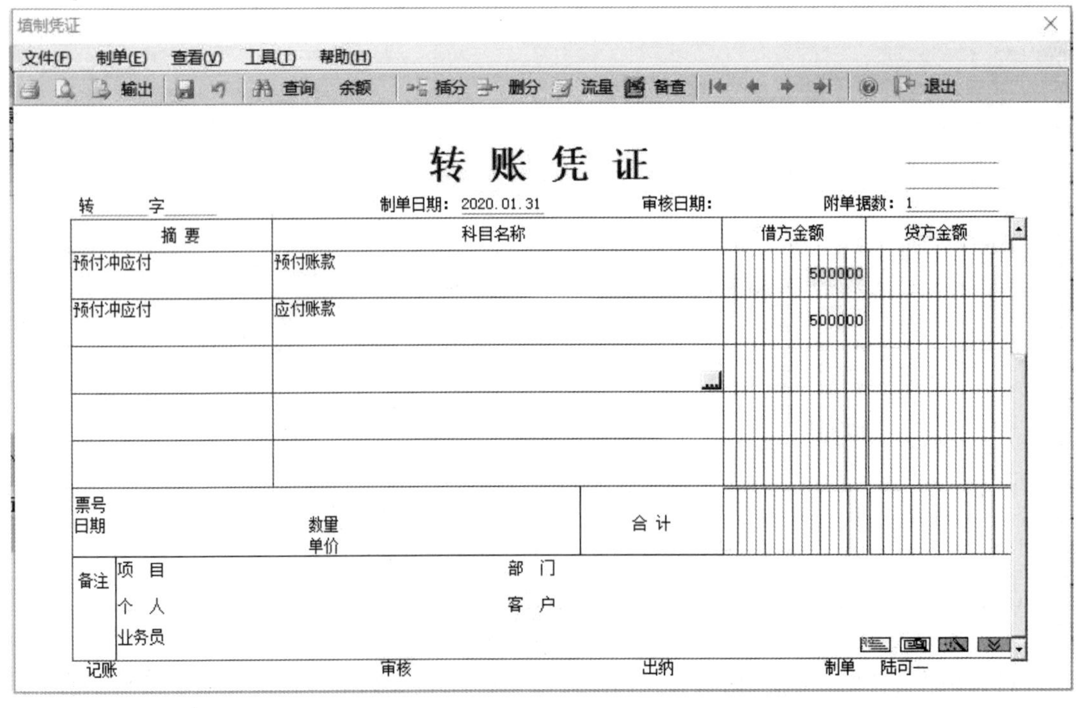

填制凭证

文件(F)　制单(E)　查看(V)　工具(T)　帮助(H)

输出　查询　余额　插分　删分　流量　备查　退出

转 账 凭 证

转　字　　制单日期: 2020.01.31　　审核日期:　　附单据数: 1

摘要	科目名称	借方金额	贷方金额
预付冲应付	预付账款	500000	
预付冲应付	应付账款	500000	

票号　日期　数量　单价　合 计

备注　项 目　部 门　个 人　客 户　业务员

记账　审核　出纳　制单 陆司一

图 7-41　转账凭证

十一、凭证查询

凭证查询

操作步骤：

（1）选择“应付款管理”—“单据查询”—“凭证查询”选项，打开“凭证查询条件”对话框。

（2）默认选项，单击“确定”按钮，如图 7-42 所示。

凭证查询

凭证总数：10 张

业务日期	业务类型	业务号	制单人	凭证日期	凭证号	标志
2020-01-31	票据结算	sc0001	陆司一	2020-01-31	付-0001	
2020-01-18	付款单	ZZR120	陆司一	2020-01-31	付-0002	
2020-01-18	付款单	ZZR182	陆司一	2020-01-31	付-0003	
2020-01-16	付款单	0000000001	陆司一	2020-01-31	付-0004	
2020-01-17	付款单	0000000002	陆司一	2020-01-31	付-0005	
2020-01-31	采购专...	0000000001	陆司一	2020-01-31	转-0001	
2020-01-31	采购专...	C111	陆司一	2020-01-31	转-0002	
2020-01-31	采购专...	C222	陆司一	2020-01-31	转-0003	
2020-01-31	预付冲应付	ZZR182	陆司一	2020-01-31	转-0004	
2020-01-31	并账	C111	陆司一	2020-01-31	转-0005	

图 7-42　凭证查询

（3）在“凭证查询”窗口，可以对凭证进行修改、删除、冲销等操作，也可以双击业务所在行，进行凭证联查。

十二、账套备份

操作步骤：

（1）在 D 盘中新建“账套备份 + 项目七任务二”文件夹。

（2）将账套输出到“D:\账套备份 + 项目七任务二”文件夹中。

任务三　应付款管理系统期末业务处理

[任务准备]

引入“项目七任务二　应付款管理系统日常业务处理”账套数据，将系统日期修改为“2020 年 1 月 31 日”，注册后进入应付款管理系统。

[任务要求]

- 查询发票
- 查询收付款单
- 查询并删除凭证
- 对供应商进行付款账龄分析
- 查询 2020 年 1 月的业务总账
- 查询应付账款科目余额

- 将未制单的单据制单
- 结账

相关知识：

在应付款管理系统中，如果当月业务已全部处理完毕，就需要执行月末结账功能，只有月末结账后，才可以开始下月工作。应付款管理系统进行月末结账需要遵循以下规则。

1. 应付款管理系统与采购管理系统集成使用，应在采购管理系统结账后，才能对应付款管理系统进行结账处理。
2. 当选项中设置审核日期为单据日期时，本月的单据（发票和应付单）在结账前应该全部审核。当选项中设置审核日期为业务日期时，截至本月末还有未审核单据（发票和应付单），照样可以进行月结处理。
3. 如果本月的付款单还有未审核的，不能结账。
4. 当选项中设置月结时必须将当月单据以及处理业务全部制单，则月结时若检查当月有未制单的记录时不能进行月结处理。当选项中设置月结时不用检查是否全部制单，则无论当月有无未制单的记录，均可以进行月结处理。
5. 如果是本年度最后一个期间结账，最好将本年度进行的所有核销、转账等处理全部制单，并且将本年度外币余额为0的单据的本币余额结转为0。
6. 如果本月的前一个月没有结账，则本月不能结账。
7. 一次只能选择一个月进行结账。

［任务指导］

一、欠账分析

操作步骤：

（1）在应付款管理系统中，选择“账表管理”—“统计分析”—“欠款分析”选项，打开“欠款分析”对话框。

（2）单击“确定”按钮，进入“欠款分析”窗口，如图7-43所示。

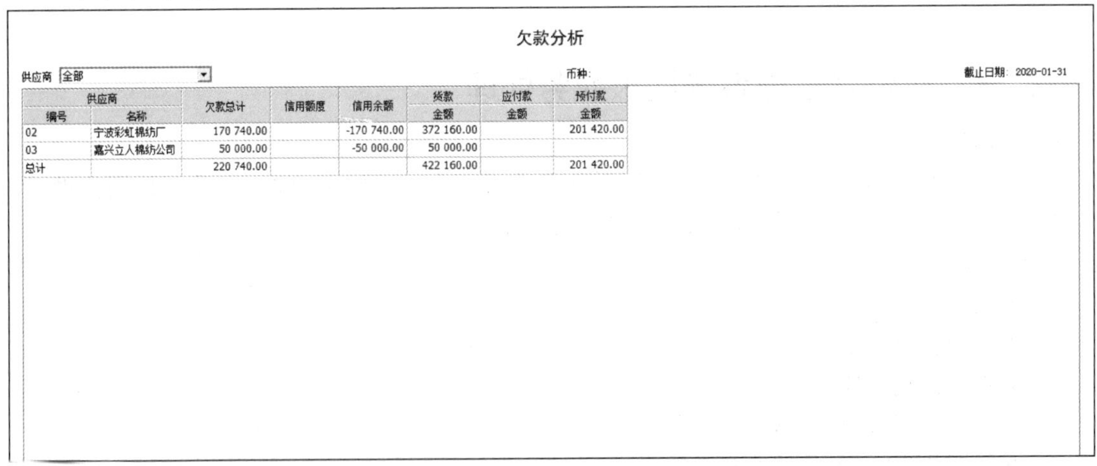

欠款分析

供应商 全部　　币种:　　截止日期: 2020-01-31

供应商		欠款总计	信用额度	信用余额	货款	应付款	预付款
编号	名称				金额	金额	金额
02	宁波彩虹棉纺厂	170 740.00		-170 740.00	372 160.00		201 420.00
03	嘉兴立人棉纺公司	50 000.00		-50 000.00	50 000.00		
总计		220 740.00			422 160.00		201 420.00

图7-43　欠款分析

二、结账

操作步骤：

(1)在应付款管理中，选择“期末处理”—“月末结账”选项，打开“月末处理”对话框。

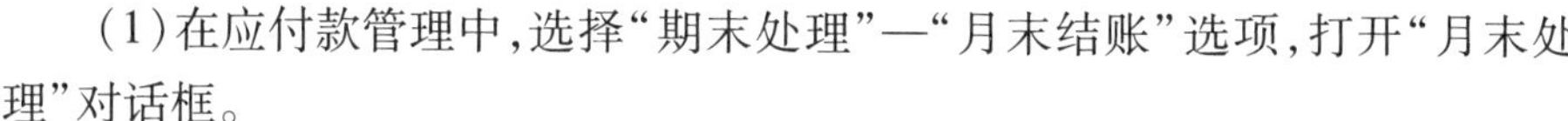

(2)双击一月份结账标志为“Y”，如图 7-44 所示。

月末处理

月　份	结账标志
一月	Y
二月	
三月	
四月	
五月	
六月	
七月	
八月	
九月	
十月	

月末结账后，该月将不能再进行任何处理！

上一步　下一步　取消

图 7-44　月末处理向导 1

(3)单击“下一步”，如图 7-45 所示。注意：处理情况均为“是”，才可结账。

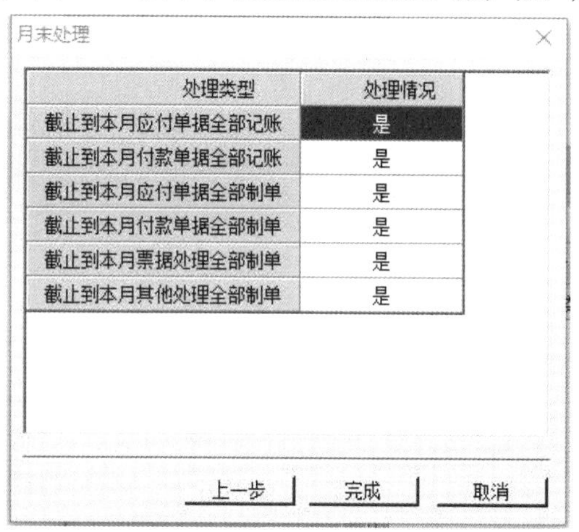
月末处理

处理类型	处理情况
截止到本月应付单据全部记账	是
截止到本月付款单据全部记账	是
截止到本月应付单据全部制单	是
截止到本月付款单据全部制单	是
截止到本月票据处理全部制单	是
截止到本月其他处理全部制单	是

上一步　完成　取消

图 7-45　月末处理向导 2

(4)单击“完成”，完成结账工作，如图 7-46 所示。

三、账套备份

操作步骤：

(1)在 D 盘中新建“账套备份 + 项目七任务三”文件夹。

(2)将账套输出到“D:\账套备份 + 项目七任务三”文件夹中。

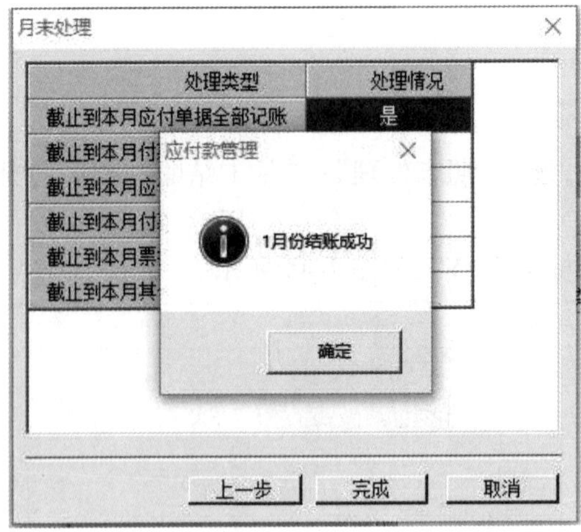
月末处理
处理类型
处理情况
截止到本月应付单据全部记账
是
截止到本月付
截止到本月应
截止到本月付
截止到本月票
截止到本月其
应付款管理
1月份结账成功
确定
上一步
完成
取消

图 7-46　月末结账完成

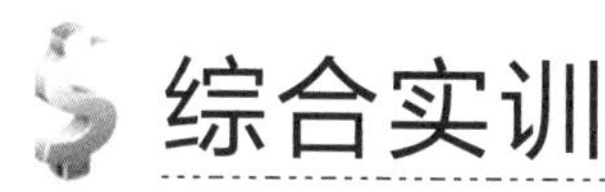

综合实训

实训一　系统管理与综合设置

【实训准备】

正确安装用友 ERP-U8V10.1 软件,将系统日期改为“2024 年 1 月 1 日”。

【实训要求】

(1)增加用户。

(2)建立账套(不进行系统启用的设置)。

(3)设置用户权限。

(4)201 号操作员在企业应用平台中分别启用“总账”“应收款管理”“应付款管理”“固定资产”“薪资管理”账户,启用日期为 2024 年 1 月 1 日。

(5)设置部门档案、人员类别、职员档案、供应商分类、供应商档案、客户档案。

(6)备份账套。

【实训资料】

一、操作员及其权限

操作员及其权限见实训表 1。

实训表 1　操作员及其权限

编号	姓名	口令	所属部门	角色	权限
201	张强	A01	财务部	账套主管	账套主管的全部权限
202	陈红	A02	财务部	总账会计	
203	李乐	A03	财务部		总账系统中出纳签字及出纳的所有权限

二、账套信息

账套号:200

单位名称:实达股份有限公司

单位简称:实达公司

单位地址:北京市西城区西四大街 11 号

法人代表:李明
邮政编码:100055
税号:100011010255669
启用会计日期:2024 年 1 月 1 日
企业类型:工业
行业性质:2007 年新会计科目
账套主管:张强
基础信息:对供应商进行分类
分类编码方案:
科目编码级次:4222
供应商分类编码级次:123
部门编码级次:122

三、部门档案

部门档案见实训表 2。

实训表 2　部门档案

部门编码	部门名称
1	人事部
2	财务部
3	供销中心
301	采购部
302	销售部
4	生产车间

四、人员类别

在职人员分为企业管理人员、经营人员和生产人员。

五、人员档案

人员档案见实训表 3。

实训表 3　人员档案

人员编码	人员姓名	性　别	人员类别	行政部门	是否业务员
001	李明	男	企业管理人员		是
002	江平	男	企业管理人员		
003	张强	男	企业管理人员		

续表

人员编码	人员姓名	性　别	人员类别	行政部门	是否业务员
004	陈红	女	企业管理人员		
005	李乐	男	企业管理人员		
006	王芳	女	经营人员		是
007	周莹	女	经营人员		是
008	马文杰	男	生产人员		

六、供应商分类

供应商分类见实训表4。

实训表4　供应商分类

类别编码	类别名称
1	主料供应商
2	配料供应商

七、供应商档案

供应商档案见实训表5。

实训表5　供应商档案

供应商编码	供应商名称/简称	所属分类	税号	分管部门	专管业务员
01	大发公司	1 主料供应商	11028734650123	采购部	王芳
02	光华集团	2 配料供应商	11548357292443	采购部	王芳

八、客户档案

客户档案见实训表6。

实训表6　客户档案

客户编码	客户名称/简称	税号	分管部门	专管业务员
01	前进公司	430432432893257	销售部	周莹
02	建达公司	225832700549099	销售部	周莹

实训二　总账系统初始化

【实训准备】

已经完成了实训一的操作，将系统日期修改为“2024 年 1 月 1 日”，由 201 号操作员注册进入企业应用平台进行操作。

【实训要求】

(1)设置会计科目。

(2)指定会计科目。

(3)设置凭证类别。

(4)设置选项。

(5)输入期初余额。

(6)设置结算方式。

(7)设置项目目录。

(8)账套备份。

【实训资料】

一、会计科目

(1)“1001 库存现金”为现金总账科目，“1002 银行存款”为银行总账科目。

(2) 增加会计科目(实训表 7)。

实训表 7　增加的会计科目

科目编码	科目名称	辅助账类型
100201	建行存款	日记账、银行账
122101	职工个人借款	个人往来
660201	差旅费	部门核算
660202	办公费	部门核算
660203	工资	部门核算
660204	福利费	部门核算
660205	折旧费	部门核算
660206	其他	

(3) 修改会计科目。

- “1121 应收票据”“1122 应收账款”“2203 预收账款”科目辅助账类型为“客户往来”(受控系统为应收系统)。
- “2201 应付票据”“2202 应付账款”“1123 预付账款”科目辅助账类型为“供应商往来”(受控系统为应付系统)。

"1605 工程物资"科目及所属明细科目辅助账类型为"核算项目"。

二、凭证类别

凭证类别见实训表 8。

实训表 8　凭证类别

类别名称	限制类型	限制科目
收款凭证	借方必有	1001,1002
付款凭证	贷方必有	1001,1002
转账凭证	凭证必无	1001,1002

三、选项

不允许修改、作废他人填制的凭证，出纳凭证必须经由出纳签字，可以使用应收、应付系统的受控科目。

四、期初余额

库存现金:9 000(借)
建行存款:191 000(借)
应收账款:30 000(借)前进公司
预付账款:30 000(借)大发公司
职工个人借款——李明:7 000(借)
固定资产:869 000
累计折旧:72 515
库存商品:13 000(借)
短期借款:100 000(借)
长期借款:496 485(贷)
实收资本:480 000(贷)

五、结算方式

结算方式包括现金结算、现金支票结算、转账支票结算及其他结算。

六、项目目录

项目大类为"工程",核算科目为"工程物资"及明细科目,项目内容为"办公楼"和"商务楼",其中"商务楼"包括"1 号楼"和"2 号楼"两项工程。

实训三　总账系统日常业务处理

【实训准备】

已经完成了实训二的操作，将系统日期修改为“2024 年 1 月 31 日”。

【实训要求】

(1)由 201 号操作员设置常用摘要并审核凭证；由 202 号操作员对除设置常用摘要、审核凭证和出纳签字以外的业务进行操作；由 203 号操作员进行出纳签字。

(2)设置账套参数。

(3)填制凭证。

(4)审核凭证。

(5)出纳签字。

(6)修改第 2 号付款凭证的金额为 51 000 元。

(7)删除第 1 号收款凭证并整理断号。

(8)设置常用凭证。

(9)记账。

(10)查询已记账的第 1 号转账凭证。

(11)银行对账。

(12)定义转账分录。

(13)生成机制凭证。

(14)对账。

(15)冲销第 1 号付款凭证。

【实训资料】

一、常用摘要

常用摘要见实训表 9。

实训表 9　常用摘要

摘要编码	摘要内容
1	报销办公费
2	提现金
3	报销差旅费

二、2024 年 1 月发生如下经济业务

(1)1 月 8 日，以现金支付修理费 920 元。

借：管理费用——其他　　920

贷:库存现金 920

(2)1 月 8 日,以建行存款 50 000 元支付销售部广告费。

借:销售费用 5 000

贷:银行存款——建行存款(转账支票 6355) 50 000

(3)1 月 12 日,销售给前进公司库存商品一批,货税款 90 200 元(货款 80 000 元,税款 10 200 元)已存入银行。

借:银行存款——建行存款 93 600

贷:主营业务收入 80 000

应交税费——应交增值税——销项税额 13 600

(4)1 月 22 日,李明借差旅费 7 000 元。

借:其他应收款——职工个人借款——李明 7 000

贷:库存现金 7 000

三、常用凭证

摘要:从建行提现金,凭证类别:付款凭证; 科目编码:1001 和 100201。

四、银行对账期初数据

单位日记账余额为 391 000 元,银行对账单期初余额为 300 000 元,有银行已付而企业未收的未达账(2024 年 1 月 20 日)91 000 元。

五、2024 年 1 月的银行对账单

2024 年 1 月的银行对账单见实训表 10。

实训表 10　银行对账单

日期	计算方式	票号	借方金额	贷方金额	余额
2024 - 01 - 08	转账支票	1122		51 000	249 000
2024 - 01 - 22	转账支票	1234	1 000		250 000

六、期末转账的内容

“应交税费——应交增值税——销项税额”贷方发生额转入“应交税费——未交增值税”。

实训四　编制报表

【实训准备】

在完成上述实训的基础上,由 201 操作员进入“UFO 报表”进行编制报表的操作。

【实训要求】

(1)设计利润表的格式。

(2)按新会计制度设计利润表的计算公式。

(3)生成自制利润表的数据。

(4)将已生成数据的自制利润表另存为“1 月份利润表”。

(5)利用报表模板按新会计制度科目生成资产负债表。

(6)保存“资产负债表”。

【实训资料】

一、样表内容

样表内容见实训表 11。

实训表 11　利润表

编制单位　　　　　　　　　　　　　　　　　　　　　　年　　月

项目	行数	本月数	本年累计数
一、主营业务收入	1		
减:主营业务成本	2		
营业税费	3		
销售费用	4		
管理费用	5		
财务费用(收益以“ - ”号填列)	6		
资产减值损失	7		
加:公允价值变动净收益(净损失以“ - ”号填列)	8		
投资净收益	9		
其中对联营企业与合营企业的投资收益	10		
二、营业利润(亏损以“ - ”号填列)	11		
加:营业外收入	12		
减:营业外支出	13		
其中:非流动资产处置净损失(净收益以“ - ”号填列)	14		
三、利润总额(亏损总额以“ - ”填列)	15		
减:所得税	16		

续表

项目	行数	本月数	本年累计数
四、净利润(净亏损以“ - ”号填列)	17		
五、每股收益	18		
基本每股收益	19		
稀释每股收益	20		

二、报表中的计算公式

报表中的计算公式见实训表12。

实训表12 计算公式

位置	单元公式	位置	单元公式
C5	fs(6001,月,“贷”,,年)	D5	? C5 + select(D5,年@ = 年 and 月@ = 月 + 1)
C6	fs(6401,月,“借”,,年)	D6	? C6 + select(D6,年 @ = 年 and 月 @ = 月 + 1)
C7	fs(6403,月,“借”,,年)	D7	? C7 + select(D7,年@ = 年 and 月 @ = 月 + 1)
C8	fs(6601,月,“借”,,年)	D8	? C8 + select(D8,年@ = 年 and 月@ = 月 + 1)
C9	fs(6602,月,“借”,,年)	D9	? C9 + select(D9,年@ = 年 and 月@ = 月 + 1)
C10	fs(6603,月,“借”,,年)	D10	? C10 + select(D10,年@ = 年 and 月@ = 月 + 1)
C11	fs(6701,月,“借”,,年)	D11	? C11 + select(D11,年@ = 年 and 月@ = 月 + 1)
C12	fs(6101,月,“借”,,年)	D12	? Cl2 + select(D12,年@ = 年 and 月 @ = 月 + 1)
C13	fs(6111,月,“借”,,年)	D13	? C13 + select(D13,年@ = 年 and 月@ = 月 + 1)
C14		D14	
C15	C5 - C6 - C7 - C8 - C9 - C10 - C11 + C12 + C13	D15	? C15 + select(D15,年@ = 年 and 月 @ = 月 + 1)
C16	fs(6301,月,“贷”,,年)	D16	? C16 + select(D16,年 @ = 年 and 月 @ = 月 + 1)
C17	fs(6711,月,“借”,,年)	D17	? C17 + select (D17,年@ = 年 and 月 @ = 月 + 1)
C18		D18	
C19	C15 + C16 - C17	D19	? C19 + select(D19,年@ = 年 and 月@ = 月 + 1)
C20	fs(6111,月,“借”,,年)	D20	? C20 + select (D20,年 @ = 年 and 月 @ = 月 + 1)
C21	C19 - C20	D21	? C21 + select(D21,年@ = 年 and 月@ = 月 + 1)

实训五　薪资管理

【实训准备】

已经完成了“总账系统初始化”的操作，将系统日期修改为“2024 年 1 月 1 日”，由 201 号操作员注册进入 200 账套的薪资管理系统。

【实训要求】

(1)建立工资账套。

(2)基础设置。

(3)工资类别管理。

(4)设置基本人员工资账套的工资项目。

(5)设置人员档案。

(6)录入并计算 1 月份的工资数据。

(7)扣缴所得税。

(8)银行代发工资。

(9)分摊工资并生成转账凭证。

【实训资料】

一、200 账套工资系统的参数

工资类别有两个，工资核算本位币为人民币，不核算计件工资，自动代扣个人所得税，进行扣零到元，人员编码长度采用系统默认的 10 位。工资类别为“基本人员”和“退休人员”，并且总人员分布在各个部门，而退休人员只属于人事部门。

二、人员附加信息

人员的附加信息为“学历”和“技术职称”。

三、“基本人员”的工资项目

“基本人员”的工资项目见实训表 13。

实训表 13　工资项目

工资项目名称	类型	长度	小数	增减项
基本工资	数字	8	2	增项
职务补贴	数字	8	2	增项
交通补贴	数字	8	2	增项
奖金	数字	8	2	增项
缺勤扣款	数字	8	2	减项
缺勤天数	数字	8	2	其他

四、银行名称

银行名称为“建设银行”,账号长度为11位,录入时自动带出的账号长度为8位。

五、工资类别

基本人员和退休人员(注:如果在建立工资账套后已经设置了“基本人员”的工资类别,此处只需设置“退休人员”的工资类别,否则,两处工资类别均需在此设置)。

六、基本人员档案

基本人员档案见实训表14。

实训表14　基本人员档案表

职员编号	人员姓名	学历	职称	所属部门	人员类别	银行代发账号
0000000001	李明	大学	经济师	人事部(1)	企业管理人员	11020088001
0000000002	江平	大学	经济师	人事部(1)	企业管理人员	11020088002
0000000003	张强	大学	会计师	财务部(2)	企业管理人员	11020088003
0000000004	陈红	大专	助理会计师	财务部(2)	企业管理人员	11020088004
0000000005	王芳	大专		采购部(301)	采购人员	11020088005
0000000006	周莹	大专		销售部(301)	销售人员	11020088006

七、计算公式

缺勤扣款 = 基本工资/22 × 缺勤天数

采购人员和销售人员的交通补贴为200元,其他人员的交通补贴为100元。

八、个人所得税

按“实发工资”扣除“5 000”元后计税。

九、2024年1月有关的工资数据

2024年1月有关的工资数据见实训表15。

实训表15　工资数据表

人员编号	人员姓名	所属部门	人员类别	基本工资	职务补贴	奖 金	缺勤天数
001	李明	人事部(1)	企业管理人员	4 000	2 000	800	
002	江平	人事部(1)	企业管理人员	3 000	1 500	700	2

续表

人员编号	人员姓名	所属部门	人员类别	基本工资	职务补贴	奖 金	缺勤天数
003	张强	财务部(2)	企业管理人员	4 000	1 500	800	
004	陈红	财务部(2)	企业管理人员	1 500	900	1 000	
005	王芳	采购部(301)	采购人员	1 500	900	1 200	
006	周莹	销售部(301)	销售人员	1 200	800	1 100	

十、分摊构成设置

按工资总额的14%计提福利费,按工资总额的2%计提工会经费,见实训表16。

实训表16 分摊构成设置

计提类型名称	部门名称	人员类别	项目	借方科目	贷方科目
应付工资	人事部、财务部	企业管理人员	应发合计	管理费用——工资	应付职工薪酬/应付工资
	采购部、销售部	企业管理人员	应发合计	销售费用	应付职工薪酬/应付工资
应付福利费	人事部、财务部	企业管理人员	应发合计	管理费用——利费	应付职工薪酬/应付福利费
	采购部、销售部	企业管理人员	应发合计	销售费用	应付职工薪酬/应付福利费
工会经费	人事部、财务部	采购人员	应发合计	管理费用——其他	应付职工薪酬/工会经费
	采购部、销售部	销售人员	应发合计	销售费用	应付职工薪酬/工会经费

实训六 固定资产系统

【实训准备】

已经完成了"总账系统初始化"的操作,将系统日期修改为"2024 年 1 月 1 日",由 201 操作员注册进入 200 账套的"固定资产"。

【实训要求】

(1)建立固定资产子账套。

(2)基础设置。

(3)录入原始卡片。

(4)修改固定资产卡片。

(5)增加固定资产。

(6)计提本月折旧并制单。

(7)生成增加固定资产的记账凭证。

【实训资料】

一、200 账套固定资产系统的参数

固定资产账套启用月份为“2024 年 1 月”,固定资产采用“平均年限法(一)”计提折旧,折旧汇总分配周期为一个月;当“月初已计提月份 =(可使用月份 - 1)”时将剩余折旧全部提足。固定资产编码方式为“2 - 1 - 1 - 2”;固定资产编码方式采用手工输入方法,编码方式为“类别编码 + 序号”;序号长度为“5”。要求固定资产系统与总账进行对账;固定资产对账科目为“1601 固定资产”;累计折旧对账科目为“1602 累计折旧”;对账不平衡的情况下允许固定资产月末结账。

二、部门对应折旧科目

部门对应折旧科目见实训表 17。

实训表 17 部门对应折旧科目

部门名称	贷方科目
人事部	管理费用——折旧费
财务部	管理费用——折旧费
采购部	销售费用
销售部	销售费用
生产车间	制造费用

三、固定资产类别

固定资产类别见实训表 18。

实训表 18 固定资产类别

类别编码	类别名称	使用年限	净残值率	计提属性	折旧方法	卡片样式
01	房屋及建筑物				平均年限法(一)	通用样式
011	行政楼	30	2%	正常计提	平均年限法(一)	通用样式
012	厂房	30	2%	正常计提	平均年限法(一)	通用样式
02	机器设备				平均年限法(一)	通用样式
021	办公设备	5	3%	正常计提	平均年限法(一)	通用样式

四、固定资产增减方式

固定资产增减方式见实训表19。

实训表19　固定资产增减方式

增加方式	对应入账科目	减少方式	对应入账科目
直接购入	银行存款——建行存款（100201）	出售	固定资产清理（1606）
投资者投入	实收资本（4001）	投资转出	长期股权投资（1511）
捐赠	营业外收入（6301）	捐款转出	固定资产清理（1606）
盘盈	待处理财产损益（1901102）	盘亏	待处理财产损益（1901102）
在建工程转入	在建工程（1604）	报废对应入账科目	固定资产清理（1606）

五、固定资产原始卡片

固定资产原始卡片见实训表20。

实训表20　固定资产原始卡片

卡片编号	00001	00002	00003
固定资产编号	01100001	01200001	02100001
固定资产名称	8号楼	12号楼	电脑
类别编码	011	012	021
类别名称	行政楼	厂房	办公设备
部门名称	人事部	生产车间	财务部
增加方式	在建工程转入	在建工程转入	直接购入
使用状况	在用	在用	在用
使用年限	30年	30年	5年
折旧方式	平均年限法（一）	平均年限法（一）	平均年限法（一）
开始使用日期	2012－01－08	2012－03－10	2012－06－01
币种	人民币	人民币	人民币
原值	500 000	350 000	19 000
净残值率	2%	2%	3%
累计折旧	40 000	30 515	2 000
对应折旧科目	管理费用——折旧费	制造费用	管理费用——折旧费

六、修改固定资产卡片

将编号为“00003”的固定资产(电脑)的折旧方式由“平均年限法(一)”修改为“年数总和法”。

七、新增固定资产

2024年1月15日直接购入并交付销售部使用一台电脑,预计使用年限为5年,原值为21 000元,净残值率为3%,采用“双倍余额递减法”计提折旧。

实训七　应收款系统

【实训准备】

已经完成了“总账系统初始化”的操作,将日期修改为“2024年1月8日”,由201号操作员注册进入200账套的“应收款管理”。

一、初始设置

【实训要求】

(1)设置系统参数。

(2)设置账目。

(3)坏账准备设置。

(4)账龄区间设置。

(5)报警级别设置。

(6)录入期初余额。

【实训资料】

(一)200账套应收款系统的参数

坏账处理方式为“应收余额百分比法”,启用客户权限,并且按信用方式根据单据提前7天自动报警。

(二)基本科目

应收科目为“1122 应收账款”,销售收入科目为“6001 主营业务收入”,应交增值税科目为“22210102 应交税费——应交增值税——销项税额”,销售退回科目为“6001 主营业务收入”,商业承兑科目为“1121 应收票据”。

(三)结算方式科目

现金支票结算方式科目为“1001 库存现金”,转账支票结算方式科目为“100201 建行存款”。

(四)坏账准备

提取比例为“0.3%”,坏账准备期初余额为“0”,坏账准备科目为“1231 坏账准备”,坏账准备对方科目为“6602 管理费用”。

（五）账龄区间

总天数分别为120天和240天。

（六）报警级别

A级时的总比率为20%，B级时的总比率为30%，总比率在30%以上是C级。

（七）期初余额

期初余额开票日期为2024年，见实训表21。

实训表21　期初余额情况

单据名称	方向	开票日期	客户名称	销售部门	科目编码	价税合计
其他应收单	正	2013－12－22	前进公司（01）	销售部（302）	1122	30 000

二、日常业务处理

【实训要求】

（1）录入应收单据（其他应收款）并在审核后制单。

（2）录入收款单据并在审核后制单。

（3）核销收款单据。

（4）应收冲应收暂不制单。

（5）取消对同达公司的核销操作。

（6）将未制单的单据制单。

【实训资料】

（1）2024年1月15日，向前进公司销售商品，形成应收款共计90 000元，向建达公司销售商品，形成应收款共计60 000元。

（2）2024年1月20号，收到前进公司转账支票一张，还款共合计80 000元。

（3）2024年1月22日，收到建达公司签发并承兑的商业承兑汇票一张（NO. 6902），面值为50 000元，到期日为2024年5月20日。

（4）2024年1月22日，经三方同意将1月15日形成的应向建达公司收取的应收款10 000元转为向前进公司的应收账款。

实训八　应付款系统

【实训准备】

已经完成了“总账系统初始化”的操作，将系统日期修改为“2024年1月1日”，由201号操作员注册进入200账套的“应付款系统”

一、初始设置

【实训要求】

（1）设置系统参数。

（2）基础设置。

(3)报警级别设置。

(4)录入期初余额。

【实训资料】

(一)200 账套应付款系统的参数

启用供应商权限,并且按信用方式根据单据提前 7 天自动报警。

(二)基本科目

应付科目为“2202 应付账款”,预付科目为“1123 预付账款”,采购科目为“1401 材料采购”,采购税金科目为“22210101 应交税费——应交增值税——进项税额”,商业承兑科目为“2201 应付票据”。

(三)结算方式科目

转账支票结算方式科目为“100201 建行存款”。

(四)报警级别

A 级时的总比率为 30%,B 级时的总比率为 40%,总比率在 40% 以上为 C 级。

(五)期初余额

期初余额开票日期为 2023 年,见实训表 22。

实训表 22　期初余额

单据名称	方向	开票日期	结算方式	供应商名称	采购部门	科目编码	金额
预付款单	正	2023 - 12 - 23	转账支票	大发公司(01)	采购部(301)	1123	30 000

二、日常业务处理

【实训要求】

(1)录入应付单据(其他应付单)并审核暂不制单。

(2)修改应付单据并审核。

(3)录入付款单据并在审核后制单。

(4)核销大发公司的付款单据。

(5)填制商业承兑汇票并制单。

(6)预付冲应付并制单。

(7)查询并删除凭证。

(8)取消对大发公司的转账操作。

(9)将未制单的单据制单。

【实训资料】

(1)2024 年 1 月 15 日,从大发公司采购原材料 20 吨,单价为每吨 800 元,增值税税率为 17%,原材料已验收入库,货税款尚未支付。

(2)2024 年 1 月 15 日,从大发公司采购原材料 20 桶,单价为每桶 2 000 元,增值税税率为 17%,原材料已验收入库,货税款尚未支付。

(3)2024 年 1 月 18 日,发现 2024 年 1 月 15 日从大发公司采购原材料的单价应为每吨

790 元。

(4)2024 年 1 月 22 日,以转账支票向大发公司支付采购原材料 20 吨的货税款18 486 元。

(5)2024 年 1 月 22 日,向大发公司签发并承兑商业承兑汇票一张(NO. 58891),面值为20 000 元,到期日为 2024 年 6 月 22 日。

(6)2024 年 1 月 28 日,经双方同意,将向大发公司 2024 年 1 月 15 日购买原材料 20 桶税款的余款 16 800 元与预付款冲抵。

(7)删除 1 月 22 日填制的签发并承兑商业承兑汇票的记账凭证。

(8)取消对大发公司的转账操作。

参考文献 REFERENCES

[1] 赵荣敏. 会计电算化实务[M]. 上海:立信会计出版社,2015.
[2] 梁毅炜. 会计电算化[M]. 北京:中国人民大学出版社,2011.
[3] 陈立新. 会计电算化[M]. 2 版. 北京:清华大学出版社,2015.
[4] 徐文杰. 会计电算化实务[M]. 北京:人民邮电出版社,2013.
[5] 姚军胜. 会计电算化[M]. 北京:中国人民大学出版社,2015.